孔子与山东文化强省战略协同创新中心规划成果

U0880942

儒家优秀文化与当代大学生主体意识养成研究

主　编　王慕东　冀玉珍
副主编　冯振亮

山东大学出版社

图书在版编目(CIP)数据

儒家优秀文化与当代大学生主体意识养成研究/王慕东,冀玉珍主编.
—济南:山东大学出版社,2016.11
ISBN 978-7-5607-5670-7

Ⅰ.①儒… Ⅱ.①王… ②冀… Ⅲ.①高等学校—儒家—校园文化—研究—中国 ②大学生—主体意识—研究—中国
Ⅳ.①G647 ②G645.5

中国版本图书馆 CIP 数据核字(2016)第 308777 号

责任策划:李孝德
责任编辑:李孝德
封面设计:张　荔

出版发行:山东大学出版社
社　址　山东省济南市山大南路 20 号
邮　编　250100
电　话　市场部(0531)88364466
经　销:山东省新华书店
印　刷:济南景升印业有限公司
规　格:720 毫米×1000 毫米　1/16
14 印张　234 千字
版　次:2016 年 11 月第 1 版
印　次:2016 年 11 月第 1 次印刷
定　价:30.00 元

序　言

2013年，曲阜师范大学为进一步强化辅导员队伍的专业化、职业化建设，在全校辅导员中，经过个人申报、专家评选，组建了两支科研团队，以历史文化学院党委副书记王慕东和外国语学院辅导员、副教授冀玉珍领衔的“儒家优秀文化与当代大学生主体意识养成研究”团队即为其中的一支。经过三年的努力，他们用不厌的学习、不懈的探索和不二的执着，终于铸成了《儒家优秀文化与当代大学生主体意识养成研究》这本凝聚着心智与汗水的学术著作。作为“战友”，捧读此书校样，倍感欣悦，也深为有这样一群忠诚于事业的年轻同仁而释怀。

主体意识是一个内涵极为丰富的概念，表现为人对自身及其社会角色的认知，其重点是在不同方面对权力和责任的体认，是人的主动性、能动性和创造性发挥的内在动因。从人类发展史的角度看，主体意识的每一次觉醒，都无一例外地极大地促进和推动了人的全面发展和实践水平的提高。

当前，我们正处在一个全球化、大变革的时代。伴随着我国现代化建设的快速发展，改革开放不断扩大和深入，当代大学生一方面在享受着前所未有的振奋与鼓舞的同时，另一方面也面临着纷繁复杂的后现代的“思想雨霖”。特别是西方各种强势文化的大量涌入，在脉脉含情的文化整合的背后，深隐着的却是价值观的激烈冲突，再加上我国经济转型、体制改革中所显现出来的各种社会问题、环境问题及党内的某些腐败现象等，尽管报效祖国、奉献人民、成长成才是绝大多数大学生的共识，但思想多元、价值多元、文化多元等仍不同程度地迷茫着当代大学生的心灵。在这样一种情势下，以社会主义核心价值观为引领，以博大精深的儒家优秀文化为根基，着力加强和促进大学生的主体意识的培育和养成，不仅能够极大地提高大学生的人格涵养和社会责任感，增强高校思政工作的绩效，更是对培养德智体美全面发展的社会主义事业的建设者和接班人有着重要的战略意义。

思想政治教育肩负着关注人的自身发展、解读人生终极意义、构建人的精神家园、促进人的全面发展的教育的终极使命。本书正是基于这样一个高度，把社会价值引导与个体自主构建相统一，通过在对主体意识基本理论的系统阐述和对儒家优秀文化有针对性的详细解读的基础上，对大学生主体意识存在的问题和原因进行了深入分析，进而对儒家优秀文化融入大学生主体意识养成的路径、作用和意义进行了更为具体有效的探索和论述。同时，更进一步对国内外各高校，特别是山东各高校开展优秀传统文化教育的现状，进行了系统的梳理、经验总结和理性概括，对儒家优秀文化融入大学生主体意识养成的必要性和必然性、科学性和可行性提供了合理性依据和实践支撑。

尽管此书在整体框架构建上还显单薄，有些论述还欠深入，但作为辅导员有此学术功力实属不易，颇感学校几年来在辅导员队伍专业化、职业化建设中的深谋远虑和良苦用心。此著作的出版更进一步地展示了曲阜师范大学辅导员队伍专业化、职业化建设的新水平、新高度。在此我衷心地祝愿致力于大学生思政教育研究的各位同行者，不忘初心，继续前行，信念在、人高远、业永恒。

王志华

2016 年 11 月于曲阜师范大学

目　录

第一章
大学生主体意识理论概述

第一节　现代公民主体意识的内涵及养成

经济全球化不可避免地带来了文化全球化，多元文化成为当代大学生主体意识养成无法回避的文化背景，而博大精深的中华优秀传统文化是我们在世界文化激荡中站稳脚跟的根基。习近平在2014年2月24日主持十八届中央政治局第十三次集体学习时指出："要认真汲取中华优秀传统文化的思想精华和道德精髓，大力弘扬以爱国主义为核心的民族精神和以改革创新为核心的时代精神，深入挖掘和阐发中华优秀传统文化讲仁爱、重民本、守诚信、崇正义、尚和合、求大同的时代价值，使中华优秀传统文化成为涵养社会主义核心价值观的重要源泉。要处理好继承和创造性发展的关系，重点做好创造性转化和创新性发展。"[①]儒家文化作为中国最重要的传统文化，其优秀成分是中华民族的优秀文化遗产，其基本精神是"超时空的"。儒家优秀文化有助于培育和践行社会主义核心价值观，有助于促进当代大学生自主意识、实践意识、创新意识、公民意识、人格意识、受动意识等主体意识的养成。

---

① 习近平：《培训和弘扬社会主义核心价值观》，《习近平谈治国理政》，外文出版社2014年版，第164页。

一、现代公民主体意识的内涵

随着社会主义市场经济的确立和发展，人的发展问题、主体性发挥问题越来越成为人们普遍关注的焦点。人们在谈论人的发展、主体性发挥等问题时，越来越多地使用“自我意识”和“主体意识”这样的概念，以表明主体自觉的现实意义。

简单地说，主体意识就是人对自身的主体地位、主体能力和主体价值的自觉意识，以及在此基础上对外部世界和人自身自觉认识和改造的意识。主体意识是一个内涵丰富的概念，这是因为：一方面，主体意识源于对象性实践活动，而在现实生活中，对象性主客体之间的关系不是单一的，而是一种多层次、复杂性关系，这就决定了主体意识的内涵也是极为丰富的；另一方面，对象性主客体关系又是具体的、历史的，这就决定了主体意识又必然是一个历史范畴，它是人类在漫长的实践活动中关于主体自觉的长期积淀的结果。如果说，自然经济时代，人们对自身主体地位、主体能力和主体价值的认识还是模糊的、不完整的，那么，随着近代工业革命的到来，市场经济的发展极大地丰富了人们之间的交往关系，拓宽了人们的视野，增强了人的本质能力，从而使人们从不同层面、不同角度加深了对自身的认识。在这种情况下，我们关于主体意识具体内涵的揭示，要站在超越历史、超越民族文化的高度上，宽银幕、大视野地进行理论综合，尽可能地体现出其历史的和现实的多重特点。

我们用静态抽象分析的方法，可把主体意识的内涵具体化为以下几个方面：自主意识、实践意识、创新意识、公民意识、人格意识、受动意识。当然，这几点之间是相互影响、相互渗透、相互关联的，它们之间没有绝对明确的界限。主体意识是一个具有多重内涵的整体概念，单纯的主体——自我意识，或者单纯的主体——对象意识都是抽象的、片面的，是主体意识还不成熟的表现。

（一）自主意识

这是主体意识的最基本含义，它表明人在与外部世界及人自身的对象性关系及活动中对自身主体地位的最基本认识。主体具有自主意识，就意味着主体不再是服从客体束缚、与自然直接同一的消极存在，而变成既是对象世界的主人又是自我的主人的创造者；同时，自主意识所焕发出的巨大热情，激励着主体运用自身的全部力量去认识和改造对象世界。

对于自然界而言，人具有自主意识就意味着人认识到自己是自然界的主导者和主宰者，从而自觉地把自然存在置于自己的控制之下，通过主体积极主动的活动，使自然对象改变其自在的状态，以满足自己的需要，实现自己的目的。

对于社会而言，具有自主意识就意味着人能认识到：人是社会关系积极主动的创建者，而不是其消极被动的附属者，社会关系、社会设施等等并非在人之外，它们本身就是人创造的成果，而且是为人的生存和发展服务的，因而自觉地把社会生存条件置于自己的控制之下，成为社会关系的主人；特别是个体主体认识到自己不仅具有不依附于他人的独立自主的人格，而且具有独立自主的能力，在观念的最深处，不是把命运归之于上帝、神，也不单纯依赖集体或他人，而是勇敢地面对现实，开拓进取，积极地创造自己的生活。

人对于自身的自主意识则表现为主体是"自我"的主人，一方面，坚信自己的意志能够支配自己的生命活动，不盲从、也不屈服于任何权威，在认识世界和改造世界的活动中按照自己所理解的方式去思考、去认识、去行动；另一方面，人对于自身的自主意识还表现为主体的"我"对客体的"我"自觉调控的意识，也就是主体对自身的心理和行为自觉掌握和控制意识，其中最主要的是对自己的情绪、情感和欲望的把握和控制。一个人能不能理性地把握自己、控制自己，特别是在巨大的诱惑面前依然能坚定原则、站稳立场，在极度艰难困苦的情况下依然能意志坚强、百折不挠，这是一个人是否具有主体意识的最重要标志。

具有普遍意义的自主意识是商品经济的产物。正是随着市场经济的发展，人的主体地位不但在人与自然关系中而且在人与社会及他人关系中确定下来，人的自主意识才变得越来越清晰和明确。只有当人把自己看成不但是自然界的主人，而且是社会的主人、是自身的主人的时候，人的自主意识才是成熟的。相对于人对自然界的自主意识，人对自身、他人及社会的自主意识意义更大。特别对于现代社会的现代人而言，科学技术迅猛发展，社会关系极大丰富，人如何把持和主宰自己显得尤为重要。

（二）实践意识

实践意识是指主体对客观对象进行改造和如何改造的意识。具体来说，它包含两方面的内容：一方面，是主体对理想目标、实践程序和实践措施的设计和规划，即形成对实践活动总体过程的超前反映；另一方面，就是依据这种反映，把实践观念外化为实际行动，形成现实的实践过程，达到主体预期的目的。在这一具体过程中，主体要时刻关注实践可能出现的结果，努力使它向自己的目标方向靠拢。

具体的实践意识经过抽象、蒸馏，在人的头脑中形成一种以实践要求为出发点和归宿点来指导自身行为的思想观念，这就是一般的实践意识。

首先，实践意识是一种价值意识，讲求实用是实践意识的基本精神。这是因为，追求一定的价值目标是人类实践活动的一个本质特征，实践本质上是"人们借以获得满足需要的活动形式"①。在实践活动中，主体是在"对自身有用的形式上占有自然物质"②。因此，实践意识说到底是主体关于如何在对自身有用的形式上占有对象的意识。

主体关于实践目标的构想实际上就是关于价值客体的构想，这种构想是有现实根据的，人们只要经过努力，那些现存事物就会转化为现实的价值物，满足人们的需要。同时，为实现这些价值物所必须付出的代价要能够得到补偿，否则，那种关于价值目标的构想就是不现实的。主体采取行动的具体方式和方法，既是必要的，还必须是可行的，应有相应的能力或手段来实现，否则就行不通。"必要"和"可行"包含"合算"的意思，实行任何措施都是要付出一定代价的，付出代价是为了取得成果，得大于失就是合算，得不偿失就是不合算。如果不合算，即使有力量实行这一措施，也是不可行的。

其次，实践意识又是一种创新意识，一种超越意识，一种否定现存事物现存状态的意识。实践是人与外部世界之间的一种物质性的否定性关系。人类改造世界的活动可分为重复性的活动和创造性的活动两种，其中重复性的活动是一种简单再生产的活动。社会生活的稳定性和连续性，是靠千百万人日常的、大量的重复性的活动来实现的，但如果人类仅仅局限于这种重复性的活动，人类就会与动物一样不会有一个无限发展的世界。人与动物界的根本区别就在于人能够在大量重复性活动的基础上进行创造性的活动，正是凭借这种创造性的活动，人类在自己的面前打开了一个无限的发展世界。随着人的需要与愿望、目的的不断增长，这个世界也在无限拓展，并越来越符合于人性本身。从这个意义上讲，创新就是人的生命本身，没有了创新，也就意味着人的生命的终结。对于人类整体来说，没有创新就不会有今天的社会文明的发展；对于个人来说，没有创新就不会有个人价值的实现。特别是市场经济发展以来，竞争的外部压力和追求利润的内在动力，使生产和技术不断改进、人类文明日新月异，在这种情况下，如果没有创新意识或者说什么也没有做，就必然会被淘汰。创新意识就是善于对周围世界主动探索、积极反应，"看准了的，

---

① 《马克思恩格斯全集》第11卷，人民出版社1962年版，第405页。

② 《马克思恩格斯全集》第23卷，人民出版社1972年版，第202页。

就大胆地试，大胆地闯”[①]，安于现状，不思进取，就不会有什么创新。同时，创新意识还意味着打破封闭，树立开放的思维方式，即在独立思考的基础上，善于与他人交流思想、沟通信息。只有在最大、最可能的基础上占有尽可能多的信息资料，才能“择其善”“取上法”，才能超常规，而有所创新、有所发展。

需要指出的是，由于创新是走别人没有走的路，做他人没做过的事，失败、挫折总是难以避免，所以成熟的创新意识还必须有一种风险意识，能够承受任何风险，并能积极总结经验，再接再厉。

（三）能力意识

人能贵为万物灵长，成为对象世界的主宰者和创造者，不是先天具有的，也不是上帝赐给的，而是人类祖祖辈辈在与外部世界及人自身斗争过程中凭借自己的能力闯荡出来的。主体能力是主体本质力量的体现，它通常指主体完成一定活动所具有的本领、力量，是人的体力和智力、自然能力和社会能力、潜在能力和现实能力等的综合体现；它既包括主体完成一定活动的具体手段、方式，也包括主体在完成这一活动中所必需的生理、心理素质；既有物质方面的因素，也有精神方面的因素；既有通过自然遗传进化方式而为人先天获得的方面，也有通过社会遗传进化方式而为人后天获得的方面。

人的能力意识首先表现在人能自觉地认识到主体的能力在主体地位确立过程中的巨大作用。人的能力集中体现在工具的制造和使用上。工具有超个性特点，能够不断被复制，也能够在不同个体之间转换。一个人掌握了他人制造的工具，也就掌握了他人的能力和力量。同时，由于工具是先前人类活动的结果，凝结着先辈的劳动，所以一个人使用工具，也就意味着他不是仅凭自己的力量，而且也是凭类的力量在活动。人的实践能力正是在人使用工具的过程中不断得到强化和提升，人的主体地位也随之得到巩固和发扬。

人不仅使用劳动工具对客体进行物质改造，而且还运用语言文字对客体进行观念把握。语言文字作为人类所特有的指代和交流工具，在人类观念把握世界的活动中具有决定性意义。语言文字作为人的意识的物质载体，执行的是一种文化传递和交流的功能，它使人最终拥有了一个精神世界，从而也就使人的能力发展获得了无限可能性。人正是凭着自己的能力将自身从自然界中提升出来，也是凭着自己的能力使自身获得了质的飞跃和发展。可以说，人的能力是人最终成为万物之主的资本，是人的力量的根本来源，也是人站在客

① 《邓小平文选》第3卷，人民出版社1993年版，第32页。

观世界面前的最大骄傲。

其次，人的能力意识还表现在人为获得主体能力的努力求索上，这是能力意识的最重要方面。一个人要获得主体能力，先要努力实践。人的能力从根本上来说是在实践中获得的，只有在主观见之于客观的实践活动中不断地总结经验，认真摸索，才能不断提升自己的主体能力。同时，必须要努力学习，学习他人及前人的实践成果和认识成果，并通过在实践中的运用，将它们变成自己的能力。个人只有以群体或类的认识和实践的成果为起点，才能获得比前人更多的主体能力，这在科学技术迅猛发展的现代社会显得尤为重要。

（四）公民意识

公民意识是在人与人、人与社会的关系中形成的，是人在与他人关系、社会关系中展示自己主体力量的自觉意识。自然经济时代，由于社会关系的贫乏和狭隘，人们的公民意识是极为有限的。“天下兴亡，匹夫有责”仅是极少数人的主体自觉，成熟的公民意识是随着近代工业文明的发展、社会关系的日益丰富而普遍发展起来的。

作为社会平等、自由的一员，公民的责任和权利是统一的，相应地，公民意识包括责任意识和权利意识。权利意识就是主体对他所应当享有的诸多权利，如生存权、发展权、自由权、平等权以及政治生活中的参与权、选举权、被选举权等的自觉意识，它是近代以来随着人与人的社会关系日益丰富而形成的，是由于人们意识到现实生活中存在着不自由、不平等的现象与之斗争而产生的一种主体意识。权利意识的本质就是对人与人之间的自由度的限定意识，人一旦有了权利意识，他就“明确了他在社会关系中的地位和作用，明确了自己实际占有什么和应当占有什么，实际支配什么和应当支配什么，一句话，他就明确了自己作为社会的一员所具有的实际自由度和应有自由度”①。它既体现个人对自己应有的权利的重视，也表现为对他人权利的尊重，这是一种相互尊重的关系。

责任意识是与权利意识紧紧联系在一起的。它是指个体对自身及对社会、集体、他人应尽义务、应做贡献的自觉意识。责任意识表明主体明确认识到自己的活动不应该是任意自由的，而应当是符合客观规律的，符合社会伦理和法律规范，应当是能够给他人带来更多的自由或者至少是不妨碍别人的自由。同时，责任意识还表明，主体明确了自己应当对自己的活动结果负责，承

① 杨金海：《人的存在论》，广西人民出版社 1995 年版，第 201 页。

担自己的行为后果，而不管这一结果是好还是坏。

个人对自身的责任意识表明：一个人需要关注自己的事业、前途，追求自身价值的实现，而不是浑浑噩噩，得过且过。个人对他人及社会的责任意识，既表现为一种道德责任意识和法律责任意识，又体现为一种集体使命或人类使命意识。道德责任意识表明，处在社会伦理关系中的个体，既要明确自己的身份，更要明确自己应当承担的义务，并积极主动地去履行应尽的义务，认识不到义务的个体必然要受到道德舆论的谴责。法律责任意识是道德责任意识的升华，如果说道德责任意识是一种"自律"的意识，法律责任意识则既是"自律"的意识，又是"他律"的意识，它使人明确处在社会关系中的个体不仅应当、而且必须承担的义务，认识到不承担义务会受到法律的制裁。使命意识是一种真正的类意识，一个具有使命感的人能为了集体、民族或人类的幸福而不惜牺牲自己的一切，乃至生命。具有使命意识的主体是类主体的象征，他能代表民族的或人类的自由，认识和掌握社会历史的发展规律和发展趋势，并努力使这种自由成为人们普遍的意识和行动。可以说，使命意识是人的主体意识的伟大性、高尚性的集中表现。

在现实生活中，人的权利和责任是密不可分的统一体，有权利的地方必有相应的义务，有义务的地方也必有相应的权利，公民个体的权利意识与责任意识也总是密切交织在一起，单纯的权利意识或者单纯的责任意识都是不成熟的，都不能称之为公民意识；只有权利意识与责任意识辩证统一，才能称之为公民意识。

（五）人格意识

"人格"一词是在现代社会中使用非常普遍的一个概念。《现代汉语词典》中关于"人格"的解释包括三种意义：一是人的性格、气质、能力等特征的总和，二是个人的道德品质，三是人的能力作为权利、义务的主体资格。可以看出，社会学、心理学、伦理学、法学等关于人格的理解是有不同的侧重的。

我们这里的"人格"一词是从其一般意义上，即从哲学意义上来使用的，既包含着上述关于人格的具体理解，同时更强调的是人之为人的根本意义与价值所在。"人格作为人的主体资格的自我确证和人成为人的历史规定的价值获得、作为人自身在一定历史环境下所透露的能在所有的人的理智和情感中引起共鸣的'精神形象'，体现的是人之为人的最起码的意识自觉和最基本的历史价值规定。所谓人格（哲学人格），就是把自己当作人且理解为人，并把他人当作人且尊重他人为人的意向性行动。"①

人格意识是人对自己生命存在的绝对性价值的自我认识、自我反思和自我体察。自我意识，即主体对自身的内在属性和内在能力的内向意识，是人格意识的基础，而人格意识则是自我意识的最高发展，它是在"主体际性"中所达到的自觉境界。人格意识的实质就是：把自己理解为人，珍视自己的做人资格；同时，把他人当人，尊重他人为人，这就意味着，要自己尊重自己，自己肯定自己，珍视自己作为个体存在的独特价值，因为每一个个体都是一个特殊性的存在，都具有"未完成"性、不可重复性和唯一性。在每一个个体面前，有一个尚未展开的可能性世界，因而都有任何他人都无法替代的价值。

人格意识就在于认识到独立个体的这种独一无二性的价值和无法替代性，自觉地承担自己的命运，负责自己的行为。从这一点上说，人格意识是个体的"精神的家"，哪怕身外之物——金钱、权势、名誉、地位全都没有了，只剩下赤条条一个人，那他也不是一无所有：他还有这个"精神的家"，只要有人格意识，就不会失去这个"家"。在这个"家"中人是超脱的、自由的，任何外在的力量都不会把他击倒。从这个意义上说，人格意识使主体意识拥有了一种内在超越的精神力量，这是一种无为无不为的独特力量。另一方面，由于人是社会性的人，个体的具体规定性只能来自社会，因而成熟的人格意识必然内含人格平等的思想，也就是说，一个人维护个人的尊严和独立，要求个人的权利和自由，他就必须设法得到他人对自己的尊重与认同，并被社会所需求、接受。这样，他就不能不关心他人的需要和利益，不能不尊重他人的独立和人格。尊重他人就要"推己及人"，设身处地为他人着想。其中，尊重他人的个性，是尊重他人人格价值的一个重要方面。

人格意识是主体意识内涵中一个非常重要的方面，它表明了人对自身作为主体存在的深刻洞察和体认，因而是主体意识成熟和完善的一个重要标志。

(六)受动意识

受动意识即受制约、受限制的意识。"受动"一词来自费尔巴哈，他反对黑格尔片面夸大主体的能动性，指出："自我不仅是某种能动的东西，而且也是受动的东西。"②马克思反对黑格尔片面强调主体的能动性和费尔巴哈片面强调主体的受动性，指出主体是在实践基础上以能动性为主的能动性和受动性的统一。"人作为自然存在物，而且作为有生命的存在物，一方面具有自然力、生

① 余潇枫：《哲学人格》，吉林教育出版社1998年版，第8页。

② 《费尔巴哈哲学著作选集》上卷，三联书店1961年版，第91页。

命力，是能动的自然存在物，这些力量作为天赋和才能，作为欲望存在于人的身上；另一方面，人作为自然的、肉体的、感性的、对象性的存在物，和动植物一样，是受动的和受制约的、受限制的存在物。”[①]所谓对象性实践活动是人类“在一定的物质的、不受他们任意支配的界限、前提和条件下能动地表现自己”[②]的活动。所谓受动意识就是实践主体对这种既定的界限、前提和条件的必然存在的认可，以及在此基础上对这些界限、前提和条件尽可能的认识和把握。从宽泛意义上说，制约实践活动的既定的界限、前提和条件主要包括以下几个方面：

一是客观世界的规律性。人类关于客观世界的认识能力是无限的，但是对于一定时代的人来说，这种能力是有限的。关于客观世界规律性的认识不可能是绝对正确的，而只能是相对的。

二是生产力发展水平。从总体来说，生产力发展是无限的，但是对于具体时代从事具体活动的人们来说，生产力的发展水平是一个非常限定的因素。“人们不能自由选择自己的生产力——这是他们的全部历史的基础，因为任何生产力都是一种既得的力量，以往活动的产物。”[③]人们只能在时代所能提供的生产力水平上能动地发展生产，而不能超越它。

三是社会关系。人是社会性的存在，人的本质在其现实性是一切社会关系的总和，因而具体的人的规定性只能来自他必然生活于其中的社会。尽管随着生产的发展，社会关系越来越朝着符合人性的方向发展，但是一定时代生活于其中的人们却必然要受到来自社会的各种规范、制度、法律、习俗、思想观念等的限定和制约，而任何试图脱离社会、追求绝对自由的想法，只能适得其反。

受动性作为能动性的内在基础，它既表现为人对客体对象的依赖性，又表现为客体对象对人的制约性。受动性是主体不可或缺的属性，但它并不是只有消极意义。在实践活动中，受动性是能动性产生的基础，无论主体的能动性有多大，在现实意义上，实践活动都只能是能动性与受动性的统一。正是在这个意义上，我们说，清醒、冷静的受动意识是主体意识题中应有之义。

近代以来，由于工业文明和科学理性所取得的巨大成功，掩饰了人的活动的受动性一面，人们关于自主意识、能力意识、实践意识等主体能动性方面说

---

① 《马克思恩格斯全集》第 42 卷，人民出版社 1979 年版，第 167 页。

② 《马克思恩格斯全集》第 3 卷，人民出版社 1960 年版，第 29 页。

③ 《马克思恩格斯选集》第 4 卷，人民出版社 1995 年版，第 532 页。

得比较多，而忽略了受动性方面的因素。人们一味地强调主体能动性的激发，与此同时却没有时正确地认识主体性中的受动性因素，以至于物质文明的极大成功却没有给人们带来相应的幸福，人与自然、人与社会以至人与自身之间的矛盾日益激化，环境恶化、战争危机、信仰危机等使人类陷入重重困境和矛盾之中。这一现象本身说明，我们对于自身的主体性的认识还不全面，我们的主体意识发展还不成熟。当人们回过头来重新审视主体性、能动性等问题时，关于主体受动性的清醒认识必然是主体意识走向成熟的一个重要标志。

二、主体意识与人的全面发展

(一)主体意识的觉醒：人全面发展的内在条件

关于人的全面发展的条件，人们往往关注生产力的发展和社会关系（制度）的进步，认为高度发展的生产力是人的全面发展的物质基础，合理的社会关系、社会制度是人的全面发展的基本条件，普遍的教育和良好的文化环境是人的全面发展的主要途径。强调人的全面发展的物质基础和客观条件的决定性意义是对的，符合历史唯物主义基本原理，但是，也应该看到，这些外在条件的现实性转化，最终还要依靠人们的主体性认识活动和实践活动。人不仅是把握与外在世界关系的主体，而且也是把握自身并参与自身全面发展的主体。人对自身作为主体的意识越深刻，人参与对象化活动、实现自己的本质力量的自觉性就越大，人的发展的自觉性也就越大。

应该说，主体意识的生成与人的全面发展是同一过程的两个方面。主体意识的觉醒是人的全面发展的表现和确证，自觉的主体状态总比自发的主体状态更能发挥人的主动性、能动性和创造性。当人真正意识到自己是实践活动的主体，是行动的唯一发动者和操纵者时，因而有了真正的自主意识；当人用自己的理性去判断、去取舍，而不迷信他人或外在力量；当人能考虑到自己的行动会产生怎样的社会影响，并能够自觉承担自己的责任和义务，人对自身作为对象活动主体地位的认识就达到了自觉和自为。只有到这时，他才能更大限度地、充分地发挥自己作为主体的内在潜能，并自觉地提高和完善自身的素质，促进主体能力的全面提高，推动人的全面发展。

人对自身的主体地位、主体能力和价值“意识到”与“没有意识到”有着本质区别。列宁曾说：“无产阶级作为现代社会唯一彻底革命的阶级，应当成为全体人民实现彻底民主革命以及所有被剥削劳动者反对压迫者和剥削者的斗争的领导者。无产阶级只有意识到并实现这个领导权思想的时候，才是革命的。意识到这个任务的无产者,是起来反对奴隶制的奴隶。没有意识到本阶级的领导权思想,或是背弃这个思想的无产者,则是没有认识到自己的奴隶地位的奴隶,至多也不过是为改善自己的奴隶地位而不是为推翻奴隶制而斗争的奴隶。"①在这里,列宁指出了无产阶级对自己的历史使命、对自己应负起的革命领导权"意识到"还是"没有意识到"的结果是大不一样的。意识到自身的主体地位、能力和价值,就会极大地激发人民参与自身发展的自觉性和能动性,充分发挥他们的全部才能和力量,并为全面实现自身价值而努力创造条件。相反,如果人对自身的主体状况的认识还处于一种自发状态,那么他的活动必然是盲目的、自发的,只是消极地适应外在世界,当然谈不上人的全面发展。

从人类发展来看,主体意识觉醒是一个漫长的历史过程。主体意识的每一次唤醒和深化,都无一例外地在促进实践水平提高,同时极大地推进了人的全面发展。在自然经济时代,人的主体意识觉醒主要表现在人与自然的对象性关系中。农业和畜牧业的出现,表明古代人已经不满足于自然界提供的现成产品,而是通过制造和使用工具,改变自然界的自在存在状态,生产出满足人们需要的产品。这意味着人与自然的对象性主客体关系真正确立起来,人类在自然界面前开始明确地表达自己的意志,展示自己的才能。人的主体意识的初步觉醒,促使人类最终结束了人与自然界浑然一体的原始自在状态,走上了人与自然相分离的发展之路。其一,在自然经济时代人类实际上是以群体的力量实现与自然界的分化和统一的。当人开始在意识中认识到人在宇宙中的特殊地位,因而有了主体意识的时候,人实际上是把自己当作了一个类整体,把人的力量仅仅理解为抽象的群体力量,这表明人对自身的理解和认识还是抽象的、未分化的,缺乏个体观念和个体意识。因此,人对自身的主体自觉具有笼统、模糊的特点,表现为原始抽象的群体主体意识。与此相应,这一时期人的发展是以群体的方式展开的,个人的发展是偶然的、不完整的、狭隘的。这一时期人的发展处于"人的依赖关系"阶段。其二,人与自然对立的结果虽然是人获得了最初的主体意识,但同时也加重了人承受自然的压力;进入阶级社会以后,人与社会的矛盾和冲突又增加了来自社会的压力。当人们无法从自己的活动入手解答生活中"事与愿违"和"身不由己"等现象的时候,就相信这一切是受外在于人的力量支配的。宗教意识的产生是人的主体意识异化的

① 列宁:《俄国社会民主主义运动中的改良主义》,《论马克思恩格斯及马克思主义》,中共中央马克思恩格斯列宁斯大林著作编译局编译,人民出版社1973年版,第238页。

结果，它使人完全成了自己的精神创造物（如上帝等）的附庸和奴隶，越是到后期，宗教意识就越是成为禁锢人发展的瘤疾。

随着近代工业文明的兴起，人的主体意识获得了前所未有的发展，这突出表现在人与自然关系中人的主体意识进一步深化，同时又进一步扩展到人与人及人与社会的关系中。其一，科学技术的迅猛发展使人在人与自然关系中的主体地位日益显著，主体能力日益增强，人们越来越相信人类能够依靠自己的力量去支配、驾驭外界事物。科学理性代替宗教，成为人们尊崇的对象。不迷信偶像和教条，只承认客观事实，人类理性得以伸张，人的思想得以解放，这是人类历史上从未有过的精神大解放。其二，市场经济的发展创造了日益丰富的社会关系，培育了人们的主体意识。个体主体意识的产生表明人作为实践活动的主体，在现实的人的意识中已不再是一个抽象的概念，人的尊严不再是以群体的力量面对自然界，而是具体化到每个个体在社会关系中的利益和尊严得以尊重，在政治生活中平等、民主权利得以保障和确认等。个体主体意识的发展，促进了普遍的具有独立人格的个人发展，个人的能力得到了前所未有的提高，个人的价值得以广泛实现，它标志着人的发展进入了一个质的全新发展阶段。

当然，这一时期主体意识的发展也是有局限的，人的发展也是片面的。个体主体意识的局限性在于，个体与群体对立化的趋势如果超出了一定的界限，那么它的正面价值就走向了反面，这种思想趋势集中表现在极端个人主义、利己主义的兴起和流行。极端个人主义信奉“单个人具有至高无上的内在价值或尊严”[①]，把个人看作是目的，把他人及社会看作是手段，他们强调个人独立于他人的重要性，但对自我主体的坚持却是以歪曲、蔑视、贬低、排斥他人为条件的，这种价值观必定是反社会、反道德的，可以说，资本主义世界一切道德败坏的现象无不与此密切相关。与此同时，极端个人主义、利己主义的发展对于个体自身来说，也并不是私欲的满足、享受的快乐，而恰恰相反，是个人意义世界的失落，是人的动物式的存在。现实中的个人毕竟只是有限的实体，而人的欲望是无限度的，钱财多了还要更多，事业成功了还要更成功。于是，无论是享乐型的个人主义，还是功利型的个人主义都毫无例外地陷入深深的苦恼、烦闷、挫折、失败、痛苦之中。

西方极端个人主义凭借科学理性这柄利剑摧毁了传统的信念和价值观

---

① [英]史蒂文·卢克斯：《个人主义：分析与批判》，朱红文、孔德龙译，中国广播电视出版社 1993 年版，第 49 页。

念，也把他们的发展“引入了一条死胡同”[①]。目前在我们的社会中也有类似的极端个人主义者。极端个人主义使人们失去了原有的精神家园，在价值真空中陷入了孤立无援的绝望之中。个体主体意识的片面发展使人类社会陷入困境，它表明随着社会的发展和时代的进步，人的主体意识并没有随之达到相应成熟的境界。如果说事物的发展不走到它的反面就很难使自己充分发展，那么主体意识的片面发展对于主体意识的成熟、对于人的全面发展来说无疑是一个非常重要的启示，它促使人们全面反思个人主义价值观念，反思那个曾经让人急欲逃离和摆脱的集体，反思长期被人们所忽略的人与自然界的关系。现代人的主体意识必将在这反思过程中走向新的成熟。我们可以从具有世界意义的可持续发展战略的确立、人们对社团组织的关注中，感受到新的成熟的主体意识的端倪。尽管关于人类主体意识的未来发展的具体境遇还难以细致刻画，但有一点是可以肯定的，那就是人们对“主体”理解的全面化，主体不仅是作为个体的主体而存在，而且更主要的是作为类主体——个体主体与群体主体的辩证统一而存在。个体主体离不开群体主体，个人的价值只有在社会关系中才能体现，个人自由只有在社会中才能实现。社会使个人的力量得以发展，使个人的需要得到满足，为个人的发展创造条件。家庭、社团、工作集体、国家、民族乃至人类的现实的、历史的状况对于个人来说绝不是一点都不相关的，恰恰相反，它们是密切相关的。

当然，强调个体主体与群体主体的辩证关系，并不是简单地强调个体主体回到单纯的群体主体，而是回到一种类主体，是普遍存在于每一个体之中而又把他们统一为一体的类存在，是建立在个体主体全面发展基础之上的类主体。这种主体意识像关注个体自身一样在关注他人，也像关注他人一样在关注自己，这是一种扬弃群体主体意识与个体主体意识的成熟的主体意识。无疑，确立类主体意识既是走出个人主义困境的唯一出路，也是现时代人的全面发展的必然要求。

(二)成熟的主体意识对于人全面发展的重要意义

社会主义现代化的复杂境遇决定了人的全面发展两难困境。大体说来，传统意义上的现代化，也称第一次现代化，是指以市场经济的确立和发展为特征的工业文明代替农业文明的过程。第二次现代化，也称后现代化，是指20世纪中期以来，随着科学技术的发展和市场经济的深化，工业化向信息化、工

① [美]罗伯特·贝拉等:《美国透视——个人主义的困境》，张来举译，社会科学文献出版社1992年版，第29页。

业文明向知识文明的转变，它表明人类历史正在进入“后工业社会”或“信息社会”。目前，世界发达国家和中等发达国家已经实现或基本实现了第一次现代化，进入第二次现代化的起步期或发展期。而我国社会主义现代化的现实是：市场化、工业化尚未完成，又面临信息化的挑战。只强调工业化，将来再考虑信息化，这种选择是不可取的；不考虑工业化，直接推进信息化，这种选择是行不通的。只有在积极继续推进市场化、工业化的同时大力发展信息化，实现工业化和信息化的协调发展，才是最现实的。

两次现代化虽然有相似之处，但在社会生活中存在本质差别。从人的发展角度讲，与传统意义上的现代化相应的是个体主体意识的普遍觉醒和成熟，是具有独立人格的个人的普遍发展，这是人的全面发展的现实基础和必经阶段。西方发达国家的工业化走过了几百年的历程，这其中，他们既品尝到了工业文明带给人类的甘美成果，同时也饱受工业文明带给人类发展的负面影响：生态的破坏，道德的崩溃，人的异化，意义世界的失落……这一切也可以说是近现代以来人的主体意识片面发展，即极端个人主义价值观念发展的必然结果。这一切早已引起西方社会的普遍关注，并一直在积极地寻找办法以求问题的合理解决。可以说，后现代文化的产生、类主体意识的形成正是在反思人的片面发展的基础上确立起来的。在这种情况下，我们国家的社会主义现代化之路就不可能是西方工业化道路的简单重复，不能再走西方工业化的老路，即以人的片面发展、人的异化为手段来实现经济发展，而是要把经济发展和人的全面发展统一起来，既要“解放生产力，发展生产力”，又要“消灭剥削，消除两极分化，最终达到共同富裕”，既要加快物质文明建设，同时又要加强精神文明建设，促进人的素质的全面发展和人的精神境界的全面提高。这就必然要求我们：既要努力搞好现代工业文明的建设，促进个体主体的独立和发展，同时，又要极力避免工业文明给主体建设带来的各种消极影响；既要站稳建设现代工业文明的立场，又要面对西方后现代文明与现代文明的冲突；既要关注和学习外来文明的优秀成果，又要考虑到传统文明的内化和吸收能力。这就是现时代我国社会主义现代化特殊性和复杂性所在，也是社会主义人的全面发展的两难困境所在。这种困境给我们今天的人文主体意识和主体精神建设提出了更高要求。

与此同时，当今世界全球化、一体化的国际大环境也为成熟的主体意识的确立和发展提供了有利条件。一方面，我们有发达国家工业化所积累的丰富经验和必须记取的教训；另一方面，我们国家的现代化进程又被置于发达国家世界性的后现代化格局之中。这显然是一种幸运，它无疑为中国人的具有后现代意义的主体自觉提供了现实基础。

我们要树立与人的全面发展相适应的主体意识，首先必须认识到：当下个体的独立性发展、个体主体意识的产生固然可能会带来消极影响，但它是市场经济发展不可缺少的内在动力，因而必须培育和保护；我们所要极力避免的不是个体主体意识的普遍发展，而是个人主义片面发展所带来的负面影响，是极力将这一负面影响降到最低限度。

三、主体意识与社会的全面发展

（一）提升公民主体意识是我国社会经济发展的迫切需要

实现共同富裕的中国社会主义市场经济体制，既是对封建等级专制和僵化的政治经济体制的扬弃，又是资本主义市场经济雇佣制度的扬弃，这种双重扬弃的特性意味着成熟的社会主义市场经济将是市场经济运行的最高阶段。从理论上讲，弄清中国社会主义市场经济运行过程中出现的主体意识问题及解决之道，是挖掘巨大的人力资源潜力、完善市场经济、实现社会公正、超越资本主义的契机，同时也是自觉地站在社会整体立场上，为了社会整体利益去运用主体意识的关键。社会主义市场经济的完善呼唤成熟的主体意识。市场化是传统现代化的前提与基础，同样也是后现代化的前提和基础。我国的市场经济只能在不断完善的道路上前行。从西方文化传统看，市场经济是个体精神发展的结果，主体意识是市场经济发展的内在动力和精神支撑，人的主体意识自觉地规定着市场经济活动的性质、内容、状态、过程和方向，而在中国却是首先建立市场经济体制，缺乏相应的文化积累和充分的观念准备。因此，确立和提升主体意识就成为我国社会发展的迫切需要。

首先，市场经济以个人为本位的自主本性要求发挥一切个人的主动性和创造性。个体主体意识的觉醒，使个体主体之间的交往从封闭走向开放，从自在走向自为，从自发走向自觉；使人在自我意识中发现自己的价值，自觉能动地发展自己，激发自身的潜能和创造力，树立竞争意识，从而摆脱对群体的依赖性与物役性，建立起独立自主的人格与行为方式。

历史证明，人类发展至今，是通过市场经济这种经济运行方式为个人全面发展创造现实条件的，它使普遍的具有独立人格的个人全面发展成为可能和现实；个体主体的自觉又会极大地推动社会生产的发展。近代，在轰轰烈烈的工业革命时代，个人主义价值观作为资产阶级意识形态的重要组成部分发挥过巨大的解放作用，在市场经济发展史上曾创造了无数人间奇迹。一方面，个体意识的普遍发展，对个性自由、个体人格和尊严的尊重和追求，最终使人从上帝的阴影中走出来，以主人的姿态面对外在世界；另一方面，个人对成功的渴望，对财富的追求，对自我价值实现的关注，又从主体方面极大地促进了市场经济的发展和社会进步。市场经济是一种多元利益的竞争经济，也是具有理性规则的法制经济，它要求人们普遍以主体资格和身份参与市场和利益的分配。市场经济通行的公平与效率、竞争与合作、自由与平等及公共精神等经济伦理，以及体现资源优化配置和权利义务广泛性、一致性、平等性的各项制度，都需要社会成员从个人与国家、自我和社会的关系中予以认同，进而认清自己在社会中的地位、使命与责任，这些价值取向内化为人们自觉的主体意识，才能为市场经济提供必要的文化价值观念和社会心理。

其次，主体意识使主体能够对自己的各种要求与行为加以反思，并做出评价与抉择，不为它们所控制。这种匡正意识以及与之相关联的建构意识，正是社会主义市场经济走向成熟的精神因子。如今，现代化实践更以高度自觉性和目的性为基本特征，人对自身主体性的认识，主体自觉的力量在实践中的作用尤为突出。作为后发型现代化国家，在道路已经确定、方向已经明了的情况下，作为实践活动能动主体，人的主观精神状态如何就显得尤为重要。没有具有自觉、成熟主体意识的社会成员，社会主义市场经济实践就难以超越计划经济和资本主义市场经济对主体意识的规避而取得成功，由成熟的主体意识主导的人类实践必将促使人类步入崭新的发展阶段。

主体意识是一个不断生长的历史范畴。传统意义上的现代化，也就是工业化时期，以工具理性为特征的个体主体意识得到了完整和充分的发展，一方面它否定了原始的类主体意识、群体主体意识，个人主义价值观念盛行，适应并极大地促进了市场经济的发展；但另一方面，个体主体意识在进一步发展中，表现出了极端化趋势，从而破坏了个体主体与群体主体对立统一的关系，以至走入了个人主义极端发展的困境。工业化的个人主义困境表明，传统意义上的现代化走到了尽头，现代化在进一步发展中，必须要超越自身，超越传统的个人主义价值观念，确立类主体价值观。对于已经走过工业化之路的发达国家来说，扬弃个体主体意识的类主体意识，即成熟的主体意识，已不仅仅是理论而且更重要的是已成为现实实践。成熟的类主体意识以辩证理性精神为基本特征，具体表现为：在人与自然关系上，不是简单地否定科学理性，而是以其为手段和条件去实现人与自然的和谐统一。在人与人关系上，否定极端个人主义，并不是要消灭个性，而是把个人存在纳入到他人本质中，也把他人存在纳入到自身的本质之中，是个体主体意识与群体主体意识相统一的类主体意识；否定传统的物质主义、功利主义，并不是不去创造财富、不去追求事业成功，而是要把物欲和成就功名的愿望限制在合理的限度。在思维方式上，在深刻吸收极端非理性主义、后现代主义在思维方式及认识上的错误基础上，健全成熟的新理性对事物的认识，特别是对于人自身的主体地位、主体价值和能力等的认识，坚持辩证思维方式，放弃任何偏执，时刻保持一种清醒的头脑和全方位的审视态度，不片面、不偏执、不短视，从全面的、整体的、系统的角度思考问题，从成熟的理性高度把握问题。

最后，培育具有成熟主体意识的人是社会主义市场经济应对全球化、信息化的关键。如今世界市场经济已经进入全球化、信息化时代，这是中国社会主义发展的大背景。20世纪后期，人类社会生活发生的一个重大变化就是全球化的迅速扩展，在一定意义上，它是工业或经济在市场力量推动下的必然结果，它使经济增长要素特别是资本要素、技术要素乃至人力要素在市场法则的驱动下出现全球性流动和组合，以至于国民经济和区域经济越来越多地被纳入一体化的全球经济体系中，人类社会经济发展的互补性、关联性和依赖性不断增强。全球化进程是人类社会发展不可逆转的自然历史过程，是人类的生产活动、经济活动乃至社会文化活动的必然归宿。现代生产力的发展迫切要求打破国家、民族、地域的界线，充分整合和合理利用全球的人力、物力、财力等资源，特别是整合人类的智力资源。

以微电子技术为先导的新一轮科技革命在很大程度上促进了生产过程中人与物关系的变化。它表明，随着科学技术不断更新，从原材料、动力到工具设备，从工艺过程到管理理念等生产过程的各个层面，社会财富迅速增加，劳动者也在稳步地从以体力劳动为主向以脑力劳动为主转变。马克思曾经预测："随着大工业的发展，实现财富的创造较少地取决于劳动时间和已耗费的劳动数量，较多地取决于在劳动时间内所运用的动因的力量，而这种动因本身——它们的巨大效率——又和生产它们所花费的直接劳动时间不成比例，相反地却取决于一般的科学水平和技术进步，或者说取决于科学在生产上的应用。"①

现时代，与传统生产过程相比，物质要素调整变化支配劳动生产率的状

① 《马克思恩格斯全集》第46卷，人民出版社1980年版，第217页。

况，已经被人的要素调整变化的作用所代替；使经济增长从依靠物质资源为主转向以依靠智力资源为主，脑力劳动成为推动生产力发展的决定性力量，它使管理者不能不把关注目光集中到人本身，从多角度去关怀劳动者的利益要求，否则就不能提高劳动生产率。古典经济学从经济人假设出发已不能准确解释当代的经济事实，新的历史条件迫切需要认识一个全方位的人。人不再仅仅是生产过程中的固定物质力，他们的情感、情绪以及他们在社会关系中的地位，由于直接影响到他们智力的发挥和劳动积极性，因而变得具有经济意义。从总体上看，中国社会主义建设尚属于从人的依赖性向人的独立性过渡的阶段，需要锻造现代主体意识，以促进经济社会发展。

而且，微电子技术发展启动了全球化的信息化阶段。信息成为未来经济增长中愈来愈重要的角色，通过信息技术和创新能力创造的新经济将会成为富国的重要途径。全球信息化为人们实现信息共享、机会均等，缩小发达国家和发展中国家之间的距离提供了机遇。在这个意义上，全球化是通过一定的模式充分利用智力以迅速推动生产力和人的全面发展的过程。然而，对于发展中国家来说，全球信息化亦是巨大的挑战，在信息化初露端倪之际，数字鸿沟却使国家之间的分化呈几何级数增长。例如，在2001年，占世界人口16%的发达国家拥有全球90%的网络主机，其中曼哈顿拥有的网络主机比整个非洲还多。因此，我们必须以积极主动的姿态融入这一进程，高度重视人的发展。此外，中国社会主义市场经济体制改革以及由此引发的一系列变革，都是以满足人们日益增长的物质文化需要为根本出发点的，人的发展就体现在需要的丰富性、层次性上。在现实世界中，每个人都存在多种需要，有为生存而提出的需要，表现为以对物的占有为特征，或直接为对金钱的追求；但除此之外，作为人，还会产生活动与发展的需要、劳动的需要、创造的需要、探究的需要、学习的需要、享受的需要、审美的需要、尊重和信任的需要、交际的需要、健康的需要，等等。具有并不断实现人们的各种高级需要，正是人能够获得全面发展的条件。

社会主义社会的重要特征之一，就是使社会生产力及其所生产的产品增长到能够保证每个人的一切合理的需要日益得到满足。有意识地实现并推动人的全面发展正是社会主义市场经济的根本目的，但是人的全面发展的真正实现并不是从外部赐予的，而关键在于人对于自身的自觉认识与能动把握，主动参与自身和社会的发展。

当代传媒和通信异常发达，人口的跨国流动更加频繁，高度开放性使中国在人的发展中所存在的不足或问题愈益鲜明突出。就本质而言，资本主义生产使人发生异化，并在实际中造成少数人的极度发展与绝大多数人的片面发展或畸形发展相并存。可是，历史文化传统以及历时几百年的现代化，使发达资本主义国家即使缺少对人的发展有意识地规划和培育，但作为经济和社会发展的副产品，社会成员的能力体系与社会关系的普遍性方面却高于中国。因此，社会主义要在市场经济的助推下彰显其应有的潜力与魅力，市场经济要在社会主义核心价值观的规范下走向成熟，皆集中于人的全面发展方面的突破。

（二）主体意识制约着社会公正的实现

在西方，自古希腊哲人柏拉图、亚里士多德以来，思想家们就从未停止过理论探讨，而且至今仍莫衷一是。尽管如此，公正在古往今来一切道德体系中的最高地位或中心地位还是确定不移的，从来没有动摇过。在西方伦理学史上，“公正”（justice）几乎和“道德”（morality）在同一意义上使用。亚里士多德有句名言：“公正不是德性的一个部分，而是整个德性；相反，不公正也不是邪恶的一个部分，而是整个邪恶。”①

需要指出的是，从柏拉图的《理想国》开始，西方的伦理学传统不但关注个人的道德完善，而且尤其关注社会制度安排的公正化。当代美国哲学家约翰·罗尔斯在其名著《正义论》中强调：正义是社会制度的首要价值，正义的主题是社会结构，是社会的主要制度分配的基本权利和义务；所有的社会改革都必须使社会中最不幸的人受益，否则，该制度就是不正义的。他明确提出：公正是社会制度的首要美德。现在学术界中，公正专指社会公正，即社会基本结构的公正，是作为一种合作体系中主要社会制度安排的公正。简言之，社会公正就是社会制度的公正，它是对现实社会政治、经济关系结构及其运行机制、统治阶层的社会决策以及社会总体上的人际关系状况的一种肯定性的道德评价。在内容上，社会公正主要指社会成员在政治、经济权利上的公正与平等。经济平等主要指社会成员平等地分享社会资源及社会发展成果；政治平等指社会成员享有平等的人格尊严和参政机会等。它包括四个基本规则：每个社会成员的基本尊严和基本权利应得到保证的规则；机会平等的规则；按照贡献进行分配的规则，旨在从直接分配的层面上合理地体现每个社会成员对于社会的具体贡献，以确保每个社会成员自身的恰当利益；社会调剂的规则，旨在

① 《亚里士多德选集·伦理学卷》，中国人民大学出版社1999年版，第103页。

从社会整体(尤其是社会合作)的层面上出发,在一定范围内对社会成员以及社会共同体的分配状况进行某种必要的调剂,以保证社会的稳定并推动社会成员在较高层次上获得发展。

社会成员共享社会发展成果既是现代社会文明的标志,也是现代化进程中的客观需要。对于社会的正常运行和健康发展来说,共享成果可以提升社会的合作程度、增强社会的整合程度;普遍开发社会成员的潜能,实现每个人的全面发展,实现社会的安全运行,社会主义正是要结束牺牲一些人的利益来满足另一些人需要的状况,使所有人共同享受大家创造出来的福利,使社会全体成员的才能得到全面发展。社会制度的公正离不开个体行为的公正,个体主体意识的发育是实现社会公正的主体前提。成熟的个体主体意识是社会公正的理念和实践发展的内在驱动力。只有具有健全的主体意识,才能保障公正的社会制度得以制定、执行和完善。

美国学者阿历克斯·英格尔斯在6个发展中国家进行了大规模的社会调查,得出的主要结论是:国家的现代化首先是人的现代化,如果一个国家的人民缺乏一种赋予现代制度以真实生命力的现代心理基础,如果执行和运用这些现代制度的人本身还没有从观念、思想、心理和行为意识上向现代化转变,失败和畸形发展的悲剧是不可避免的。一个国家只有当它的人民从观念和行为上转变为具有现代人格的公民,这样的国家才可能真正称之为现代化的国家。由此看来,公正的社会的建立不仅仅是建立完备精良的现代政治、经济制度体系,更需要具有平等、自由和理性精神的个体主体的存在。

因此,社会公正实现的途径是社会制度的现代化和人自身的现代化,一方面需要保障公正、公平、合理的社会制度及相应的体制,另一方面需要具有健全的个体主体意识的公民。目前我国社会公正的建设在制度上已经取得一定的成绩,但是自觉的个体主体意识的缺乏会使公正建设缺乏内在动力,社会发展需要加强培育具有主体意识的社会成员,促进社会公正的实现。

四、现代人主体意识的养成

(一)价值观念与主体意识

价值观念是人的内心深处最富有激情和动力的精神形式,也是最为复杂和繁难的领域。不同主体的价值观念具体多样,差异巨大而微妙。即使对于同一主体,在不同的环境和时段,似乎也呈现巨大的差异和多变的趋势。有时候,一个人对自己价值观念的本质也缺乏明确的自我认识和反思。但是,既然在学理上能够被抽象为价值观念，就应该具有基本相同、可以相互理解的结构和要素，就应该能够被认识和研究。研究价值观念，就要从“价值”的特性入手。价值的本性决定了价值观念的特征。“价值是对主客体相互关系的一种主体性描述，它代表着客体主体化过程的性质和程度，即客体的存在、属性和合乎规律的变化与主体尺度相一致、相符合或相接近的性质和程度。”[①]价值在本质上是一种关系概念，是在特定的关系范畴中以主体尺度为基准的范畴，主体性是价值最基本的特性。因此，价值观念的核心和灵魂是主体意识。

怎么理解主体意识？我们认为，主体意识就是一个主体对自己的定位和对自我的认识，表现在主体对自身及其社会角色的认知，重点是主体对自己在不同方面权利与责任的体认。主要表现在：主体的自我意识和社会意识（包括主体如何看待自身，是否认真反思自身的需要，是否努力表达和满足自身需要，如何看待共同生活与个人生活的关系，是否具有达成一定社会共识及为其努力的意向，如何看待自己在社会中的权利与责任等）、主体的法律规范意识（自身与一定的法律规范的关系，自身对于规范的制订、修改有没有权利与责任等）、主体的实践意识（如主体如何看待自己价值理念与自身言行的关系，如何在实践中反映自身的价值观念等）。

这种自我定位和对自我的认识，不是抽象进行的。人总是存在于一定的社会关系中，一个人不但具有肉体存在、精神存在，更具有社会存在。因此，对于一个人而言，确立自己的价值观念，首先或者第一个基础，就是充分认识自己的社会角色、地位和使命；再进一步而言，就是明确自己在不同关系网中的权力、权利和责任。比如，作为一个普通存在的我，在不同社会关系中都扮演着怎样的角色？具有怎样的权利、责任和归宿？不同角色之间应该如何区分？不同的权力、权利、责任应该如何有区分地统一在我这个主体之上？有了这样的意识和定位，一个人才具有自身价值观念的出发点和立足点，一个人才能树立起支撑自身的内在依据，才能为自身的行为寻找根据，才能使内在的我和外在的我不相矛盾。对于他人的价值观念而言，我们在认识、了解一种价值观念的最初、首先或第一个基础，就是询问这种价值观念“是谁的，为谁的”，找到这种价值观念是谁做出的，反映了谁的立场、地位、利益，我们也就在认识他人的价值观念中实践了主体意识。因此，不论是确立自身的价值观念，还是认识他者的价值观念，明确主体意识是我们认识和把握价值观念的首要出发点。

---

① 李德顺：《价值论》，中国人民大学出版社2007年版，第79页。

主体意识是价值观念的核心与灵魂。主体意识决定着其主体的价值观念的总体面貌和构成，同时决定着这个主体的规范意识和实践意识，也决定着这个主体的公民素质。

(二)主体意识的养成是提升公民素质的先决条件

改革开放以来，中国综合实力的发展得到举世瞩目的关注。随之而来的，是如何相得益彰地提升中国的软实力。以文化为核心内容的软实力的提高，是一个国家得以强盛、一个社会得以文明、一个人得以发展的重要指标，而公民素质就是软实力诸多指标中的一项核心内容。

总体而言，公民素质是一个国家的经济发展基础、政治法律制度及其他社会条件综合作用的产物。但是，在更直接和更突出的意义上，公民素质是公民作为自然人的同时所具有的价值观念的外在表现。对比经济基础、社会制度等塑成条件而言，价值观念在此成为重要的“媒介”或者“桥梁”，是公民素质生成和提高的内在的元动力。之所以这样说，是因为经济基础、社会制度等外在条件总要通过行为主体的价值观念这个媒介，才外化为主体的某种行为，才表现出某种素质。对于一个人而言，其行为总是受到内在观念的支配和影响，具有强制力的各种外在规范纵然可以约束、引导人的行为，但只有内在与外在的统一，才能自发地渗透于行为中，才能成为“素质”。因此，价值观念与提升公民素质之间，具有根本的、不可忽视的内在逻辑关系，对此关系的梳理，对提升公民素质具有建设性意义。

如何理解公民素质这个概念？公民，严格而言兴起于近代以后，是伴随近代国家、政治等观念而兴起的概念，重点指作为国家、政治集合体的一员，具有怎样的权利和义务，与国家、政权具有的关系。因此，狭义而言，公民更多具有法律和政治角度的内涵。但是，目前人们对公民概念的运用，也可以应用到家庭、学校、某个群体性存在等更广泛的社会层面。无论是狭义的政治和法律概念，还是被扩展以后的社会概念，可以肯定的一点是，公民最终彰显的是一个社会人，一个在某种关系中存在的人。

就此而言的公民素质，不管在外延上进行如何的包容和分类，内涵上主要是指处在一定社会关系中的个人所表现出来的行为特征。这种特征，观察的出发点是一个自然人，但内容上并不指向单个的自然人，而是指向作为某个群体的一员、一名社会成员、一个国家集合体的一员而具有的特性。这种特性与外在强制力的约束有一定关系，但更多是渗透形成、积习而为、自然表现、相对稳定的。因此，对于公民素质而言，身体素质、文化素质、法律素质、道德素质等都是其重要内涵。其中,法律和道德素质居于核心地位。

最重要的是,公民素质是通过行为才得以体现和形成的,也就是说,更具有显性、外化的成分。在很多探讨和研究中,公民素质与公民观念、公民意识似乎是可以等同的概念。实质上,前者只有在行为中才能体现出来。

对于一个人的各种素质,如心理素质、生理素质、身体素质而言,公民素质居于更高的地位,也更多具有后天形成的特征,尤其是需要在某种实践关系中、在某种实践过程中才能体现出来。一个人孤独地守候在家里,不和任何人接触,不参与任何公众事物,尽管可以说他可以具有公民观念、公民意识,但我们不敢肯定他具有公民素质。

只有在实践关系中,在具体的行为中,我们才可以评价或谈论其素质的有无或者高低。公民是一个带有公共性、社会性的概念。公民所应该具有并且以习惯、自然的方式表现出来的特性,就是公民素质,它不应该仅仅是意识的、观念的层面,而是某种观念的外化,是现实中的。因此,需要特别强调公民素质的行为特征、外化特征。比如,谈法律素质,固然不排斥法律的信仰、意识、知识等内在理念,但公民法律素质,更多地是指外在行为层面的,如法律的习惯、行为、权利与责任的行使状况等。

就个体来说,公民素质更多是一个外化概念,是其价值观念的外化。在非有意转换的情况下,一个人内心有怎样的价值观念,在行为上相应就会表现出怎样的公民素质。

在自由的状况下,决定一个人做出某种行为的根据,可以总结为两大类:一是他所确信的知识,二是他的价值心理与价值观念。知识的根据使行动者按照对象的规律和尺度安排自己的行为,价值心理与价值观念的根据使行为主体按照自身的需求、愿望、能力安排自己的行为。

在人存在的世界中,知识与行为主体的需要、愿望及能力总是不可避免地统一起来,指导一个人的行为。反映和表现人的行为不同的根本原因,与其说是掌握知识的不同,不如说是价值心理和价值观念的不同。因为知识总是会以其客观的、特定的方式让人们了解它、接受它、依照它的规律行事,而后者,则在更大程度上造成了人们行为的区分和差异。前者使人们的行为在多样中获得统一、走向一致,后者使人们的行为更加多元和多样。在人类各种各样的行为中,多数行为并非能够由知识这一种标准所决定,而更多地被行为主体的立场、态度、需要、能力等主体尺度所决定。也就是说,价值心理与价值观念,对一个人的行为选择起着重要作用。

价值心理主要是指人们心理活动的个人水平，直观和感性的成分更多一些，诸如欲望、兴趣、动机、情感、意志等，而价值观念是在思维、观念、社会的水平上，具有更多系统、自觉、反思和稳定的成分。相对于价值心理，价值观念更深刻反映了人们行为的根据。价值观念的主要表现方式是理想、信念和信仰，它们反映了一个人对自己生活的现实所抱有的深刻信任，一个人在最根本、最深刻意义上的支撑和追求，一个人所确立的最美的人生图景与其所遇到的现实结合而成的具体勾画。可以说，价值观念是一个人之所以是他而非别人的最重要表现，是决定一个人存在状态的深刻而直接的根据，是决定他的思想、情感、言论、行动的根据，对他自身的思想、感情、言论和行动起着普遍的整合和驱动作用。一个人内在的价值观念一旦形成，"就会成为人们心目中用以衡量事物的轻重，权衡得失取舍的'天平'和'尺子'。人们用这样的天平和尺子去称量、评判一切人和事物，从而得出自己的态度和选择"[①]。

一个公民如何在行为上表现出其所应该具有的素质，如何在文化、道德、政治、法律等领域表现出适当的行为，争取应有的权利，承担应有的责任。公民素质与一个社会的政治体制、法律制度密不可分。从某一个角度，"有什么样的制度就有什么样的人"[②]，但从更根本的角度而言，制度对人的作用如果不是强制、暂时的，就需要内化为价值观念影响人的行为。观念与行为一致，才是社会及个人存在合理而和谐的状态。因此，公民在根本上与这个公民作为一个人，一个自然人所具有的价值观念，即其理想、信念、信仰密不可分。如果说，一个人的信念、信仰和理想使一个人在心理上成为一个特定的人，那么由此所影响和决定的此公民在文化、道德、法律、政治等层面的外在表现，才使他成为一个公民，才自然、习惯而稳定地塑造、形成了其公民素质。价值观念是公民素质的内在表现，公民素质是价值观念的外化。

(三)公民主体意识养成的条件

提升公民素质，是当前世界各国现代化进程中普遍关注的话题。对于社会主义事业而言，提升公民素质、促进人的发展与社会进步尤其具有重要意义。如何塑造适合现代政治与现代社会的公民，如何在适合人的发展方向上培育现代公民，如何使公民在积习沉淀、自我习惯、无意识中表现出应该具有的公民素质，我们认为，主体意识的培育是内在、深刻并能持久、稳定发生作用的渠道之一。

---

① 曹颖主编：《大学生职业生涯规划实务》，东北林业大学出版社 2011 年版，第 64 页。

② 苏东斌：《人与制度》，中国经济出版社 2006 年版，第 421 页。

养成主体意识,经济和经济体制是基础性条件。社会进步的动力在于生产力的发展,经济因素是整个社会生活和所有社会意识形态的决定力量和最终源泉。计划经济体制下,国家权力对公权利支配的范围太过宽泛,公民失去主体性,他们行使权利的机会和途径极其有限,因而极大地束缚了公民意识的发展。市场经济体制的建立改变了这一状态。马克思指出:"平等和自由不仅在以交换价值为基础的交换中受到尊重,而且交换价值的交换是一切平等和自由生产的、现实的基础。"[①]可见,自由平等原则及其观念,只有在商品经济高度发展的市场经济条件下,才能真止得以实现。而且,随着个体经济、民营经济和外资企业的发展,国有企业用工制度的改革,原有的"大一统"的结构逐步被打破,广大公民,尤其是农民的大范围流动已经成为事实,人的依附性(包括城镇居民对户籍的依附性、企事业单位职工对所在单位的依附性、农民对土地的依附性)逐渐减弱,他们成为自己的主人,其作为公民的独立人格也逐渐彰显出来。加上改革开放以来的三十多年间,我国的经济迅速增长,人们的生活水平也不断提高,一部分人已经跨入小康行列,经济上的独立性也越来越强。人们有条件认识到自己作为独立的社会个体的存在,从而产生人的价值感和尊严感,形成独立的主体意识、平等意识。

养成主体意识,民主和法治是其首要的制度条件。民主在当下具有丰富的内涵,不同学者在学理层面进行不同的阐释,但目前多数学者同意民主三规则,即"多数人决定,保护少数,程序化"。"多数人决定",针对的是"个人决定"或者"双方决定",前提是争取所有人表达意见并进行意见的充分交流、认真思考;多数人"决定"仅仅是在最后必须具有抉择的时刻。"保护少数"的原则要求尽量全方面考虑少数人的事实,如果在意见冲突的时候,站在人民主体的根本立场,暂时不能照顾少数人的合理需求,那么也应该有效遏制"多数人暴政",尽量创造适合少数人需求的可能选择。"程序化"使民主具有制度化、法治化的保障。从程序化的角度,民主不仅是一种自我抉择、相互尊重、协商、负责的主体意识与参与模式,而且必须上升为国家形式与国家制度,必须得到制度化的保障,也就是民主与法治相互协调、相互作用。只有在民主、法治的社会,才能够保障健全的主体意识的发展。

养成主体意识,文化思想层面的交流、灌输和教化也具有重要意义。一个社会思想工作的成功,前提是对此社会思想状况有贴近事实的了解,对民众主

---

① 《马克思恩格斯全集》第46卷,人民出版社1979年版,第197页。

体意识能够通过科学的方法、渠道进行把握。另外,对人思想的引领和启发必须适合人的生存和发展需要,符合思想形成演变规律。

养成主体意识,关键在于个人的自觉与自醒。主体认识自我,努力反思自我,理解自我与社会的现实关系,形成合理的世界观与主体观,最终能够渗透到自身日常生活和实践行为中,能够在个人与社会、理论与实践、制度与思想层面相互验证、持续发展,是主体意识形成的关键。

第二节　大学生主体意识现状

一、大学生主体意识的基本内涵及意义

大学生处于主体意识的觉醒期,总体而言,大学生强调个性和自我,有务实的生活态度,然而从不时见诸报端的涉及大学生思想道德表现的负面报道可以看出,当代大学生实然的主体意识水平难以契合大学生应然的公民身份。这就需要高校在思想政治教育工作中注重培养大学生的主体意识。

(一)大学生主体意识的基本内涵

大学生的主体意识,则是指作为大学教育活动主体的大学生对自身主体地位角色、自我调控能力和自我存在价值的一种自觉意识,是学生主体自主性、独立性和创造性在其主观意识中的反映。大学生主体意识的养成,是大学生在道德生活中的自觉和自治,正如恩格斯曾经指出的那样:“每个人都无可争辩地有权全面发展自己的才能。”[①]这要求大学生作为社会的人,发自内心地参与外部世界的对象性活动,能意识到自我,自觉、自为地确立自我的行为,有正确的方向性和目的性,懂得自我尊重,正确评价自己,有一定的开放心态;在认识、改造客观世界的同时也关注、改造主观世界,积极主动地进行认知和学习,不断丰富和完善自己,在这样的理性自觉中追求符合社会规范的内在素质;同时,还内在地要求大学生具备正确的权利意识、参与意识、责任意识、创新意识,并能在实践生活中以被主体内化了的价值规范来主动调控自我行为,完成主体身份由绝对自我到社会“大我”的积极转变。大学生的主体意识的基本内容主要包括:

① 《马克思恩格斯全集》第2卷,人民出版社1957年版,第61页。

1. 大学生的社会意识

"只有在社会中，人的自然的存在对他说来才是他的人的存在。"[①]无论个体或群体，都必须处于以一定方式存在的社会关系之中。因此，无论个体或群体，都必须自觉意识到自身与社会的千丝万缕的联系，意识到因这种联系而产生的自己对于社会的义务，对于他人的责任。对大学生而言，也是如此。大学生意识到自己的社会责任，积极地投入艰苦的学习，并服务于社会，强化自身与社会的联系，不仅是他们的基本义务，更是其社会存在的依据。在大学生与社会这一特定的关系中，大学生的社会意识不仅表现为大学生对自身的认识，还表现为大学生对自身与社会的联系的认识，具体来说，大学生必须具有自主意识、使命意识、进取意识和自审意识。

自主意识具体表现为主体地位上的自主主体权利的自决和主体精神、行动上的自由。对于大学生来说，自主意识就表现为生活上的自理、自立，学习上的自觉，学习过程中主体作用的发挥，对必然的认识之后获得的精神、行动上的自由，社会参与意识的增强，自治能力的提高，等等。

使命意识是人对自己作为主体所应完成的使命和所应负担的责任的自觉认识。使命意识所说的使命、责任是建立在理性自觉和意志自愿基础上的，带有崇高感和神圣感。大学生肩负着建设社会主义现代化的历史使命和学习专业知识为国效力的责任。对这一主题的认知，是当前对大学生进行使命意识培养的主旋律。

进取意识是人对自己作为主体必须不断进取和创造的观念行为的自觉认知。大学生进取意识的培养，显得尤为重要。进取意识的形成，也是青年学生成才的重要条件。自审意识是指人对自己作为主体在主客体相互作用的过程中所持的观点、思维方式、行为方式的自觉反省和控制。由于它是人对自身的反省，带有忏悔的色彩，因而又可称之为"忏悔意识"。它是克服学生自我放大主义、盲动主义的心理基础，是青年大学生心理素质全面发展和提高的一个重要方面，是在大学生中清除非理性思潮的影响，由非理性向理性过渡的重要前提。

大学生社会意识的四个组成部分，相互制约，相互作用，构成了大学生主体意识的第一个层次。这是大学生与社会的横向层次。其中，自主意识是基础，使命意识是动力，进取意识是执行和实现机制，自审意识是调节和控制机

① 《马克思恩格斯全集》第 42 卷，人民出版社 1979 年版，第 122 页。

制。它们作为主体意识的有机组成部分，在人与社会这个层面上支配着主体改造客观的活动，指挥着主体不断实现自我超越。缺少任何一个方面，都会造成主体意识的残缺。

2.大学生的时代意识

20世纪40年代初期，在中国革命的关键时刻，毛泽东同志就提出过：为了夺取革命的胜利，建设一个新中国，必须了解历史，尊重历史，不仅要懂得中国的今天，还要懂得中国的昨天和前天。这对当代中国的大学生仍有宝贵的教益。“人事有代谢，往来成古今。”（唐·孟浩然《与诸子登岘山》）过去、现在、未来是在历史规律中发展的，只有在这种联系中“通古今之变”，才能准确地把握未来。大学生的时代意识包括历史意识、当代意识和未来意识。

历史意识，指大学生应在一定的程度上把握中国社会的历史。只有把自我和社会置于较深广的历史背景之下，才能较深刻地认识现在，理解自我和社会，才能准确地把握未来。历史是一个持续不断的过程，过去的一切并未消失，它所形成的民族传统在历史的变迁中有很大一部分依然存在，有些还会在发展变化中延续到未来。大学生全面地把握自己置身的社会历史背景，深入认识中国历史特别是近现代史的规律，不仅能更深刻地认识中国人民选择社会主义的历史必然性，也有助于在了解历史、认识现在的基础上更具体、更深刻地预见和把握中国社会发展的未来，增强建设有中国特色社会主义的信心，选择好自己未来发展的方向；相反，一旦脱离了历史背景，就会在很大程度上脱离现实，使自己的行动陷入盲目。大学生只有了解历史，才能正视传统，才能在社会主义精神文明的建设中，有效地清除封建思想遗毒，进一步弘扬民族精神，激励起实现四化的精神力量，同时也可以避免重蹈“全盘西化”和“全盘继承”这两种错误的覆辙。

现代意识，是大学生面对千变万化的现代社会现象，对社会存在一种从本质上理解的意识。只有具有现代意识的人，才是一种真正意义上的现代人。这种“不但超越了属于过去的意识阶段，而且完全履行了世界所指派给他之义务的人，才可能达到充分现代意识的境界”①。大学生的现代意识，要求大学生将现代的一切都摄入自己的视野，并以此作为调节自己行为的一种根据，作为服务社会的一种参考。

可以说，现代社会意识的本质是一种高效率的社会主义市场经济意识，它

① ［瑞士］荣格：《现代灵魂的自我拯救》，黄奇铭译，工人出版社1987年版，第296页。

包括现代经济观念、现代政治观念、现代科学观念、现代道德观念等观念意识和人的行为自主性、创造性和高效性。

现代政治观念实质上是民主法制观念，目的是为了保证有中国特色的社会主义建设事业取得成功，国泰民安；现代科学观念是从传统的科学观“科学—知识”转化为“科学—技术—生产（经济）—管理的一体化”，因为现代社会和市场经济要求科学研究、技术应用、生产管理活动与经济效益融为一体；现代道德观也是与高效率的社会主义市场经济意识相联系的，任何时代的道德都是以当时的社会利益为准绳，符合社会利益的就是“善”，否则就是“恶”。现代社会的根本利益是发展科学技术、促进人类文明进步。

大学生必须具有现代人的行为意识，即自主性、创造性和高效性。从自主性方面来看，大学生要在社会生活中存在和表现自己，就必须确立自己的奋斗目标，以达到自己的目标来为社会发展做出自己的贡献，而且这个目标应与社会发展方向一致。改革开放所带来的社会进步为大学生的独立自主创造了许多有利的条件，而大学生也应该用自己的独立自主性来推动社会向更高阶段发展。创造性，是大学生自主意识的本质之一。大学生只会人云亦云和跟在人后亦步亦趋是谈不上什么自主性的，只有创造出自己的特色才能表现自己的自主性。创造还是大学生自我实现的需要，由这种需要所产生的行为就是人的创造行为，这是现代大学生对社会做出贡献的重要方式。因此，现代大学生的行为不应该是墨守成规的，而是敢于标新立异、刻意求新的。在现代，创造性已成为普遍的人的本质的集中表现，因而大学生也就要以创造行为来表现自己的本质。现代行为中的高效性特点，在今天各行各业中都日趋明显，速度加快带来竞争加剧，竞争并不意味着你死我活，而是意味着你追我赶。为了赶上时代步伐，作为时代的弄潮儿的大学生，必须高效地学习和生活。在人的本质中，本来就隐藏着无穷的效能，这种效能由于自主性和创造性的实现而释放出来，就能发挥人们难以想象的效率，并为社会创造出高效益。效能、效率和效益的统一，构成现代大学生的高效行为要求。大学生树立现代意识是大学生自身现代化的重要因素。

未来意识，是主体在实践基础上，通过人脑思维活动而产生的对客体运动趋势和前景的反映。它具有反映指向的超前性、形成过程的跳跃性以及反映结果的或然性等特点，是反映性与创造性、现实性与超越性的辩证统一。未来意识的本质是一种使命意识，是强烈的社会责任感在心灵中的反映。其内核是以祖国的发展进步为己任，使祖国繁荣富强所具有的“时不我待”和“重任在肩”的自觉意识，它具有如下四个特征：

第一，瞩目未来的前瞻思维。当代大学生的未来意识表现在学习和生活上，不但有近期的目标和规划，而且有远期的目标和规划，对未来怀有美好的憧憬，执著地追求已定的目标，勇于创造未来。其思维方式有着前瞻性，思考问题从现实出发，从国情着眼，又胸怀共产主义远大目标，能够把现实的努力同远大的目标相联系。目光短浅、安于现状、只顾眼前、因循守旧是与前瞻性思维格格不入的。

第二，面向世界的全球眼光。瞩目未来与面向世界，在当代大学生的意识中日益融为一体。在科学技术高度发展的条件下，任何一个走向现代化的国家都不能与世隔绝。这是一种开放性思维，立足国内又把眼光投向世界，把我国的社会主义建设和改革置于全球的大背景之中，及时了解世界各国政治、经济、文化、科技的新发展，学人之长，补己之短，不盲目排外，不自我封闭，亦不脱离国情盲目照搬。

第三，正视困难的坚定信心。沿着社会主义方向走向未来的青年大学生，基于对社会主义发展规律的理性认识，因而在前进的道路上总是怀有信心。每当社会主义建设和改革出现一些暂时困难，甚至发生某些挫折和失误的时候，不会因此而失望和动摇，而是以向前看的态度同党和人民一起战胜困难，走向光明的前途。这种不畏艰难险阻的意志和毅力，就是具有未来意识的中国当代大学生最可宝贵的精神状态。

第四，脚踏实地的实干精神。现时代需要言行一致、脚踏实地的实干精神，未来更是需要青年大学生勤奋苦学。实干精神是青年大学生未来意识的现实性基础，是通向理想彼岸的桥梁。

3.大学生的专业意识

大学生是科学知识领域中的求知者和探索者，其知识水平、工作能力、学术成果必须为社会所认可、接受。但是，大学生又不能以社会对于知识价值、学术成果短视的、片面的品评态度来左右自己的学习活动，更不能因此而动摇自己的专业学习信心和专业意志。这便是大学生的专业意识。实际上，这是要求大学生热爱自己的专业，有为专业而献身的品质。

大学生的专业意识，根植于大学教育自身的内在规律。一位优秀的大学生，必须以学好自己的专业为己任，具有严谨的作风和拼搏的精神，立定“板凳要坐十年冷，文章不写一句空”的学术志向，摒弃“内不足，弥于外；实不足，繁于名”的浮浅学风，勤奋用功，扎扎实实勤学苦读。

另外，在自己的专业领域内，要不断吸取新信息、新知识，不断开辟新领域，学习新方法，掌握新技术，建立新观念，把专业学习和专业研究推向新阶段、新水平，并准备随时与实践结合起来，为推动社会进步和科学的进一步发展而贡献自己的聪明才智。

大学生的主体意识内容丰富，它是一个动态的、多层次、多侧面的有机整体。同时，大学生主体意识的内涵也不是一成不变的，它的形成和发展是一个动态过程，只有不断地调整完善、充实提高，才能使之处在最优化的结构状态。这对全面提高大学生的素质来说是至关重要的。

（二）培养大学生主体意识的意义

1. 高校培养综合人才的需要

在知识经济快速崛起的 21 世纪，综合型人才更具有市场竞争力。综合型人才不仅需要从德、智、体、美各方面全面发展，还需要与时俱进，深谙时代发展潮流。为了应对这样的形势，我国高校纷纷制定新的大学生发展战略，旨在加强综合型人才的培养，其中培养大学生主体意识是非常重要的内容。这些单纯靠高校的教育是远远不够的，只有大学生具备了独立思考、主动创新的能力，才能在社会发展中占得一席之地。

首先，培养学生主体意识，有利于发展其主体能力，塑造其主体人格。主体性教育是一种从多方面、整体的角度来发展受教育者的主体性，增强受教育者的主体意识，并使其具有主体学习和主体创造能力的教育。人的主体性主要包括主体意识、主体能力、主体人格三个部分。主体性教育的主要内容就是培养学生的主体意识、发展学生的主体能力、塑造学生的主体人格。学生主体意识的强弱，决定了学生对自己身心发展的自知、自控、自主的程度，影响其主体能力的发展和主体人格的塑造，从而影响主体性教育的实施。

其次，培养学生主体意识，有利于培养具有创新精神和实践能力的新型人才。随着经济全球化的逐步推进，尤其是我国改革开放和现代化建设步入新的阶段，高等教育愈来愈趋国际化、大众化。在这一时代背景下，高校传统的人才培养目标、培养模式已逐步被打破。尤其是在入世的影响下，日益加剧的人才竞争不仅表现在数量上，更表现在质量上。如许多国际组织招聘国际职员，对国际视野、外语能力、交际能力、专业知识结构和素质及管理经验都提出了很高的要求。人才质量上的竞争促使我们要改革人才培养模式，特别是把培养学生具有进取精神和创新能力放在突出重要的位置上。因此，培养具有创新精神和实践能力的社会主义建设者和接班人已成为 21 世纪高校承担的重要使命。

随着人才培养目标、培养模式的转变，高校德育环境也需随之全面优化。新型人才的核心素质是创新精神和实践能力，而创新精神和实践能力的形成离不开主体意识的培养。因此，高校德育应从强化学生主体意识出发，创造有利于学生充分发挥主体作用、培养创新精神和实践能力的育人环境。

最后，培养学生主体意识，有利于满足学生的主体性诉求，发挥其主体性作用。当代青年崇尚自主独立、实现自我、奉献社会，主体性诉求比较强烈。随着社会的发展，特别是信息技术的飞跃发展，青年学生越来越表现出个性化的特点，这种主体性诉求也越来越强烈。如果我们的教育不能切合学生的心理需要，也不能结合新情况、新形势予以创新，一味守着陈旧教条和内容进行灌输，而这恰恰是片面强调教育者的主导作用而忽视受教育者的主体作用的结果。扼杀学生的主体性诉求，就根本无法满足趋于成熟的大学生智力和个性上的需求。

综上所述，在高校教育中，强化学生主体意识的培养是十分必要的，也是十分迫切的。无论是教育工作者还是每个学生都必须有这种意识，并且要强化这种意识，以适应时代的发展。值得注意的是，当代大学生由于受教育程度的提高，以及生理心理发育的日趋成熟，对自我的认识更为深入和全面，对外界事物和他人的认识程度和觉察能力明显提高，对新事物充满好奇，行动上易冲动。

随着改革开放的深入，多元化的经济成分、社会利益组织形式、分配方式、生活方式并存，大学生思想的独立性、选择性、多变性、差异性明显增强，使其主体意识呈现出二重性的特点。具体来说，主要表现为：自我发展需要的增强与急功近利的现象并存，参与社会的要求与社会责任感的淡化并存，市场经济意识增强与经济利益驱动升温并存，自尊心、自信心、好胜心明显增强与自高自大、承受挫折的能力弱化并存。在教育工作中，要正确认识和对待这种二重性，积极采取有效措施，在发展其积极作用的同时，消除其消极的一面，使大学生的主体意识健康发展。此外，我们在培养学生主体意识的过程中，还要反对主体至上的倾向。

2. 大学生自身发展的客观需要

随着全球经济的快速发展，一个人的发展仅仅局限于对知识的获取与掌握已满足不了社会对人才的要求，具有创新思想和实践能力是当今社会对人才需求的趋势。我国现行的考试制度和教育模式，虽然在如何培养和提高大学生的实际能力方面取得了一定的突破。但从实际效果看，在教育活动中教师包办得太多，大学生缺乏学习的主动性。因此，就实际效果而言，学生的个性发展受到约束，主体意识也没有得到很好的发展。

其一，大学生主体意识愈强，他们参与自身发展以及在学习活动中实现自己的本质力量的自觉性就愈大，从而也就愈能在教育教学活动中充分发挥学生主体自身的主观能动性，不断地调整、改造自身的知识结构、心理状态和行为方式。

其二，大学生的主体意识愈强，他们对自身发展的责任感和自信心往往也愈大，从而对自身发展提出的期望和要求也愈高。没有大学生主体意识的觉醒，就不可能实现大学生由他律向自律的转化。大学生主体意识的强弱，在某种意义上决定着他们发展的自知、自控、自主的程度，从而决定其主体性发展的水平，进而决定其修养的提高、能力的发展和人格的完善。

因此，培育主体意识，对大学生提高修养和完善人格有重要意义。培养大学生的主体意识，使大学生成为主体，这样他才能够体验到创造的快乐，他的个性才能够得到自由发展。在今后的生活中，他将不会是一个碌碌无为的人，一个没有头脑的人，一个混日子的人；而是成为一个充满朝气的人，一个成熟的人，一个德才兼备的人，一个推动社会前进的人。

从实际情况看，近年来我国大学教育已由精英教育走向大众化教育，但仍未能改变人们对教育的功利性倾向，高考仍是学校和家庭、学生的重要指挥棒。许多学校将义务教育变为筛选少数升学苗子、淘汰大多数人的选拔性教育，将树人、育人为宗旨的基础教育沦为一种高难度和高度工具化、技术化的训练，背离了“教育”的根本宗旨；考生的名校情结，家长的高期望值以及比比皆是的复读生，使学生作为受教育者主体的地位、价值、情感、尊严消失，沦为了背书和考试的机器。教育成为个人以及家庭获取功名利禄的手段，而忽视了教育塑造健全人格的重要价值作用。

加之，当代大学生大都出生于改革开放的八九十年代，个人经历基本是从家庭到学校“两点式”与从学校到学校“直线式”；我国经济持续三十多年的发展，激励着人们不断追求明显的经济效益；科学技术发展与运用，催生了社会的快餐文化；互联网与大众传播媒介快速发展，使得人们对外部信息的获得更加便捷，客观上导致社会心理普遍浮躁；高等教育急功近利的价值取向、人文素质教育的欠缺、思想政治教育的简单化；等等。这些都对大学生成长带来不可忽视的影响，致使大学生课外阅读与思考极其有限，普遍缺乏学习中的沉思、默想、独处、"坐忘"，缺少对人生、事业、未来、理想的深入思考，造成许多人缺乏对意志的磨炼、情操的陶冶、理想的希冀，责任感欠缺。在大学生的社会化过程中，家庭和学校教育也未能提供足够的促进大学生社会化的基础和准备。大学生诸多心理健康问题的存在，表明在我国社会转型时期大学生主体意识的培养和发展确实是不容忽视。

(三)培养大学生主体意识的依据

1.哲学理论依据

关于"主体"，马克思认为，人在自觉地认识和改造客观世界的过程中，在人的自觉能动的实践活动中，就成了活动的主体，也就体现了人的主体性，人的主体性是人的最本质的特征。人的主体性就是人作为社会生活主体在各种社会实践活动中表现出来的根本特性，包括人的独立性、主动性和创造性。人的主体性结构包括主体意识、主体能力和主体人格。这是主体性赖以存在和发展的内在机制。所谓人的主体意识是主体的人通过社会遗传、社会实践和交互实践形成并发展起来的，是主体在主客体的对象性活动中和主体间的互动过程中所表现出来的，对主体自身内在能力与素质、客体的属性、地位、作用以及其他主体的能力与素质的活动定势。它包括自我意识、实践意识、主体间意识。自我意识是指主体在社会实践过程中对自身能力与素质的认知定势。实践意识是指主体在实践对象性活动中，对客体的属性、地位、作用的认知定势，以及基于这种认知的实践定势。主体间意识又称"交互主体意识"，是指主体在与其他主体的交往过程中所形成的，对其他主体能力与素质的认知定势，以及基于这种认知的交互定势。

人的主体意识是实现人的全面发展的前提。根据马克思主义哲学人的本质和人性理论，人的全面发展表现为：人的活动、需要和能力的全面发展，人的社会关系的全面丰富、社会交往的普遍性和人对社会关系的全面占有与共同控制，人的素质的全面提高和个性的自由发展。人的主体能力的全面发展是人的全面发展的核心。人的主体能力是指社会主体的人所必须具有的能够表现和实现自己的社会本质的内在力量，包括人的主动性和创造性。主动性实质是对现实的选择，对外界环境积极适应的能动性，而创造性则是对现实的超越。人的主体意识是人的能动性、自主性的基础。个体的自主性是主体性的灵魂和核心，没有个体的自主性也就谈不上个体的选择和创造。因此，人的主体意识是培养和实现主体能力的基础，是实现人的全面发展的前提。

2.社会学依据

人是一个发展中的个体,个体主体意识的发展要经历一个漫长的过程。个体主体意识的形成,有其外在机制,也有其内在的特殊机制。主体意识的形成机制主要包括社会遗传机制、社会实践机制、交互实践机制。

首先,通过社会遗传机制形成的主体意识,是主体通过后天的纵向的历史继承和横向的社会交往(这是社会遗传进化实现的根本方式),以获得和掌握社会历史中世世代代积累起来、留传下来和传播开来的经验、知识、观念、文化信息以及各种技术、工具、手段等前人或同时代人对象性活动的成果,从而形成现象的本质力量,特别是形成现实的活动定势。这种活动定势是人作为主体从事对象性活动必须具有的一种先在的自我意识,包括世界观、价值观、经验、知识、情感、意念、情绪等多方面的精神的心理的因素。

其次,通过社会实践形成的主体意识具有创造性。社会实践对人的主体意识的形成与发展的作用是巨大的,主要表现在以下几个方面:作为主体的人通过自己的实践活动把自己从自然界提升出来,从而使人与动物区别开来(即"劳动创造人本身"),形成类意识;作为主体的人通过实践活动实现自身能力的积淀和升华形成自我意识;作为主体的人通过实践活动形成对客体的认知定势和实践定势。

最后,通过交互实践机制形成的主体意识,则是主体的人在与其他主体的交互实践中所形成的主体间意识,包括主体间的民主意识、平等意识、竞争意识、超越意识等。

3.心理学、教育学的理论依据

弗洛伊德的精神分析理论认为,人是有欲望的主体、潜意识的主体。潜意识是人心理活动的最根本、最内在的主导者,是一切意识活动的内在动因和依据。潜意识中的各种本能和欲望,即"力比多",作为心理的能量,源于肉体,出现在潜意识中,它像是一部发动机,推动着整个人像汽车一样在人际环境中行驶。人的意识或者理智,只是在为潜意识服务,帮助实现潜意识的欲望、释放潜意识的心理能量。应该说,弗洛伊德是非常重视个体的无意识对个人意识的影响,但最终个人会在无意识的基础上发展出主体意识,这对高校对大学生思想情况的认知有较大启发。

同时,雅克·拉康继承了弗洛伊德的"潜意识"欲望主体的含义,他认为,主体本质上并不存在,潜意识是内化了的"他者"(others),甚至欲望也都是来自他人("欲望着他者的欲望")。婴儿通过语言学习,内化了妈妈或爸爸的话语，"妈妈"或"爸爸"作为客体表象也借此进驻到婴儿心中了，成为了他的潜意识，成为了他的主体；离开妈妈或爸爸的话语，婴儿的主体就无法形成和存在，即使存在，也无法形成理性概念，更无法用语言来表达，无法社会化地与他人建立人际关系。拉康的理论，虽然重视他人对个体主体意识形成的影响，重视潜意识的功能特征，在一定程度上弱化了个体作为主体的本能欲望及心理动力特征。学生的主体意识不能自发的形成，需要外在教育力量的培育和塑造。如果我们将高校教育作为"他者"，就是那个外在的教育力量。拉康的理论无疑强化了高校教育对大学生主体意识的影响，突出了高校教育在大学生主体意识发展中的作用和地位。

人本主义认为，学习的实质就是学习者获得知识、技能和发展智力，探究自己的情感，学会与教师和同学交往，阐明自己的价值态度，实现自己潜能的过程。强调的基本原则是：必须关注人的尊严，研究人的价值、人的创造性和自我实现，要求学习过程必须尊重学习者，必须把学习者视为学习的主体，尊重学习者的情感、意愿、需要和价值观，相信学习者都有自我教育的潜能并最终自我实现，必须在师生之间建立良好的师生关系，形成情感融洽、气氛适宜的学习情境。马斯洛关于学习动力理论认为，学生生而具有潜在的探究动机，学习应该由自己决定和选择，不能由教师强制学习。教师的任务是给学生提供一个学习环境，让学生自我学习和选择学习。罗杰斯提出以学生为中心的自由学习原则，即教师只需要提供学习活动的范围，让学生自我选择、自我发现和探索，而教师只协助其以减少障碍和挫折。只有学生自动自发地学习，才会全心投入和发现问题、思考问题、解决问题。

同时，教育学认为，教育的功能之一就是促进人的主体意识的形成和主体能力的发展。因为人的生物体是自然界中最无能的，人要成为认识和实践的主体，必须通过接受教育，获得相应的知识、能力，从而实现变革客观世界的目的。因此，教育过程对个体而言，是一个提高自身素质、增强自我能力的过程。

事实上一直以来，不论是我们的教育学、心理学理论，还是教育的实践，都在不断地研究和探讨如何在教育工作中，创设条件引导和激发学生在学习过程中所应表现出的这种自觉性和主动性，以提高教育教学的整体水平。譬如，2010年通过的《国家中长期教育改革和发展规划纲要》中特别提出要通过教育改革促进创新型人才的培养，也就意味着，在国家战略层面上已经认识到创新型人才的培养过程就是培养出具有主体性特点和价值的人的过程。

二、大学生主体意识现状——关于大学生主体意识的调查研究

为了扩大信息来源，增强信息真实性，本部分的研究数据在来源上主要有两个：一个为本课题组对山东高校大学生的调查，一个为借鉴相关高校研究人员的调查数据。

(一)本课题组对山东各高校大学生的调查数据

我们主要的调查对象是山东各高校的大学生，其中曲阜师范大学的占主要部分，总共有252位大学生接受我们的调查，其中大一学生有36人，大二学生有168人，大三学生有38人，大四学生有10人。问卷由20个单项选择题组成，涉及是否是独生子女、生活费来源、人际关系、解决困难的方式、课堂表现、学习动机、大学毕业后的发展等方面。调查结果显示：

第一，大部分的被访者并不清楚主体意识，对其定义比较模糊。有42.06%的同学不确定自己是否具有主体意识，7.14%的同学认为自己没有主体意识，14.29%的同学不清楚自己是否具有主体意识。可以看出，现在大学生中对主体意识的了解程度是相当低的。被访者只有8%的人是了解主体意识的，可见加强主体意识的教育是多么有必要。

第二，较多同学认为有必要培养学生的主体意识，认为其可以通过各种群体活动得以实现。其中，有77%的被访者认为可以通过参与群体活动来实现。被访者普遍对当前的教育模式感到不满意，认为其对于学生的主体意识的培养不足，无法从教育中塑造具有主体意识的人才。只有5.56%的人认为学校目前的教育制度是很完善的，60.32%认为不完善需要改进。

第三，大部分的被访者认为增强自身的主体意识是很有作用的，有助于提高自身价值与个人素质。受访者普遍认为社会的实践活动是很有必要的，学校也应该增加学生的团体活动以培养学生的主体意识。通过各式各样的活动来增强学生对主体意识的理解感悟，使他们能在活动中发现自我价值，充分展示自我。从本次的调查可知，当今学生的主体意识有待提高，学生应树立培养自我主体意识的观念，学校应加强对学生自我主体意识培养的引导与帮助。

当前大学生的主体为90后，多数为独生子女，一方面，有些学生独立性差，对家庭有着强烈的依赖感，进而无论是学习还是日常生活，普遍体现的是盲从而不是鲜明的身份感，主动意识较差；另一方面，他们有强烈的自我意识和独立人格，有些学生乐于表现，张扬自我个性，但做事往往只考虑自己却不考虑别人。

(二)借鉴的相关数据

主要借鉴南京农业大学相关人员的调查研究数据。南京农业大学的调查以南京农业大学农学院在校本科生为对象，学生涉及一至四年级。总计发放调查问卷480份，有效问卷406份，其中一年级109份、二年级97份、三年级107份、四年级93份，回收率达到84.58%。问卷调查涉及学习意愿、每学期主动参加实践锻炼的次数、是否有学业计划、职业目标内容等。

调查结果显示，学习意愿强烈、能够完全主动学习的学生比例仅为20.37%，其中四年级学生群体比例最高，达33.33%。但同时，超过1/3的学生状态为较少主动和完全被动学习。大部分学生每学期都能主动参加一次以上院级及以上活动。仍有三成以上的学生基本不会主动参加院级及以上活动。从年级来看，一年级学生参加活动主动性最好，二年级次之，四年级最弱。大学生做学业规划的学生达45.32%，但是在容易出现学业困难的一年级比例却较其他年级偏低；没有学业规划的学生比例为37.11%，从年级来看，二年级比例最高，这将是学业指导的重点群体。从职业目标的调查来看，学生的职业规划情况不容乐观，28.38%的学生职业目标明确，学生职业目标明确比例随年级呈上升趋势。

调查结果表明，南京农业大学农学院学生主体意识情况总体良好，呈现随年级增长而有所提高的现象，但在特定时期表现出一定程度的缺失，仍有一个较大比例群体的主体意识需要加强培养。

三、大学生主体意识存在的问题

(一)全面发展视角下大学生主体意识存在的问题

在价值取向和思想认识多样化的社会里，学生有一定的理想抱负，他们求知欲强，兴趣广泛，热爱祖国，对新鲜事物接受能力强，然而由于各种因素的影响，大学生思想和行为表现较为复杂，导致社会责任意识欠缺，主要表现在以下几个方面：

1.大学生对自身主体地位不明确

目前，高校思想政治教育教学工作仍以说教式为主，重视教育者的施教和引导。教师通过对知识的讲解、讲述，从外部向学生输入教学内容，以求学生在思想、政治、道德等方面发生改变。这种教师主导的单向灌输教育方式，基本上是教师利用自己的优势地位进行单向传递，不停地告诉大学生“应该怎样”“不应该怎样”，学生基本上是被动的受教育者。从形式上看，这种教育方式本身有一定的强制性和不平等性，基本没有教育者与受教育者之间的理解与沟通。同时，这种机械的教育方法过分强调听话、顺从，很少去关注学生的内在需要，没有引导和提供机会与情景使学生对个体的人格尊严、生命的意义与价值予以体认。这样，受教育者个性差异、独立人格得不到应有的尊重，大学生对自身的主体地位和角色缺少认知和认同。一味地服从影响了大学生个人的主体意识和内在力量的发展，失去了进行选择的能力，没有形成对社会成熟的责任感。一旦需要运用内化的观念来决定行为时，未深刻认识到自身主体地位的青年学生，在道德伦理取向上的迷茫和矛盾也就出现了。尚处在“心理断乳期”的青年大学生对主体身份的漠视，使很多大学生还存在所谓“去个性化”现象，即个人在一个活动方向和方式较为一致的群体中，有时会“忘掉”自己的身份，而把个体等同于群体，把个人行为当作群体行为，在群体中做出独自不敢做的事来，认为自己的生活完全由环境决定，致使自我控制能力下降，一旦受到群体压力就有可能成为消极公众，“知而不敢信，言而不敢行”，形成侵蚀其主体地位的依赖性性格，缺乏做人的激情与动力，缺乏做人的责任心与感恩精神。有的甚至无视个体应遵守的道德规范和社会伦理要求，偏离社会责任和良知的约束，不自觉做出逾越社会道德底线的行为。

2. 价值取向有所偏离

当今社会处于转型时期，经济结构发生变化，就业结构优化，就业机会增多，人民生活水平不断提高，同时社会呈现价值取向多元化、利益主体化，大学生的独立性和自主性相对有所增强。在这种情况下，某些大学生出现盲目追求个人价值的实现，忽视社会价值的存在，在入党、日常活动、知识学习和择业就业过程中，功利化较为明显，未能把个人和他人、集体、社会有机统一起来，出现过于重视个人利益、忽视其他利益的言行，偏离了社会主义核心价值观。其具体表现如下：

第一，个人至上。有的大学生认为人的本质是自私的，以个人主义、小团体主义、本位主义作为自己立身处世的原则，把个人利益作为自己行为的出发点，缺乏社会责任感，把个人利益凌驾于社会、集体、他人之上。有的同学则直接表现为自私自利，不愿意帮助关心他人，不愿意参加集体活动、社会活动；而有的同学则持着“主观为自己，客观为他人”的思想“积极”参加各类社会活动，主动关心集体和同学，看似一副热火朝天的样子，但是“客观为他人”，尤其在“个人”与“他人、集体、社会”发生矛盾时，他们就会马上回到“主观为自己”的出发点，不惜损害他人、集体和社会的利益。在资产阶级革命早期，在争取个人权利和自由、反对封建专制方面，个人主义具有积极意义，但在19世纪初，有一些敏锐的资产阶级思想家就已经意识到个人主义同时还具有销蚀社会的一面。

第二，金钱至上。有的大学生崇尚拜金主义，把“挣很多钱”“升官发财”作为人生幸福的标准，认为读书无用，“书读万卷不如腰缠万贯”。他们把大好的学习时间用在赚钱上，在大学校园里掀起一股不可忽视的“厌学风”。有些大学生唯利是图，忘记了“君子爱财，取之有道”的古训，在金钱的诱惑下，他们不择手段，甚至不惜铤而走险，走上犯罪的道路。他们把金钱看成衡量人生价值大小的唯一标准。“找工作看‘钱途’”“前途前途，有钱就图”成为他们的口头禅，梦寐以求地以大学文凭为跳板来谋取金钱和地位。

第三，享乐至上。有的大学生认为“人生在世，吃喝二事”，表现为不思进取，忽视学业，满足于“60分万岁”。他们懒散怠惰，不是把大量的时间用于学习，而是用于上网打游戏、聊天或吃喝玩乐。有的甚至不考虑自身的经济承受能力，花钱大手大脚，用名牌，摆阔气，互相攀比，追求高档消费，追求超前消费，个别同学为了追求高消费甚至走上堕落犯罪的道路。

3.把自主变为自我，缺乏社会责任意识

主体意识是一种强调自我、张扬个性的意识，是一种自我道德修为和行为把握的独立自主意识。但是，讲求“为利性”的市场经济不断淡化和冲刷着人们的“敬畏”之心，价值观日益多元化，核心价值观在社会很多层面出现缺位现象，极端个人主义观念一定程度上侵蚀了大学生。正确的主体意识要求大学生推动以善于合作、乐于互相扶持为特质的健康人际关系的形成，要求大学生以个体有利于社会的特性为其社会活动的最高准则，以其对社会的贡献为义务，而当下的大学校园由于受到利己主义的影响，部分大学生将出现在自己生活世界的人和物视作满足自己需要的工具性存在，过度强调自我为中心，甚至不惜采用损人利己的方式来追求自己的人生目标。通过自己的社会活动实现个人目的同时，忽视了他人的对象性主体存在，忽视了社会行为的实施不能只关注实现主体人自身的情感和欲望、利益诉求，而自己还要为所实施的行为的后果负责，这显然背离了主体意识蕴含的理性认识自身价值和地位的要求。“极端个人主义”又容易使这些大学生否认社会和他人的价值，出现“不需要任何人”以及“凡事都要靠自己”的“自我”意识，我行我素，天马行空，但在行为受阻时又会出现不知如何寻求帮助，从自负转为自卑的“两害”情况。

4.创新意识有待加强

创新活动是一个互动性过程。交流互动，学习互动，促进互动。对于任何一个国家来说，向科技更为发达的国家学习是开展创新活动非常重要的方式。自改革开放以来，我国与其他国家的交流日益增多，且涉及的领域也越来越广，这让我国的科技水平有了很大程度的提高，同时也给创新型人才的培养提供了一个更为开放的平台。国内的许多人才出国深造学习，国外也有不少人才来到中国，带来先进的技术经验，成为领域内科技创新的示范人物。但同时不可否认的是，中西方在许多方面存在较大差异，比如文化背景、意识形态、社会制度以及生产水平。这些差异无疑加大了国内外交流的困难。目前，国内只有少部分人能够出国学习深造或者参与学术交流。科研人员与西方国家的交流也因为资金的缺乏而受到限制，这种现象一定程度上也制约了国内高校培养创新型人才的计划。

近年来，国家教育管理体制进行了一系列改革，包括开放办学自主权、宏观调控教育的实施。同时，在体制制定、资金管理、教师聘任、学术评价、教学评价、课程设置、招生等方面，高校的自主性也得到了加强。这些措施对创新培养计划的实施很有帮助。近年来，高校一直在扩招，高等教育也逐步变得普遍化，创新人才的培养有时会受到国家教育资金不足的影响。这种影响体现在很多方面，比如科研器材紧张，经费不足，而且用来引进人才的资金不及时到位，一些教学项目和实践活动不能按期完成。学校的办学自主权使得学校间的竞争日益激烈，一些学校面临的首要问题变成生存问题。教学思想被教育产业化侵蚀，导致学校在短期内无法顾及培养学生的创新性能力。因此，在创新人才的培养问题上，国家在宏观调控的同时，同样要加强对学校创新措施落实与否的监督，督促学校想方设法提高教学质量，培养高素质的创新人才。

在第三届中外大学校长论坛上，原教育部部长周济说："与创新型国家对人才的实际需求相对照，与国外高水平大学相比，我们所培养的人才的创新意识、创新精神和实践能力还需要极大加强，培养出的拔尖创新人才还严重不足。"①在我国，学生普遍学习勤奋，应试能力较强，但创新能力与西方国家学生却有着较大差距。其主要特征为：思维敏捷但具有局限性、缺乏独立的思考能力以及怀疑批判的学习态度；尽管有创新意识，但缺少相应的实践技能，不能做出有效的实践来体现自己的创新意识；尽管拥有技术特长，但知识结构过于

① 转引自张灵芝：《话语分析与中国高等教育变迁》，清华大学出版社2015年版，第147页。

单一，没有开阔的视野和长远的目光。高等教育工作者应当理解和把握大学生的主体意识，努力培育大学生的主体意识，共同促进大学生主体意识的形成。

（二）网络社会视角下大学生主体意识危机

在网络空间，人们的交往借助于数据或字符实现，这种交往是虚拟的而非身体性的，人的诸如性别、年龄、相貌、身份等这些备受关注的特征都能借助虚拟得到隐匿和篡改。网络空间交往者肉身的缺席或者说是“去身份化”的交往使网络空间成为“陌生人社会”，并导致网络主体产生人的工具化态度。网络空间提供的在交往中隐匿身份的便利加剧了自由与责任的不对称，网络主体期望在网络空间中享受最大的主观自由，却只承担最小的责任甚至不承担责任。因此，在这样的社会空间中，人对抽象的道德与诚信规范的违反所需承担的风险变得更小，对规范的接受和遵循变得更为困难。这些变化直接导致网络主体背叛了传统的道德规范与理念，在网络交往过程中责任感与诚信观念趋向淡化，在诚信与欺骗的情感交互过程中，网络社会正面临着严重的道德危机。

人类社会传统的道德理念与道德实践面临着网络革命的挑战，这种挑战在大学生这个特殊网络群体中表现得尤为严峻。大学生正处于身心成长的特殊阶段，价值观念具有较强的可塑性、脆弱性与可诱导性，容易接受新事物，也容易受社会不良风俗习惯与行为的侵袭。网络发展带给大学生的道德问题，归根结底是作为网络主体的大学生在网络空间中自律自觉的主体意识危机，这种主体意识危机是大学生综合心理特征的集中表现。因此，培养大学生自律自觉的网络主体意识，加强网络道德建设，化解大学生网络道德危机已刻不容缓。

（三）德性维度的大学生道德主体意识

德性是人类生活的基本道德维度，是人在对现实活动所做的适度或适中的情感及行为选择中，趋向善良并获得其优秀成果的品质。在亚里士多德看来，向善是人的本性，而人的本性就是追求幸福。幸福是合乎德性的现实活动。大学生主体意识是大学生在对象性活动中形成的对自身与对象世界的关系以及自身地位的认识和觉悟。

大学生主体意识的过度与不及，是一个备受社会关注的问题。尽管当代大学生在遭遇社会公共生活重大危机或事件时，如在汶川地震及北京奥运等志愿服务中，展示出作为现代公民的成熟主体意识。但在日常生活中，大学生主体意识的过度与不及，却是不争的事实。

大学生主体意识的过度与不及，主要表现在三个方面：其一，对象性活动：指向目标虚浮与现实活动无序并存。部分大学生目标定位虚浮，把经商赚大钱及从政做大官作为对象性活动的指向目标。至于成功的商人及公务员应有怎样的素质，有序的大学生活对成功经商以及步入公务员行列有着怎样的关联，他们不屑思考，也缺乏思考的能力。部分大学生学业的懈怠、个人生活的脏乱、行为举止的流俗以及对交往实践活动的逃避等现实活动的无序，不断地印证着对象性活动指向目标的虚浮。其二，自身与他者（父母）关系：成熟误读与心理依附并存。部分大学生误认为自我身心已成熟，足以自由地思想与行动，除了过度要求家长的物质支持外，还拒斥家长的建议和指导。但是当涉及就业发展等重大问题时，又往往认同父辈关于就业的社会观点，或者庆幸家庭拥有丰富的社会资源，或者哀叹家长及亲戚的无能等。其三，自身定位：自我中心与自我放逐并存。部分大学生把家长视为满足物质欲望的工具性存在，以“家庭小太阳”的思维模式处理同学关系。而日渐疏离的人际关系以及学业发展的挫折感，又导致谋求虚幻自我满足，从而导致沉迷网吧、醉心武侠等自我放逐行为。

当前中国大学生主体意识的过度或不及，既影响大学生对象性活动内在的幸福生命体验，又关乎大学生能否成为社会主义事业合格的建设者和接班人。在德性语境中研究大学生主体意识，是一个尚不为学界关注但却兼具理论和实践双重意义的课题。大学生个体对象性活动的向善、趋善倾向，不断外化为尊重自然及尊重他人至善追求的行为模式，是自身获得幸福生命体验的内源性基础。

（四）“被”“奴”“族”视角下的大学生主体意识

时下谈到青年大学生的话题，人们似乎很自然、很容易地就直奔主题，焦点就是大学生的成长、成人、成才、成功，很少去严肃反思并深刻质疑这些“天之骄子”的主体地位，更少去追问他们主体意识的有无、真伪和强弱。其实，无论是成长、成人，还是成才、成功，都离不开一个最基本、最重要、最复杂、最神圣的前提——主体意识。甚至可以毫不夸张地讲，没有真正的、强大的主体意识，就不可能有真正的成长，也不可能真正的成人，更不可能有真正的成才和成功。

遗憾的是，无论日常闲谈还是学术话语，似乎在有意或无意地遗忘、回避着这个前提性、基础性问题，对青年大学生主体意识的深入探讨和严肃追问，就如同被省略、被悬置、被屏蔽了。与理论关注的相对冷清、寂寥正好相反，鲜活的现实生活、多彩的校园文化，却时时处处都在不停地凸显、张扬着主体意识问题的热闹和喧嚣。"被""奴""族"这三个有典型性的流行热词，不断地推陈出新，变着样儿地交替蹿红，都在昭示着主体意识是多么难能可贵。

主体意识问题的难，主要有两个表现：其一，从形式上看，主体意识无像无形、无色无味，不容易肉眼观察把握，也不容易量化固定；因为一旦把主体意识物化、量化，那就不再是主体意识了，所以主体意识很具有人文精神特质，不适合科学工具的打磨，它是需要用心体会的"形而上的道"，不是用手拿捏的"形而下的器"。其二，从内容上来看，主体意识体现的是人自我反思、自我批判、自我审视、自我否定的内在生命意识、生命精神，是人的一种很深刻的本性，正如邓晓芒先生所言，主体意识是"人性的一种很高级的结构，甚至可以把它理解为一种创造性结构，一种艺术"[①]。

现代伦理学认为，人人都是主体，人人都具有主体地位，但主体意识并不一定人人都有。如果说人的主体地位是伦理道德先天赋予的话，人人平等，人人有份；那么主体意识的获得就是自己后天辛苦努力的结果，有无、真伪、强弱，各不相同，青年大学生自然也不例外。正如哲学家贺麟先生所言："自我意识必须精神生活上到了相当高度的人才能达到。一般人一与外物接触，一与他人接触，便动辄丧失其自我，忘掉其自我意识。"[②]贺麟先生的断言，不幸言中了当下的时人，"被""奴""族"热词的出现，有力地诉说着主体意识的稀缺与艰难。虽然技术上无法去确证每一个人是否都具有了真正强悍的主体意识，但有些事实能证明：有些青年大学生与真正的、强悍的主体意识无关、无缘。证据就是"被""奴""族"三个网络热词，在大学德育课堂上的集中呈现和层层推演。

1. 分众化时代与大班制德育课堂的冲突："被"的命运

青年大学生主体意识的培养是大学思想政治或德育课堂的基本任务，这是一份十分细致、细微、细腻的心灵工作，帮助、引导一个个活生生的青年学生树立世界观、人生观、价值观，是很有难度的事情，不是上课、做作业、考试、拿学分、不挂科这样简单，因为青年大学生的禀赋、家庭、经历、需求、喜好等千差万别。大学生群体表面上是大众，实际上是分众。分众化所体现出来的多元、多样、多变，既是当代社会的现实，也是青年大学生的现实。分众化的结构使

① 邓晓芒：《黑格尔辩证法讲演录》，北京大学出版社2005年版，第108页。

② 贺麟：《文化与人生》，商务印书馆1988年版，第68页。

人们的要求和政治要求都朝着多样发展。企业的营销研究也一再指出：市场越来越细微化。分众化的时代，客观上要求大学生德育工作，也要有“分众化理念”。简单来讲，就是在培育大学生的主体意识时，要更加因人而异、因材施教，更加照顾学生的个体差异，不能一刀切、一锅煮。

而当下实际的大学德育课堂，这个承载着塑造主体意识重任的心灵加油站，恰恰有着“一刀切”“一锅煮”的嫌疑。大学德育课或者思想政治课，属于公共必修课、公共通识课，普遍采用的是效率较高但效果较差的大班上课，几十人、甚至上百人一起上课。这样的课堂组织模式，也许能高效率地完成教学任务，但事实上很难有高质量的主体意识培育效果，更不可能针对不同的学生设置个性化的教学内容。这样一来，具体到一个德育课堂以及单一的教师和单一的教学内容，就无法满足众多学生多样、多元的课堂需求。这种一和多的矛盾，就形成了分众化时代学生多样化的德育诉求与大班制课堂相对单一的教学回应之间的紧张、脱节和冲突。

分众化的多元需要与大班制的单一回应，二者之间明显的矛盾和冲突，直接给一些大学生带来了“被”的命运，“被”字当头，主体意识难求。

一是“被安排”。关乎大学生主体意识塑造的德育课程，早在教学计划、培养方案里面就设计好、安排好了，教学计划、培养方案是否贴近学生，是否贴近生活，是否贴近实际，被培养的人是没有话语权、参与权的。这种安排教学的活动，全程展示、彰显的是安排者强悍的主体意识，恰恰暴露的是被安排者主体意识的收缩和遮蔽。接着大学生“被学校的计划、方案执行”。有些院校直接地、单方地实施着自己的教学计划、培养方案，根本不会考虑学生的意志、意愿和要求；有些院校采用了略显互动、民主、对话色彩的执行方式——选课制，但无论哪种方式，大学生最终不可逃避的课堂命运是：无论自己愿不愿意、喜不喜欢，也不论自己高不高兴、答不答应，都必须在规定的时间、规定的地点，接纳规定的教师，接受规定的内容。

二是“被学习”。因为是“被安排”的学习，在最基本的前提上缺失了自我判断、自我选择、自我决定，这种缺少自我的、被动的他学模式，造成了德育课堂很难激发触及灵魂、深入骨髓的共鸣与回应，也很难大规模、高质量协助大学生主体意识的成长。原本是培养大学生真个性、真自我的精神课堂，现在却可能蜕变成“精神旷课”的一言堂，即使采用“威逼利诱”的技术手段，也无法根除学生到课率低、旷课率高、“肉体到课而精神旷课”的事实。这一现象的存在，多少表明“被学习”的辛酸与无奈。这一事实，也在潜移默化中侵蚀着一些大学生的主体意识。

三是“被及格”。“成为完整的人”可以说是德育的目标，而一个青年大学生如果没有真正的主体意识，就很难说是一个真正意义上的人。衡量一个人主体意识有无、真伪、强弱，十分困难，也十分复杂；衡量几十个甚至上百个人的主体意识，就更难、更复杂。大班制下的课堂有一个很简单的测量方法——作业＋考试＝结果，结果就是绝大多数人的主体意识“被及格”。这个皆大欢喜的结果可能是失真的，因为这种形式的主体意识测量，反映的恰恰是测量者的意志，被测量者只是“被及格”了，未必主体意识真及格。难堪的生活事实往往会是这样：德育课程通常挂科、不及格的学生，可能更容易做出一番不同常人的事业来；而被老师一贯看好、常常“被及格”的学生，却经常做不到，做不好。原因很简单，主体意识“被及格”的人，恰恰说明的是没有真正的主体意识；而德育成绩不及格的人，往往敢于“不听话”，勇于“自作主张”，不怕冒犯老师，从而获得了真正的主体意识的成长。因此，造成了现实生活中德育“坏学生”胜过德育“好学生”的悖论。从真正的主体意识角度看，一点也不悖，坏学生有真自我，而好学生“被及格”，后者逊于前者，就理所当然了。

总之，目前的大班制德育课堂，对于大学生主体意识的成长而言是不利的，因为从德育起点看，大学生“被安排”，没有话语权，是失声的；从德育过程看，大学生“被学习”，没有真成长，是失实的；从德育评价看，大学生“被及格”，没有真自我，是失真的。这种总体上失声、失实、失真的大学德育课堂，很难承担塑造大学生主体意识的重任。因此，乐观地认为青年大学生都有强悍的主体意识的观点，可以理解，但未必属实。“被”字证明的正是主体意识缺乏。

2. 道与器的颠倒：“奴”的状态

主体意识是自由活泼、生机盎然的生命精神、生命意识，以自我否定、反思、批判、超越的方式呈现自我，是形而上的天道、人道。而房子、汽车、金钱、手机、网络等等都是形而下的器物、工具。道与器的关系是人使用物、控制物、主宰物。人役物，就能提升、深化人的自由境界、生命层次；反过来，如果物主宰人、控制人、物役人，人就会被奴役、被操控、被主宰，从而失去自由，沦为器物的奴隶。

马克思主义主张“自由对必然的超越”，佛家追求“得大自在”，道家宣称“逍遥”，儒家则提倡“君子不器”，从主体意识的层次上看，尽管各家表述不同，但核心精神惊人的一致，都是要让人成为自己生命的主人，成为自己命运的主宰，避免被奴役、被主宰的器物状态。但现实生活中很难得到“自由”“逍遥”和

“自在”，人被器物主宰，人被工具奴役的现象经常上演。特别是当今的现代生活，形形色色的拜物教，更容易让一般人无道、失道，道器颠倒，一不小心，就会翻身成奴，社会上出现的房奴、车奴、卡奴、白奴、孩奴等，仅仅是被“奴役”状态的一个写照。

大学校园中的部分青年大学生也不例外，也有一种道与器颠倒的现象，自己无法主宰、把握自己，自己被器物牵引、被工具操控，一幅丧失自我、沦落为“奴”的状态。

一是手机之“奴”。手机在大学生中间普及程度十分高，很多数据均显示大约99%的大学生都有手机。手机作为现代社会的通信工具，它的好处有很多，这几乎是路人皆知的事实；手机的危害，对身体的伤害，对心理的影响，一些有识之士也已经发出了警告。除此之外，手机还有一种不容忽视的精神危害，这种危害可能比肉体的、心理的伤害更要大，它直接泯灭人的生命精神、主体意识，让人成为工具的粉丝、机器的奴隶。有些大学生在手机面前失去自我，忘掉主体意识，无论是课上还是课下，不管是公共课还是专业课，也不分白天还是黑夜，人不离机，机不离手，自己无法控制自己，自己把自己交给了手机。无生命的电子工具，成了牵引、主宰大学生的主人，而有生命的大学生却蜕变为听命于手机的奴隶，从“天之骄子”到“手机之奴”，虽然不是全部，但也确实数量不少。这种现象可以称为人的异化、物化，而异化、物化的直接后果就是主体意识的消失。

二是网络之“奴”。现代互联网技术的发达，促使网络逐渐渗透到生活中的方方面面，慢慢改变着人们的生活习惯、生活方式和思维方式。大学生作为一个特殊的群体，知识丰富，思维活跃，兴趣广泛，喜欢求新追异，网络以它强大的功能和多元的用途深深吸引着当代青年大学生。其中，有些大学生痴迷网络，上网成瘾，离开网络无法正常生活、学习，网络由此成为了其生活中的主宰者。网络这个工具，这种器物，完全控制了高度依赖它的人，事实上成为了人的主人，而人则质变为网络的工具、奴隶。仔细分析这些被网络控制的大学生，没有哪个人有真正的主体意识，他们无法超越自己的工具命运，也无法自拔于被网络奴役的状态，也不能从更高层次上审视人与网的关系，只是被动地、机械地听任网络的摆布。被奴役的程度可能有深有浅，但被奴役的事实没有改变，基于此，就不能奢谈大学生主体意识的强悍。

主体意识作为人的“道”，就是自己掌管自己的生命，自己做自己的主人，自己听命于自己，除了自己之外没有其他的、外在的、异己的主宰、牵引、拘束和控制。而手机和网络相对于大学生来说，就是外在的器物，外在的工具；就是异己的东西，就是异己的力量。被外在的器物控制，被异己的力量束缚，是不可能达到生命精神的“自由”“自在”和“逍遥”的；充其量也只能是丧失主体意识，被感官娱乐所麻痹的肉体狂欢。如果精神生活不高，主体意识不强，一与外物接触就会迷失在茫茫的物流欲海当中，道器颠倒，“奴”态婆娑。因此，“奴”字验证的也是主体意识稀缺的事实。

3.个和群的区分：“族”的特质

主体意识是个性化的，独特的，世界上没有相同的个性，也没有一样的主体意识，把自己成长为唯一的、最独特的生命，这就是“个”；而“群”则意味着共性、集体性、一般性，它是一个群体的所有人所具有的共同特性、集体人格。因此，具有群性，并不意味着有真正的个性，也不能说明有真正的主体意识。现实生活中，人们一谈“80后”“90后”“贫二代”“富二代”“快闪族”“麦兜族”“卧槽族”等，感觉这些人特别另类，特别有个性，特别与众不同，其实这并不是真正意义上的个性。如果你身为其中的一员，也并不能说明你就有真正的主体意识。因为“族”的特质决定了这仅仅是共性，并不必然代表个性。理由如下：

第一，“族”完成了第一次区分，从“全体”区分出“群体”。改革开放三十多年来，生活水平的提高，文化生活的丰富，社会环境的宽松，历史地看、整体上讲，推动了全体社会成员主体意识的发展、进步和提高。这其中，表现最明显的就是社会成员的分层，而且越分越细密，以前的工人、农民、知识分子、军人和干部的分法，早已无法满足当下社会生活的需要，而冠以某某族、某某后、某某代的说法大行其道。这是一个很大的历史性进步，因为“族”等的出现，而且不停地更新换代，形象地表明一些人的主体意识在大踏步地觉醒。伴随着这种觉醒，他们能清醒地认识和描述自己或别人所处的位置、层次和群体。也就是说，“族”的出现，首先把“族”内的人与其他非“族”内的人区别开了，把“族”这个群体性的人，从社会成员全体中区分开来，使“族”作为一种与全体相区别的、有自己特性的存在。但“族”依然是集体人格，从全体分化出群体，是进步，但不彻底。

第二，“族”未完成第二次区分，没有从“群体”区分出“个”。在当下的语境中，不论什么“族”，都指的是一个群体。以大学生“考研族”为例，“考研族”就是立志准备参加研究生考试的人，积极参与研究生考试的人。这些人是一个人数庞大的群体。“考研族”与全体社会成员相区别，有特性；与不考研的大学生相区别，也有特性，但这种特性还仅仅停留在集体性上，还没有个体的个性。

主体意识所代表的个性，就是要从“族”中分化出自己来，区别出自己来。就是考研，也要有自己独特的理由、方式、方法，有自我的判断、选择、决定，既不是跟风，也不是从众，而是发自内心的自我反思、自我否定、自我审视。反观一些大学生，以自己是某某族而沾沾自喜，以为与非“族”的人相比有个性，其实有可能误把群体性当成了个性，而实际上主体精神、主体意识可能根本没有升华。从这个意义上讲，“族”不能说明有主体意识，最多可以看成是一种群体意识。

第三，“族”更没完成第三次区分，没有把“个体”与“个体”相区分。“族”作为笼统的集体性的概念，实际上在遮蔽着个人、个体，而真正的主体意识，不仅能把自己从全体中区别开来，还能把自己从群体中区别开来，更能把自己与其他的个体区别开来，甚至能达到此时的自己与彼时的自己相区分的高度。这样看来，“族”的区分层次才刚刚开始，远远没有达到“个与个”相区分的层次。“个”很重要，马克思甚至认为“每个人的自由发展是一切人的自由发展的条件”[①]。如果每个人都成为了最真实、最独特、最唯一的“个”时，人类社会就达到共产主义境界了。

因此，虽然有“族”的大量存在，但青年大学生如果无法从“族”的共性中，升华出自己的真个性、真自我，依然不能认为就有了主体意识。因为包裹在某一“族”的集体人格中，无法塑造出最具特色、独一无二的“个”，没有真正的“个”，也就没有真正的主体意识。这样看来，“族”字的特质就是群体性、共性，“族”的流行是共性的流行，而非个性的勃兴。因此，“族”字证明的还是主体意识的缺乏和个性的迷失。

对“被”“奴”“族”三个流行热词的梳理分析，可以证明青年大学生的主体意识不是人人都有，也不是人人都真，更不可能人人都强。如果没有深入探讨大学生的主体意识，也没有严肃追问大学生的主体意识，在缺乏这个最基本的前提下，就直接谈大学生如何成长，如何成才，如何成人，如何成功，是十分荒谬的，也是没有根基的。青年学的发达，成功学的前卫，心理学的严谨，这些都无法弥补主体意识空缺所带来的生存、生活、生命危机。

归根结底，没有谁能当青年人的救世主，也没有任何人能当任何人的救世主，如果说真的有救世主，那么也只能有一个：就是自己。

① 《马克思恩格斯选集》第1卷，人民出版社1972年版，第273页。

第三节 大学生主体意识存在问题原因分析

一、学校教育原因

教育作为人类更新的唯一手段，肩负着推进人类整体发展的历史重任。大学生主体意识缺失造成的道德困境作为一种普遍现象，与教育本身有着千丝万缕的联系。从应试教育的教育体制到教育（学）者文化主体意识的缺失，使最有可能也最有责任培养大学生主体意识的主体——教育，没有担负起自己应当承担的责任。中小学阶段的学生主体性培养后天乏力，是大学生主体性缺失的重要源头。

（一）应试教育的桎梏

从应试教育的角度来分析大学生文化主体意识迷失的原因主要是基于两个因素：

其一，应试教育是一种“无文化”的教育。文化作为一种价值观产生于生活，发展于生活，变化于生活，所以正如梁漱溟所说“文化本身就是生活”[①]。对于教育而言，不仅教育的内容属于文化范畴，而且教育活动本身也是一种文化活动。因此，教育是需要走进生活并反映生活，甚至在更高层次上去改变生活。虽然教育作为传承和弘扬文化的主要手段，而应试教育却是完全脱离了生活，充满了“无生活”（即“无文化”）特征。应试教育的教育体制对科学教育的倚重和对人文教育的懈怠，造成工具理性和价值理性在教育当中的失衡，使得学生在接受教育的过程中科学知识的增长飞速，但是人文精神的提升十分有限。

同时，应试教育体制所采用的以学生成绩为基准的评价体系和以灌输手段为核心的教育方式，使得学生在对学习的认知上存在很大的偏差——学习的目的是为了答对题，至于教育“成人”的目的和学习本身的意义也都被排除出应试教育的体制之外。应试教育的“无文化”特征充分体现了对人文教育的忽视，也就从根本上无益于学生文化主体意识的构建。

其二，人是一个连续的发展体，大学生不是凭空出现的群体，他们的出现

---

① 转引自易连云等：《责任与担当：大学的德育使命》，重庆大学出版社 2014 年版，第 239 页。

是一个学生教育发展规律的结果。大学生是个人以学生身份存在于教育范畴的一个阶段，在这个阶段之前还依次经历过小学生、中学生、高中生等学生阶段。因此，个人在大学生阶段出现文化主体意识缺失到导致陷入道德困境，在一定程度上与先前的几个学生阶段都有关系。尤其是在应试教育色彩最为浓厚的中小学阶段，教育为考试而奋斗，一直都需要进行的文化教育在这里断层，无论是对中国文化还是对外来文化的理解都是处于一种皮毛的层次，不仅是反思文化和批判文化，甚至连基本的文化认同都很难做到。

事实上，中小学应试教育中传统文化教育的断层，对大学生阶段文化主体意识的缺失影响是不可忽视的。在高等教育阶段，应试教育的色彩大为减轻，但是我们的文化教育一样非常苍白无力。“民族优秀文化的强势灌输没有有效的渠道，缺乏系统的部署。对当代大学生这种文化困惑的救助要么是流于形式，要么是不得要领。”[①]在大学除了相关专业的教学课程之外，没有一门系统的公共课、必选课讲述传统文化的博大精深。即使广大的大学生群体有着很强的文化需要，但是高等教育中“文化救助”的缺失，使大学生在经历了一路的应试教育之后，在面临空前的文化自由时又面临着选择的痛苦。虽然有限的人文讲堂在中国文化和西方文化的讲解上对大学生的文化理解有一定的帮助，但是远远不能满足大学生在长期桎梏的应试教育中突然解放出来之后对文化发展和精神提升的需要。在中国近代史中已经近乎支离破碎的文化主体意识，如今又遭遇到教育的忽视，现代大学生的文化主体意识的缺失愈演愈烈。

(二)教育者文化主体意识的缺失

应试教育中文化教育的断层，不仅产生了如今大学生文化主体意识缺失的结果，还对整个教育研究和实践都产生了一种恶性的循环——昨日文化主体意识迷失的大学生很可能就是今天走上工作岗位的老师和教育研究人员。教育者文化主体意识的缺失直接影响到的受教育者(即大学生)的文化主体意识构建。

第一，中国教育者对外来文化的过分重视。改革开放之后，各种新式的教育理论涌进中国的教育思想界，对中国教育理论更新和实践发展益处良多。但是，对外来教育理论的“过分”借鉴，就必然会产生问题。随着教育学的发展，涌现出了很多教育学著作，使教育学呈现出繁荣迹象，可是，仔细一看，却

① 刘献君:《文化素质教育论》，高等教育出版社 2009 年版，第 52 页。

发现里面不仅有很多重复之处，而且不少著作热衷于引论外国教育理论，把这视之为先进和与国际接轨。这种对外来文化或者直接说是西方文化的过分重视，就是中国教育者文化主体意识缺失的重要表现。教育者对西方文化的过分重视会通过书面的论文著述和口头的课堂传授潜移默化地影响着学生对中国文化和对西方文化的价值判断，使大学生对外来文化的认知也渐渐产生偏移。

第二，当今教育者对传统文化不够重视。事实上，伴随着改革开放之后"国学热"发展和中国社会的整体进步，当今各大高校的教育者们对中国的传统文化也越来越重视，对传统文化的价值的认识也越来越深刻。如很多高校都单独设置国学院，在文化研究领域，对传统文化研究也越来越多，越来越深入。但是，经历了重大创伤的文化历史对中国教育所产生的诸多后遗症，再加上当今多元文化社会所带来的价值混乱，使得当今的教育者们，对中国传统文化的认识不可能在几十年的时间内达到一个相当理想的水平。虽然已有很大的进步，但是教育者们依然缺乏对传统文化的正确认识，缺少对传统文化的深刻反思。费孝通先生也正是在洞悉这种文化问题，从而提出"文化自觉"的概念，希望"生活在一定文化中的人对其文化有'自知之明'，明白其来历、形成过程、所具有的特色和它发展的趋向。"①教育者对传统文化的不够重视，正是其文化主体意识缺失的表现，缺失了文化主体意识的教育者们，加剧了大学生文化主体意识的缺失。

（三）教学组织形式和方法的弊端

当前高校教学依然采取的是传统教学方法。传统教学是一种以知识为本位的教学，这种教学在强化知识的同时，忽视了对人的生命存在及其发展的整体关怀，从而使学生成为被肢解的人。也就是说，传统教学只关注知识的接受，学生成了盛装知识的容器，而不是具体的有个性的人——生命主体。这便是传统教学的根本缺陷。而这一本质的缺陷恰恰是阻碍素质教育特别是创新素质教育目标顺利实现的根本障碍。其弊端具体如下：

1. 教学观念的局限与偏差

传统教学是在"主知主义"观及"教师中心"观指导下的教学。"主知主义"观把人的培养仅仅局限在知识的传授上，而忽略了学生的全面发展；"教师中心"观忽视了学生作为"人"在教学中应有的地位和权利。传统教学最终导致

① 费孝通：《文化的生与死》，上海人民出版社2009年版，第210页。

的结果是把丰富复杂的教学过程简括为特殊认识活动，并且在教学过程中不注重学生的思想感情，很少有学生的能动性和创造性。即使在完成认识任务时，由于受认识机械论的支配，如把知识看成绝对真理、把学习简单看成是知识由外到内的输入过程、低估了学生已有的认识能力和知识经验、轻视每个学生心理世界的丰富性和差异性等，从而使师生的生命力在教学中得不到充分发挥，结果连其视为最主要的认识性任务也难以有效完成。

2.实践操作上的缺陷

第一，只重学不重用。传统教学强调学习系统的书本知识，但对于哪些知识用处大、哪些用处小、在什么条件下怎样用以及知识之间如何配合运用来解决实际问题等没有足够重视，结果在所难免地出了很多高分低能的学生。造成这一结果的症结在于教学过程中重理论轻实践、重理性轻感性。其实，知识本身是具有丰富生动的实际内容的，而表征它的语言文字（包括符号图表）则是抽象的和简约的。学生所学的教材只是由语言文字所汇集成的书本知识，这就要求学生不论学习什么知识，都要透过语言文字、符号、图表把它们所代表的实际内容想清楚，把间接经验和直接经验结合起来，把知识学习与技能训练结合起来。只有这样，学生才能灵活而牢靠地掌握知识，也才能学懂会用、学有所用。

第二，只重结果不重过程。传统教学只重视学生掌握知识本身，不重视学生掌握获取知识的方法，教学在相当大程度上脱离了社会与人的发展的实际要求，结果学生只会呆读死记，思维和创新能力较差，更不懂超越教师和教材。这种重结论轻过程的实践正是传统静态知识观的反映和体现。首先，就知识本身而言，它是思维的产物、智慧的结晶。知识在内容上包含着深刻的思维和丰富的智慧，而在形式上却是简单、呆板、现成的结论。传授知识绝不意味仅仅展现教材上现成结论和现成论证在形式上的汇聚，而应重在揭示隐含在其中的有丰富内容的思维过程，并引导学生的思维深入到知识的发现或再发现的过程中去，惟其如此，学生才能真正理解和掌握知识，并把教材上的智慧转化成自己的智慧。重结论轻过程的教学只是一种形式上走捷径的教学，把形成结论的生动过程变成了单调刻板的条文背诵，它从源头上剥夺了知识与智力的内在联系。其次，就认识活动而言，它主要是学生自主阅读独立思考的过程。建构主义理论认为，学生的学习过程和科学家的探索过程在本质上是一样的，都是一个发现问题、分析问题、解决问题的过程。这个过程一方面是暴露学生各种疑问、思维、障碍和矛盾的过程，另一面是展示学生聪明才智、独特个性、创新成果的过程。重结论轻过程的教学排斥了学生的思考和个性，把教学过程庸俗化到无须智慧努力，只需听讲和记忆就能掌握知识的那种程度，于是便有了掌握知识却不思考知识、诘问知识、评判知识、创新知识的“好学生”。这实际上是对学生智慧的扼杀和个性的摧残。

第三，只重教师不重学生。传统教学过分强调教师的作用，忽视学生的主体地位尤其是差生的地位，以致教师在课堂上扮演“独奏”角色，教学不可避免地成了制造“失败者”“自卑者”“高分低能者”的机器。

第四，只重认知不重情感。传统教学将学生视为认知工具，不重视学生作为人本主体的最重要的感受、情感、价值和潜能。事实上，情感发展不仅是教学的重要手段和提高学生认识水平的有效途径，也是学生综合素质的有机组成部分，缺乏情感的教学不可能培养出具有整体生命意义的人。

第五，只重计划不重开放。以教案为本位，是传统计划教学的需要。在传统教学看来，课堂教学是按计划进行的，每节课无一例外地必须完成规定的教学进度(课时任务)，且须一课时跟着一课时循序渐进地完成所有的教学任务。怎样做到这一点呢？那就是按教案上课。每节课的内容和进程都具体地甚至按时间顺序分在教案里，课堂教学就像计算机输出规定程序一样，是教案的展开过程。以教案为本位，实际上就是以教师为本位，教案反映的是教师的教学过程(设计)而不是学生的学习过程(创造)。以教案为本位的教学实质上是一种封闭性的教学。封闭性使课堂教学变得机械沉闷和程式化，缺乏生气和乐趣，封闭必然导致僵化。只有开放，才有可能搞活。

第六，只重功利不重育人。这是传统教学致命的缺陷，也可以说是产生以上教学弊端的根本原因。传统教学仅重视教育的社会功能，而不重视教育的育人功能。“片面追求升学率”现象便是这种弊端的集中反映。其实，教育的育人功能才是教育的基本功能，才是教育本质属性的反映，也是教育的社会功能得以实现的基础。

(四)教育评价不能充分发挥培养学生主体意识的导向作用

评价是教育活动的重要内容，是人的社会化不可或缺的社会性刺激生成的方式。高校教育目标不仅是知识的传递，更应是人格的塑造。那么考核就不能仅仅是教学活动的总结与检验，而应该是教育目标的再表达与再强化，应该促进大学生主体意识的生成与强化。苏霍姆林斯基说：“在人的心灵深处都有一种根深蒂固的需要，就是希望感到自己是一个发现者、研究者、探索者。”①引导学生参与评价，就是给学生提供发现、研究、探索的空间，从中激活并强化大学生的主体意识，使评价成为学生主动参与、自我教育、自我发展的过程。人本主义心理学家卡尔·罗杰斯提出了著名的“意义学习”观。在他的教育主张里特别强调了学生的主体意识与学习的重要性，以及学生自主评价对主体意识培养的重要作用。

可是我们现行的考核方式却并没有充分发挥培养学生主体意识的导向作用。

第一，考核主体一元化，弱化了大学生的主体意识。长期以来，高校教育改革一直强调重视学生的主体地位，发挥学生的主体作用，然而这种主体地位与主体作用的发挥却被排斥在考核评价之外。不管是平时考核还是终结考核，不管是主观评价还是客观考试，我们看到的只是教师的劳心劳力、煞费苦心，而学生却置身事外，冷眼旁观并忙于应付。“考考考，老师的法宝；抄抄抄，学生的妙招。”在考与抄中，教学中的师生关系被对立起来，学生的学习变成了被动服从和应付差事，无形中使教学过程变成了教师的独角戏，教学中的双主体无从谈起。

第二，考核过程随意化，弱化了大学生的自我意识。课堂大班制、集中教学的现实，使得教师对于教育对象的考核评价疏于管理，出现了考核评价随意化趋势。教师由于精力所限，注重了教学环节的把握和教学任务的完成，对于学生的考核评价无法进行有效的过程性监督，致使教学课堂滥竽充数，逃课现象时有发生。过度宽松的考核评价方式导致出现了平时考核模糊化、终结考核随意化现象，学生“被”及格现象普遍存在。这不仅助长了学生投机取巧的歪风邪气，更是弱化了当代大学生自主学习、自我负责的主人翁意识。

第三，考核内容本本化，弱化了大学生的创新意识。考核内容依然受社会本位的影响，以大纲、教材、课堂笔记为主，学生为应付考试疲于背笔记、背教材。过于僵化的考试内容，使学生只学会了死记硬背，没学会理论联系实际，其理论自觉与创新意识更是无从谈起，现实中高分低能、高分低德者比比皆是。这不仅有悖于社会主义合格建设者和可靠接班人的培养目标，而且导致了思想政治理论课在大学生心目中作用的形式化和地位的边缘化。

随着时代的发展，随着中国改革开放的深入，经济全球一体化与文化多元

---

① [苏]苏霍姆林斯基：《给教师的建议》，杜殿坤译，教育科学出版社2000年版，第105页。

的价值取向开始对教育实施影响，使教育也在不断进行深刻反思和革命，教育的质量观、价值观都在发生巨大的变化。作为教育评价，是该采取“顺应”还是“抵抗”？毫无疑问，教育评价没有理由忤逆这个时代，它必须顺应和符合学生的发展要求，这也是素质教育的要求。

二、家庭原因

（一）家庭对学生的主体意识教育模糊

一个人习惯的养成和家庭教育是密不可分的，主体意识的培养也不例外。现在的学生大多数是家里的独生子女，从小到大，父母对他们的关心甚至到了溺爱的地步，这是培养他们主体意识比较困难的原因之一。另外，很多家长经常把自己的一些想法强加于自己的孩子身上，这无形中也导致了学生主体意识的缺乏。

当代中国独生子女家庭的家庭教育让孩子的主体性意识和能力培养先天不足。应该说，当代大学生绝大部分是独生子女，独生子女家庭的教育方式具有如下特点及后果：一是溺爱。众星捧月般的鸟笼式喂养，衣来伸手，饭来张口，在享受父母提供的优越生活的同时，丧失了抗拒父母意志的能力，也丧失了独立生活的能力。二是代理。“不要让孩子输在起跑线上”的口号，让天下父母从怀孕的那一刻起，就开始以自己的思维和方式设计孩子的前途命运，包括学什么、玩什么、上什么样的学，甚至成年后跟谁交往，孩子的一切都被安排“妥当”。三是偏颇。所谓“偏科”，一是指家长对孩子学习的严要求，只要学习好，其他不重要；二是指他们所谓的“学习”其实只是知识和技能的学习，孩子可能学习很好且多才多艺，但是如何生活、如何做人的生活教育和人文教育却滞后了。

（二）家庭经济困难学生主体意识缺失更加明显

家庭经济困难大学生是大学校园里一个特殊群体，占在校生比例15%以上。家庭经济困难学生，不仅仅要面对家庭经济的重压，同时也要承受精神上的巨大压力。尽管大部分学生表现出了发愤图强、积极进取、励志成才的良好精神状态。但总体上，家庭经济困难学生的心理健康状况不容乐观，表现出来或潜在很多心理危机。集中表现为：抑郁、自卑等不良心理凸显，缺乏与人正常交往的勇气；心理素质差、自卑感强烈，苦闷甚至心理失衡、抑郁；自立自强精神缺乏，“等、靠、要”思想普遍，眼高手低现象严重；诚信意识不足、感恩意识淡薄等。

究其根源，主要还是家庭经济困难学生的主体意识发展不够完善，自主意识强烈但自主能力差。家庭的困境、相对封闭的成长环境让大部分家庭经济困难学生在综合素质上处于弱势。大学评价标准的多元化使他们无法维持以前学习优秀而拥有的优势，他们“读书改变命运”的理想和斗志受到挑战，很多人开始要么自怨自艾、自我封闭，要么怨天尤人、心理失衡。家庭经济困难生往往自尊心强，内心有着强烈的自强愿望，但同时他们的主体意识发展又是不完善的，他们缺乏足够的面对困难的勇气，内心敏感，往往容易从极度自尊走向极度自卑，甚至在一次次现实的打击面前，丧失乐观的信心，形成“习得性无助”，从而自卑、丧失斗志，限制了他们自主能力及创新创造潜能的发挥。

同时，他们主体意识中的自律意识也存在走极端的不和谐发展。家庭经济困难生往往迫于现实环境的压力对自身认识尺度把握不准。一部分家庭经济困难的学生缺乏客观的自我认识和良好的心态，过于苛求自己，享受资助的同时背负着一定要有所回报、不允许半点学习失败、求完美的沉重心理压力，结果往往适得其反。

笔者进行的问卷调查及个别访谈的结果也显示：家庭经济困难大学生在“自我认识、自我评价、自我设计、自我完善”的主动意识和行动能力上有所欠缺。在主体独立性、主体主动性、主体意识和主体能力方面或多或少存在偏颇和不足。缺少思想观念上的自尊、自信和行动能力上的自立、自强和自我调控。或自卑、自负，缺乏客观的自我评价；或逃避，破罐破摔，自控能力差，眼高手低；或迷茫、徘徊，目标缺失。主体主动性方面，成就动机低，消极等待，被动接受，逃避竞争。

总的来说，他们主体意识偏弱，主要表现为：自我意识不健全，缺乏自主独立能力和探索精神，人际交往中缺乏足够的理解、责任意识淡漠，甚至个别表现为个性、人格的扭曲。其深层次原因：一是由于某方面需求得不到满足而导致的偏激、逃避、退缩行为及焦虑、无助情绪；二是处理不好青春期的各种矛盾冲突，片面看待成长中的不利因素和条件，出现暂时的“同一性混乱”。

三、大学生自身原因

大学生主体意识的缺失与中国近代的文化变迁历史和教育环境有着深刻的关联。然而大学生作为文化主体意识缺失的主体，自身也存在着若干因素。一些大学生无论是对本土文化还是对西方文化都不愿去主动学习，对这两者文化都不了解，所以无法树立其文化主体意识。从社会现实的角度来讲，信息社会的到来为大学生提供多元价值选择空间的同时，也让大学生不易建立稳定和谐的价值目标和价值评判标准，从而导致其主体性的缺失；市场经济的发展也让很多大学生崇拜越来越物化的金钱世界，在金钱和物质面前，极易丧失自我主体性，成为商品的奴隶和纯粹的经济动物等。

（一）对传统文化缺少主动认同与反思

由于历史和教育的因素，很多大学生传统文化底蕴普遍不强，对传统文化的精髓知之甚少，所了解和关注的传统文化都集中在传统节日文化之上，文化视野非常狭窄而且深度明显不足，突出表现为：对传统文化认同逐渐弱化，对传统文化的无意识、无认知和无选择。事实上，文化的传承与发展不仅是教育的责任，每一个作为中华民族继承者的大学生也有责任去主动地认同我们的民族文化。认同我们的文化不是为了复古，而是为了在当今世界找到我们中国人之所以为中国人的价值依据，为了能在现代多元文化的社会中找到一种安身立命的精神依靠。但是即使大学生已经意识到自身存在这样的文化问题，部分人还是不愿去学习，文化认同意识不够强烈。曾有大学生这样回答有关问题："虽然我已经读研究生了，可是对中国传统文化和传统教育思想的了解还是非常欠缺的。比如四书五经，我只能肤浅地了解有这些资源，而具体内容却知之甚少……特别是，有关中国传统文化知识大部分都以文言文形式出现……阅读起来非常困难。反倒是现在信息发达，接触国外文化和教育理论的机会比较多……"这位学生的叙述应该是大学生中的普遍看法，大学生宁愿花更多的时间去学习外文而不愿阅读诸子典籍，中文写作错字连篇，文言文阅读一知半解。这表明，大学生群体虽然明知自身已经存在这样的问题，仍然不能够自觉地去学习、了解、认知我们的传统文化，不知其然，更不知其所以然，对传统文化的主动认同显然不足。

此外，大学生文化反思的主动性不足。文化反思，是文化主体意识的反映，是结合时代的特征对文化进行全新的梳理、批判和重建，是在多元文化时代确立新的价值取向的关键环节。文化反思是以对文化的了解为基础的，当下大学生对传统文化的了解程度不足以形成有效的文化反思。更为忧心的是，一些大学生在文化上对自我放任自流的态度，既不能主动反思历史，也不能在多元文化的对比中主动反思传统文化所应有的文化价值和文化地位。由于缺少对传统文化的主动了解和反思，导致一些大学生在当下的多元文化社会中对于文化价值的认识混乱，并最终使其陷入文化意义上的道德困境。

（二）对外来文化缺少主动了解与批判

现代大学生对中国的传统文化要认同，对待西方文化或者外来文化以及各种新生的文化则需要一种冷静的批判意识。文化批判意识是大学生在面临纷繁复杂的外来文化时能够正确审视、反思、选择的基础，也是大学生文化主体意识构成的重要部分。就目前大学生对西方文化的认知特点来说，存在着典型的“感性强，理性弱”的特点。部分大学生往往在面对西方多元文化时，更多地表现为茫然不知所措……造成部分大学生只注重享受或感知愉悦。部分大学生对西方文化一知半解，又从来不去进一步地追问，自以为那些铺天盖地的美国大片、美式快餐、西方节日就是西方文化的全部，只知其“开放”而不知其“尊重”；只知其“自由”而不知其“责任”；只知其科技的神奇而不知其哲学的厚重。明明是对西方文化略知皮毛，却又不愿意去认真了解、学习西方文化的精髓。香港大学亚洲研究中心研究员甘阳曾经指出：“越是深入西学的人越是会形成自己的批评性看法，通常都是对西学了解肤浅的人反而容易盲目崇拜。”①

2006年，一篇名为《走出文化集体无意识，挺立中国文化主体性——我们对“圣诞节”问题的看法》的文章在网络上悄然走红。这篇文章认为，中国太多人特别是年轻人对西方文化并不了解，不懂圣诞节是什么意思，却一味地盲从。不了解别人的文化，就无法合理地审视这些文化中哪些是需要我们学习，哪些需要我们谨慎对待，哪些需要我们完全抛弃并引以为戒——这便是对西方文化的批判。正如甘阳所言，大学生在对西方文化的学习上缺少主动性，更勿论对其的批判。大学生缺少对西方文化的了解和批判，还希望他们能够在多元文化的背景下有一个清晰的文化主体意识，希望他们不被令人目眩的各种道德价值观所误导并成为一个具有世界意识的中国人，这显然是不可能的。

(三)没有明确意识到自身在学习和生活中的主体地位

主体意识淡薄是大学生主体性缺失的最主要的主观原因。人在实践活动和认识活动中对于自身的地位、能力和价值应该有清晰的定位和认识，能够、也应该认识到自己是实践的主人，也是自己的主人。这是人的主体性的重要表现。

从哲学意义上讲，人是实践活动的主体，在认识世界和改造世界的实践活动中担负着提出实践目的、操纵实践工具、改造实践客体从而驾驭和控制实践活动的多重任务。对于许多大学生来讲，学习和生活没有明确的目的性和完善的计划性，缺乏足够的独立性和自我主导性，依赖性强，被动性大。

不能明确意识到在学习和生活中应该具备怎样的能力。作为实践主体，

① 甘阳：《通三统》，三联书店2014年版，第137页。

要实现驾驭和控制实践活动的多重任务，必须具备相应的能力（包括自然力、知识和经验、情感和意志等），这些能力相辅相成，缺一不可。而许多大学生片面追求知识和经验，忽略身体素质以及情感意志，不能统筹规划、综合协调地制定完善的发展计划，从而丧失部分能力。

不清楚在学习和生活中如何实现自己的价值，也不能客观评价自我价值。实力、实干、实绩，即拥有实力，通过踏踏实实的努力，得到实实在在的成绩，是实现自我价值的三部曲。但很多大学生片面追求实绩，而忽略实力培养和实干精神；或者自恃实力不凡，却无法踏实办事；或者实力不足，但眼高手低等，不清楚在学习和生活中如何实现自己的价值；屡遭失败之后，又容易妄自菲薄，从而丧失客观评价自我的能力。

（四）自我道德需要不足

所谓道德需要，是指“人们对道德所具有的的价值、意义认识基础上产生的，制订并遵守道德原则和规范、践履道德要求的心理倾向。在日常生活中，这种心理倾向表现在个体对于各种道德规范的敏锐觉察和感知、主动选择和向往、自觉践行与传播等方面”①。道德需要不仅被现在的中国道德教育学界看成是道德教育的核心，还是大学生自我道德成长的决定因素，更是与文化主体意识有着深刻的内在联系。当一个人有着清晰的文化主体意识时，他能够清楚地意识到自己在道德上需要成为一个什么样的人。

在多元文化这样的多元价值环境当中，更因为有着来自不同文化系统的价值比较，所以有着清晰的文化主体意识的人不仅能够意识到自己在道德上应该是什么样的人，而且能有效地结合他者文化的优秀成分不断地更新和发展自己的道德。而当一个生活在多元文化时代的人不具有清晰的文化主体意识时，他对于自己应该在道德上成为什么样的人，甚至需不需要成为一个道德的人都是充满怀疑的。当大学生因文化主体意识缺失而造成道德基础的丧失和道德目标的迷茫时，大学生群体对我们为什么会有这样的道德规范以及我们为什么要去坚持这样的道德规范等这样的问题理解起来就会十分模糊，一方面认为道德有价值，另一方面又不知道道德的价值究竟是什么、来自于哪里。道德需要的前提是理解。“理解是受教育者确立新的道德认识、解决认识矛盾的基础，不理解新思想和道德准则就谈不上树立新的道德观念，即不明理则无以立德。”②这种对道德的把握始终都是一种似是而非的立场，是无法激起

① 蓝维：《道德需要与道德行为》，《当代青年研究》2006 年第 5 期。

② 谢湘云：《论道德需要与道德内化》，《教育导刊》1999 年第 8 期。

起一个人想成为一个有道德的人的热切愿望。因此，文化主体意识的缺失直接打击了大学生的道德需要。

四、社会历史文化原因

从社会历史的角度来讲，传统的儒家文化崇尚师道尊严、长幼尊卑，这一根深蒂固的观念导致学生从小迷信权威，听话、顺从成为学生骨子里难以抹去的印痕，这是大学生主体性缺失的重要的社会历史文化原因；文化与道德之间的天然联系决定了有着什么样的文化主体意识就会有什么样的道德观念，这决定了表面上的大学生道德评价困境和道德价值目标取向的紊乱其实都隐藏着深刻的文化问题。

首先，文化是构成并促进道德教育的精神资源和动因。道德和道德教育始终存在于一定的文化谱系之中。道德和道德教育的价值理想体现了文化的内在精神和价值理想，其具体的内容也反映了某种文化类型所要求的人伦规范。特定社会与时代的文化理想、文化追求与文化发展也势必从根本上规约和引导着人的道德追求和理想人格的塑造。

其次，道德和道德教育所秉持的核心价值观念，只能在一定的文化母体中找到根据。无论我们将道德理解成什么，都是建立在我们的文化基础之上，失去了文化基础，没有属于自己的文化依托，我们所进行的道德教育也就完全处在迷茫之中。在多元文化的时代背景下，不同的文化蕴含不同的价值观，随之也就产生了不同的道德价值观念、道德意识、道德行为方式。

再次，从道德的角度来说，道德和道德教育也在以自己的方式追问、延展、传承和开拓着文化命脉。道德和道德教育通过对社会个体和群体的改造，实现文化的传承和再生，保持一个民族独有的精神特质。此外，道德还会主动参与到文化的变革和建构当中去。

因此，在多元文化时代，大学生群体所遭遇的道德困境绝不是简单的行为问题。大学生道德评价困境以及道德目标取向的紊乱，在根源上是多元文化时代中国传统文化与外来文化以及在此基础上不断衍生的各种不同文化同时作用时所引发的价值混乱在大学生日常生活中的外显。大学生的文化主体意识在多元文化的混乱环境中逐渐缺失。因此，从根本上说，多元文化背景下大学生群体所遭遇的道德困境在本质上其实是大学生文化主体意识的缺失。

（一）稳定的文化基础的缺失

从结构主义来看，文化不仅是一种创造活动，而且本身也是一种意义结构。意义来自对自身行为的解释，文化为人们提供了意义解释的框架，不同时代的人都是根据当时的文化来进行生活的一系列解释。封建社会以儒家伦理为纲；革命战争时期以革命伦理或政治伦理为纲；改革开放之后，又以社会主义市场经济伦理为解释社会的思想依据。

可以看出，文化是道德的基础，是道德赖以生存和不断发展的源泉。一定的道德观念、道德行为只能在一定的文化环境中寻找到依据。文化主体意识是指继承某一文化传统的人类群体（如中国人）在多元文化背景下对自身文化的地位、功能、价值的自觉意识。在当下的多元文化背景下，文化主体意识的内涵就必然要加上对外来文化以及各种新生文化的认识。通俗的理解就是指生活在一定文化环境中的人对自己文化的基本看法：它来源于哪里？它有着什么样的价值？它有着哪些形式？与其他的文化相比，它又有什么特点？在当下的环境中，自己的这种文化又要向什么方向发展？要对这些问题作出回答，都必须建立在一定的文化主体意识之上。道德作为文化的一个子集合，我们对文化有着什么样的看法就会随之对此种文化中的道德产生相应的态度。因此，稳定向上的文化主体意识不仅是认同此种文化中道德价值观念和道德行为的思想前提，更是为这种道德观念和行为在相应的环境中获得认可提供了坚实的文化基础。

在一元文化社会，道德一直有着稳定的文化基础。但是在多元文化的现代社会当中，多元的价值观共同作用于大学生群体，使他们对中国传统文化从外在的形式到内在的价值都表现出了各种怀疑——在多元文化社会，大学生群体在面对纵横交错的文化现象时，已经无法用一个合理的理论甚至是信念依据来对这些文化现象作出自己的判断。而当这些文化现象涉及道德判断时，没有了稳定文化基础的大学生们在复杂的文化环境之中无法找到一条可以依靠的道德标准。另外，道德的文化基础的缺失还削弱了大学生在实践道德行为时所需要的道德上的安全感——即使不计较道德行为之后是否会有回报，也很难判定自己在作出行为之时以及之后是否会引起他人的非议以及被帮助者的各种诘难。

现代大学生所遭遇的道德困境在根本上其实是一种缺失了文化主体意识所产生的文化意义危机——文化主体意识的缺失，不仅使大学生群体在继承和发展中国古典道德文化传统上出现危机，而且也使近半个世纪以来的革命道德信念受到质疑。因为无法为道德找到一个合适的文化基础，大学生群体毫无悬念地陷入了这种深层文化意义上的道德困境。

事实上，国内的学者们早就发现了中国在多元文化时代所遇到的道德困境的本质所在，因此也进行过诸多不同程度的探索。20 世纪 80 年代之前，带着对道德的质疑，国内的学者们将目光投向了海外，希望能从西方的文人哲士的思想中找到构建现代中国道德的合理性依据，然而没有把自身的文化作为道德合理性构建的基础，以至于对西方哲学思想的研究和追求虽然带来了理论上的繁荣，但是随着诸多道德哲学思想的引入，我们自身的道德建设就显得更加的虚无缥缈。

因此，20 世纪末的“文化热”应运而生，希望能从古人的典籍中求到治愈现代道德病的方法。从现在的效果来看，虽不能说完全没有效果，但确实是微乎其微。原因在于，从文化的角度思考道德问题，不仅要注重文化的民族性，也要注重文化的时代性。道德作为一种文化存在，要寻找到它的合理性依据，也就必然地需要将文化的两大特征相结合。一味向西不行，一味求古更是行不通，只有构建文化的主体意识，形成文化自觉，批判吸收他者文化的优势，才能真正地做到将民族性和时代性相结合，构建现代中国道德，走出现代道德困境。

（二）道德目标的迷失

对道德目标的分析可以从宏观和微观两个视角来进行。宏观的道德目标是指个体或者群体所在社会的文化目标。对于中国这样一个“伦理型社会”而言，文化目标与道德目标是统一的，宏观的道德目标就是一定文化中人的成长目标。微观上的道德目标则是限定在道德范畴内部来分析，是整个道德体系的一部分。对于现在的中国来说，道德目标都是微观层面的。但是在这里，我们要从宏观层面来对大学生道德困境进行分析，所以在此处道德目标其实是指宏观上的文化目标。

1. 道德文化目标迷失

在多元文化的不断冲击之下，一些大学生因为没有一个基本的判断文化优劣（相对）的原则，对多元文化中的多元价值观尤其是其中的道德价值观的认知渐渐退化为“什么都是合理的”，所以在对道德的认知上已经很难说有一种清晰的目标意识。有些大学生对何者为荣、何者为辱，何者为善、何者为恶、何者为丑、何者为美，何者为高尚、何者为鄙俗等等这些道德价值整合度较高的社会文化环境下约定俗称，不需加以思索即可作出肯定或者否定判断的道德选择感到迷茫了……忠诚与事业，可能被认为是“愚蠢”；忠厚老实、踏实肯干，可能被认为是“无能”。甚至一直被作为道德精神偶像的“雷锋”，在当下的高校校园里，也没有引起大学生足够的尊重。尽管高校开展的各种道德教育从硬件的基础设施到软件的师资队伍的水平都在不断提升，道德教育教材以及教法也不断加以改进，但是目前对大学生道德学习的共识就是：虽然道德知识掌握很多，但是仍然有着诸多不道德行为。

事实上，单纯对道德知识的掌握不能直接等同于道德认知问题的解决。关键在于大学生自己对所学的道德知识本身是一种什么样的态度和看法，而这种对道德的态度或者看法又是以中国优秀的传统文化为基本的解释框架。我们现行的道德教育从教学内容上看基本是依托我国优秀传统文化而编订的，但是在多元文化所带来的多元价值的作用下，如果大学生缺失了自己的文化主体意识，就等同于缺失了能够解释道德的意义框架。所学的道德知识无法解释，自然就很难真正的理解，更谈不上为促进道德的发展对传统文化进行反思和对外来文化进行批判借鉴，在道德的认知上就无法真正地为自己树立起一个合理的道德目标。

2.道德情感目标失落

道德情感是指对道德理想目标和道德规范体系的敬重、忠诚、前程、向往等强烈的情感。当道德目标选择不断地功利化和低俗化之后，这种规范又会常常阻碍各种世俗欲望的追求和满足。一些大学生，一方面以各种理由不断推卸自己的道德责任，甚至是怀疑并否定道德的存在。道德本身所拥有的崇高与敬重也已经消失殆尽，道德与否也不是其所极力追求的一种目标。一些大学生从心理情感上对道德不再是喜好和愉悦，而是漠然视之，常常忘却自己身上应有的道德责任。另一方面，道德情感目标的失落还体现在道德受助期望感的冷漠，即人们在现实生活中遭遇困境时，在客观上和潜意识里都需要道德力量的关怀和帮助，但在表现在显意识中，却更多的是理智地拒绝和放弃外来道德力量的关怀、帮助。而消极的道德生活阅历不断积累，潜移默化地使人们觉得渴望享受道德力量的关怀和帮助，在现实生活中往往是虚幻的、不切实际的。“现在竟然还会有这样的好人！”——道德受助者事后这种十分耳熟的感慨和惊诧，就是人们道德受助期望冷漠和几近泯灭状态的生动表述。

道德最浅层的含义是一种调节人与人之间关系的基本规范。在伦理社会，道德就是最为有效的社会治理和调节手段。在当今的现代社会，道德作为政治、经济、法律之外对社会生活进行调控的第四种方式，在大学生遭遇困境时，使大学生群体获得道义上的帮助和支持，对其进行道德上的关怀与安抚也是非常重要的。但是大学生对道德的无法理解会逐渐产生一种对道德的不信任——无论是在实践道德的行为，还是接受到的帮助，都唯恐陷入别人预设的

"道德骗局"。道德本身的神圣感没有了，对原来道德价值体系的崇敬感也在不断消退，迷茫、困惑、焦虑、彷徨等消极情绪都在一步步地吞噬曾经高尚的道德情感。道德情感目标的失落，道德情感的不断冷漠，使现在的大学生群体不仅不对社会进行"道德输出"，还时刻提防着他人的道德援助，情感上离道德越来越远，构成了冷漠的心理情结，这是文化主体意识缺失的典型反映。

3.道德意志目标的动摇

作为人的意志形式中的高级形态和个体道德意识的组成部分，道德意志表现为个体在履行道德义务过程中，自觉地确定目的、支配行动、克服困难等一系列能动的实践精神。的确，道德意志所蕴含的自觉性、能动性对于培养个体道德自律的精神、对于个人品德的形成是不可或缺的。确立向善目的无疑是实施道德行为的前提，但它仍然停留在道德主观领域的初始阶段。为使这种主观意向化为现实，主体在作出道德行为之前，还必须决定自己是否要履行这一行为，这就是道德意志的自决性，因为"意志是精神的决断功能，只有作出决定，意志自由才能由可能性上升为现实性"①。道德意志的自决性也不是随心所欲的，它需要依靠道德理性对需要作出自决的对象客观考察和明确认识。然而，包括家庭环境、社会环境在内的外在因素深刻影响着道德理性的判断。

就家庭环境而言，目前大多数大学生是独生子女，从小生活条件优越，较为容易接受前途光明的观念，而对道路曲折却缺乏理解和准备，偶遇小挫折就望而却步，一旦出现逆境更难于承受。部分人受害于家庭中心地位及社会关系的影响，不时显出一些顽固执拗的意志品质，往往对自己的行动不做理性检查，而毫无理由地拒绝考虑别人的任何劝告，拒绝接受别人的合理意见，或不顾实际情况的变化固执己见。

就外在环境而言，当前社会是国际化世界，随着科技进步、通信技术发展和网络普及，信息也丰富多彩，价值观念多元化，"金钱至上"及一些奢华生活观念严重影响着大学生道德理性的发展，即多元化的文化在中国当代社会中更加无序，传统道德所赋予大学生的理性早已经被混乱的多元文化冲击得七零八落，这就使大学生在道德意志的决断中不是依靠理性而是渐渐走向了非理性。大学生的行为选择不是出于道德义务感或责任心，而是出于对个人利害得失的权衡。这种非理性在生活中表现为：

第一，以感觉取代思考，缺失文化主体意识、没有文化基础的道德不能给大

① 宋希仁：《伦理的探索》，河南人民出版社2003年版，第156页。

学生选择的理性，那么大学生在面对各种道德选择的时候，就只能跟着感觉走。

第二，人云亦云现象普遍。道德理性的丧失，部分大学生也失去了对道德进行思考的能力和意志。面对时刻都在变化的生活潮流，失去价值追求的大学生们唯恐落后。大学生们对自己的行为变得无法解释，表面上热闹非凡但是实际上又是各种莫名其妙。"当今获取信息量多，交际对象多元化，他们在目的确定、行动方法确定之后，容易产生对已确定的目的或选定的方法产生怀疑，从而在目的的执行阶段出现动摇，极易轻信别人，易受外界干扰，甚至轻易改变自己原来决定，采取违反自己原来信念的行动，导致妨碍或不能实现自己的目的。"①

4. 道德行为目标的退化

康德说："有两样东西，我们愈经常愈持久地加以思索，它们就愈使心灵充满日新月异、有加无已的景仰和敬畏：在我之上的星空和居我心中的道德法则。"②康德这里所说的"心中的道德法则"指涉的是道德行为的"至善"。在康德看来，这种至善的道德行为只是基于我们的自由意志，缘于我们的义务与职责，出于我们的自觉自愿，而与任何的欲望、兴趣、压力、功利或结果无关。这种心中的道德法则是绝对的、无条件的，即所谓"绝对命令"或"无上命令"。举个最简单的例子：当你看见一个人掉进河里时，哪怕你完全不会游泳，哪怕当时河里是白浪滔天，你都应当义无反顾地跳进河里救人。至于你是否能把落水的人救上来，你可能会遭遇什么结果，你都不应考虑，因为救人这个绝对命令不允许你考虑这些外在因素。其原因便在于，纯粹实践理性基本法则是："这样行动：你意志的准则始终能够同时用作普遍立法的原则。"③

可是，现实的日常生活是复杂的，现实的人际构成是多样的。在复杂的日常生活与多样的人际构成中，人们采取道德行为时是否必须完全不论时间、不管空间、不看行为对象？是否能够完全不因时间、空间、行为对象而异？尤其是不因行为对象而异？这是一个疑问。

事实上，大学生道德行为目标上的退化是大学生诸多道德问题中最为普遍的一个现象，也是以上各种内在道德困境的外显。缺失了文化主体意识的大学生群体，面对各种外来的让人耳晕目眩的道德观念和传统的已经"没有了"文化基础的道德体系。道德认知、道德情感、道德意志逐渐被瓦解，大学生道德行为上的不断退化也就势成必然了。

---

① 黄武星：《意志培养与学生的全面长远发展》，《广西大学学报(哲社版)》1998 年第 4 期。

② [德]康德：《实践理性批判》，韩水法译，商务印书馆 2000 年版，第 177 页。

③ [德]康德：《实践理性批判》，韩水法译，第 2 页。

第二章
儒家文化的内涵及其时代意义

第一节　儒家文化概念

一、何为儒家文化

（一）儒家文化的起源与发展

“儒”之本义，争议颇多，这与“儒”的起源有着莫大的联系。“儒”一词产生较早。《周礼·太宰》中有“四曰儒，以道得民”之语；而东汉郑玄则认为“儒，诸侯保氏，有六艺以教民者”[①]，将所谓的儒者归纳为精通礼、乐、射、御、书、数六艺之学并教授周天子、诸侯和卿大夫等人的老师。班固则认为“儒家者流盖出于司徒之官”（《汉书·艺文志》），形成著名的“王官说”，即儒出自于周天子下的官员，可以帮助天子协理阴阳、施教化民。同时，还有许慎的“术士说”。他在《说文解字》中认为：“弱也，术士之称。”认为儒者是贵族家掌管礼仪的卿客。近代国学大师章太炎将儒分为三种，即所谓“达名之儒”“类名之儒”“私名之

① 《周礼注疏》卷二，《太宰》，李学勤主编：《十三经注疏》第4册，北京大学出版社1999年版，第40页。

儒”，认为“太古始有儒”[①]。胡适先生则认为儒起源于“殷之教士”，殷亡后“继续保存殷人的宗教典礼，继续穿戴殷人的衣冠”。[②] 而另一位国学大师冯友兰先生则反对这一观点，认为儒“起于贵族政治崩坏以后，所谓‘官失其守’之时”[③]，即他认为：虽然“儒”这一词汇产生较早，但儒家之“儒”却是后世时代的产物。

从以上的争论中我们可以看出，对于“儒”的本义及其起源，各位众说纷纭，然而都各有道理。但从后世儒学的作用来看，无论最早的儒是教育功能多一些，还是祭祀礼仪的用处所在，在最后都变成了一种政治哲学和一种心性伦理，这是毋庸置疑的。在政治方面，儒家自汉以后成为历代王朝，包括少数民族政权施政的重要思想依据，儒家政治哲学功能不言而喻。在心性方面，自宋明理学后，儒家思想成为文人学子人生观、价值观塑造的主要哲学依据。故而汤一介先生曾有言：“逐步从宗教与巫术中分化出来的‘儒’，有两个发展方向：一部分凭借其原始礼仪知识，成为国君或诸侯的助手，致仕后亦多替政府培育乡闾子弟；一部分利用其‘礼’的知识与经验，专门为贵族相礼，成为散布于民间的实践家。”[④]因此，总的来说，无论是哪个方面的发展，从一开始，儒家就是国家和社会发展的产物，是由于国家和社会发展的需要所产生的。

（二）儒家文化的经典——“四书五经”

“四书五经”是儒家经典著作，其为“四书”与“五经”的合称。其中“五经”是儒家的原典著作，出现较早，而“四书”则是后人编辑整理，其思想内容源于“五经”，出现较晚。

所谓“五经”是指《诗》《书》《礼》《易》《春秋》这五部经典，初始为“六经”，后《乐》经遗失遂成“五经”，其名称确立于汉武帝时期。提到“五经”，就不得不谈到圣人孔子，他是儒家学派的创始人，对整个儒学的发展有奠基之功。虽然这些经典不全为孔子所著，但孔子的编订之功是不可漠视的。用一句话总结孔子的编订成就，那就是“删《诗》《书》，定礼乐，赞《周易》，修《春秋》”[⑤]。当时社会上流传的古代文献，经孔子的加工，使得他们更加系统，并得以保留下来。后来因人们尊崇孔子，儒家弟子将这些儒学经典承袭，为统治者所用并将其政

---

① 章炳麟：《国故论衡·原儒》，转引自许道勋、徐洪兴：《中国经学史》，上海人民出版社 2006 年版，第 13 页。

② 《胡适全集》第 6 卷，安徽教育出版社 2003 年版，第 193 页。

③ 冯友兰：《中国哲学史》下册，商务印书馆 2011 年版，第 511 页。

④ 汤一介：《儒学的特质基本精神》，《淮阴师范学院学报（哲学社会科学版）》2002 年第 1 期。

⑤ 转引自郭殿忱、刘靖霞、郭树伟：《唐人选唐诗考异·初辑》，郑州大学出版社 2015 年版，第 308 页。

治思想确立为治国的基本方略。

秦始皇时期，由于实行了“焚书坑儒”政策，导致了儒家文化的传承出现断层，儒家经典的流传出现缺漏。也正是在这期间，“六经”中的《乐经》佚失，“六经”变成了“五经”。到西汉武帝时期，实行“罢黜百家，独尊儒术”的统治思想，这时留存下来的《诗》《书》《礼》《易》《春秋》，就形成了现在通常所说的“五经”，西汉政府也在中央设立了“五经博士”官，进行专讲。

从“五经”的记录年代来看，其均为西周、春秋与战国时期的文献，是中国古代的早期儒家经典，带有深刻的时代印记，是了解早期儒家和中国古代社会初期的重要文献资料。《礼记·经解》中对“五经”的功用有如下归纳：“温柔宽厚，《诗》教也；疏通知远，《书》教也；广博易良，《乐》教也；洁静精微，《易》教也；恭俭庄敬，《礼》教也；属词比事，《春秋》教也。”

《诗经》是我国最早的一部诗歌总集，成书于春秋时期，现存305篇。孔子曾言：“诗三百，一言以蔽之，曰：思无邪！”（《论语·为政》）这句话透射出了《诗经》之前的名称为《诗》，当儒家将其列为经典之后才改名为《诗经》。其中的诗就是“经”的部分，它分为三个类别，分别为“风”“雅”“颂”。“风”即国风，来自于多个地区且多为民间诗歌；“雅”分为“大雅”“小雅”，是周王朝直辖区域的音乐，为宫廷宴飨或朝会时的乐歌；“颂”又分为“周颂”“鲁颂”“商颂”，宗庙祭祀的舞曲歌词，内容大致为替祖先歌功颂德。三者大体采用赋、比、兴的表现手法，诗的形式大体是以四言为主。汉朝时期，传诗者大体有四家：“鲁诗”“齐诗”“韩诗”“毛诗”，传文各有不同之处，流传至今的仅剩大毛公毛亨和小毛公毛苌的“毛传”，也称之为“毛诗”，其他三家已于魏晋后亡佚。

《尚书》即上古之书，又有“上古帝王之书”的称谓，是中国上古历史文献和部分追述古代事迹的材料汇编。以记言为主，分典、谟、训、诰、誓、命、征、贡、歌、范这10种体裁，保留了商周特别是西周时期的一些国君、知名政治家的誓词、文诰及典章制度方面的史料，故称其为“古代政治文献集”。

关于《尚书》的有关争论中，最有名的当属“古文尚书”与“今文尚书”之间的真假争辩，即“经今古文之争”。《汉书·艺文志》中记载，《尚书》原有100篇，后经秦始皇“焚书”，对《尚书》在内的古典儒家文集的流传是一种毁灭性的打击，原有《尚书》抄本几乎全部被焚毁。汉代时由秦朝博士官伏生口授，用当时文字隶书所记的28篇流传下来，被人们称为今文《尚书》。西汉时期，鲁恭王拆除孔子旧宅的墙壁时，从墙壁中拆出了幸免于秦火的用先秦六国文字所写的古文《尚书》，而被拆除的墙壁被称为“鲁壁”。古文《尚书》经孔安国整理后成34篇,比今文《尚书》多出16篇。西晋永嘉之乱中,今古文《尚书》均散佚,东晋初年梅赜向朝廷进献《尚书》,其中有古文《尚书》25篇,今文《尚书》33篇。经年考证,学界认为古文《尚书》为东晋人伪作。

《礼》分《三礼》,即《周礼》《仪礼》《礼记》。《周礼》位列《三礼》之首,世传为周公所著,其主要内容包含政治、经济、文化、风俗、礼法等多方面内容。在宋代之前,提到礼一般是指《仪礼》。但随着东汉末年的经学大师郑玄为戴圣的《小戴礼记》作注文,其注文受到世人的推崇,使得《小戴礼记》的地位逐渐升高。唐朝时,大经学家孔颖达排除等级门户之见,择优选定,广采博览,最终编成《五经正义》,这是《小戴礼记》第一次取代《仪礼》成为"五经"之《礼》。《五经正义》被唐朝定为经学的标准解释,《小戴礼记》的地位由此得到提升。宋朝时,理学集大成者——朱熹将《小戴礼记》中的《大学》《中庸》两篇与《论语》《孟子》并称"四书",这使得《小戴礼记》真正取代《仪礼》成为"五经"之《礼》。《礼记》较为全面地反映了当时社会的伦理观念、社会制度及社会关系,突出强调"礼"在社会关系中的作用。

《周易》又被称为《易经》,相传是周人所著,包括《易经》和《易传》两部分。其中经又包含卦与爻两部分内容,涵盖六十四卦和三百八十四爻。传则是对经的解释,称"十翼",相传由孔子所撰写。但根据后世考证,则是战国、秦汉时期的儒家作品。《周易》是中国古代哲学和人文实践的重要作品,包含了朴素的唯物主义和辩证法的思想,是古代华夏民族思想、智慧的重要结晶,被后世尊奉为"大道之源"。其内容涉及天文、地理、军事、科学、文学、农学等一系列系统完备、内容丰沛的知识,对后世的发展产生了深远的影响,为"六经"之首,在儒家经典中地位崇高。西汉时,汉武帝采纳董仲舒"独尊儒术"的政策,将孔子所整理、编撰的著作统称为"经"。因而,《周易》又有《易经》之称,有时也被直接称之为《易》。

《春秋》是一部编年体史书,全文共有16000字,1800多条历史事件,记录时间为鲁隐公元年(前722年)到鲁哀公十四年(前481年),记录者为鲁国史官。孔子对其进行了编订,将自己的某些观念写入其中,称之为"微言大义",但其中也存在"春秋笔法"即"曲笔回护"的现象。《春秋》一书所含内容大致分为两部分:一是关于日月星辰等自然现象的记载,例如记载了日食;另一部分则是与社会、政治等有密切关系的社会人事。解释《春秋》的有三传,即左丘明所著《左传》、公羊高的《公羊传》以及穀梁纥的《穀梁传》。三者之间有较小出入,一般后面附录都有《春秋》原文。

所谓“四书”，即《论语》《大学》《中庸》《孟子》，因他们分别出自早期儒家的四名代表人物孔子、曾参、子思、孟子，因而又名“四子书”，其名称始自于宋朝；“四书”“五经”二者皆为单经集合而成的群经。单就成书年代而言，后者早于前者；但就影响来看，前者的影响显然更大一些。在南宋朱熹集注“四书”之前，《大学》《中庸》二书是《礼记》中的两篇，后经其师二程兄弟将其抽离出来，二者方才自成一书。起初，朱熹编订“四书”时，首列《大学章句》，次《论语集注》，再次《孟子集注》，末为《中庸章句》。而“后代流行的‘四书’把《中庸》提到《大学》后，是因为这两篇的篇幅短，便于合订成册”①。于是，现刊行的“四书”顺序为：《大学》《中庸》《论语》《孟子》。自宋朝起，朱熹的《四书章句集注》成为了科考士子们的必读书目，也成为了科举考试的命题依据。至清朝时期的“八股文”也是在其基础之上发展而来。

其中，《论语》为孔子弟子所记录的孔子善言，体裁为语录体。其主要有孔子言论、答弟子问和弟子间谈话这三部分内容，统共 20 篇。汉朝时有《齐论语》《鲁论语》《古论语》3 种版本，后《齐论语》与《古论语》双双佚失，仅剩与今本相同的《鲁论语》。现今，对《论语》进行研究的学者较多，如杨伯峻、李泽厚、于丹、李零等知名学者。在解释和注译方面影响较大的学者及其作品有：杨树达先生的《论语疏证》（1955 年，科学出版社）、杨伯峻先生的《论语译注》（1958 年，中华书局）、赵纪彬先生的《论语新探》（1959 年，人民出版社）、李泽厚先生的《论语今读》（2004 年，三联书店）、钱穆先生的《论语新解》（2005 年，三联书店）。

《大学》原是《礼记》中的第 42 篇，宋代时由程颐、程颢二兄弟将其从《礼记》中抽取分离自成一篇，而南宋理学集大成者——朱熹则将其与《中庸》《论语》《孟子》合并成集，将《大学》重新编排整理，详细分为“经一传十”，“经一”主要是指曾参记录的孔子言论，而“传十”则是曾参弟子记录的曾子解释“经一”的语言，其主要内容或其核心思想为“三纲领”“八条目”。“三纲领”即“明明德，亲民，止于至善”；“八条目”为格物、致知、诚意、正心、修身、齐家、治国、平天下。二程尊崇它为儒家的一部“初学入德之门”的政治哲学经典，从中可参悟到由己而及天下的道德修养目标。

《中庸》相传为战国中期孔子嫡孙子思所作，同为《礼记》中的第 31 篇。其核心主张为“中庸”，即“过犹不及”的中间思想、不偏不倚的道德行为准则，并

① （宋）朱熹：《四书集注·重印四书集注前言》，岳麓书社 1985 年版，第 6 页。

提出"博学之，审问之，慎思之，明辨之，笃行之"的思想行为方式，教人们学会用心去审视社会。有学者认为《中庸》是一部"传授心法"的人生哲学经典，其中提出了"天命之谓性，率性之谓道，修道之谓教"的观点，它将"性与天""性与道"联系起来并进行了一定程度的阐释。

《孟子》亦为儒家经典，作者为孟子及弟子万章、公孙丑等，是孟子以儒家传道为己任理想的思想载体。它主记孟子的政治活动、政治学说以及哲学伦理教育思想，文学性非常强，文笔生动，直接或间接地保存了古代史料。它彰显了孟子民贵君轻的思想，也提出了性善论的观点，而其中值得注意的还有其"严王霸义利之辨"的主张。

二、儒家文化的内涵

儒家学说的核心是仁、礼思想，即为"仁者爱人"与"克己复礼"。

仁指的是对人类自身的一种认同感。先秦儒家自来关注"人禽之辨"，其中最具代表性的是孟子，他一直致力于搞清楚"人与禽兽的区别究竟在哪里"这个问题，而其最终的结论是"几希"，顾名思义，他指出二者差别甚少。但是，即便差别微毫，那也是有差别的。孔子认为，人、禽差别在于仁，即人有仁爱之心，此为动物所不具备；孟子则提出了"四端"的主张，即人有恻隐之心、羞恶之心、辞让之心和是非之心。两位圣人的观点总结起来无非就是《大学》中的"明德"而已。"明德"是人们所具有的美好而光明的品德，人生之既有，它是人之为人的根本所在。如若人未有"明德"，那么人与禽兽便没有区别，儒家思想所赖以存在的基础就不复存在，"仁"更无从谈起，而儒家思想之中的主张便成为无源之水、无本之木。

而礼代表着儒家文化自西周以来的一种文化特性。礼狭义上是指礼法制度，即孔子所倡导的礼乐制度。而广义上的礼则是对于自己的规范和克制，使自己的行为符合礼的要求，所谓"克己复礼"即是如此。儒家所诞生的春秋时代，是一个礼崩乐坏的动乱时期，一切都没有了法度，君臣倒置，朝政纷乱，人民生活在水深火热之中。孔子主张恢复上古礼乐，其实并不是要社会倒退到上古先民刀耕火种的那种落后状态，还是向往上古先王时代那种人民各安其位，各守其道，以礼节之的大同社会。克制自己，使自己的行为符合礼的要求，从而拯救天下时局。因而，礼的提出，是儒家最初、最原本的政治主张，如果说仁是对于个人修身养性的教化之学的话，礼就是对于国家社会的政治之议。而具体到礼，在《大学》中，被概括成了"新民"，即是按照一种礼法来教化和教导人民，而这种礼法，则是上面“明明德”所体现的。

至于仁和礼所达到的境界，在儒家看来就是“和”。儒家治世通常都讲求一个“和”字，而要达到“和”的境界，就必须有所遵从。《论语·学而》篇有言“礼之用，和为贵，先王之道斯为美”，由此可知，若想达到“和”，就必须遵从礼的方针，而仁、礼相依而存，在《大学》之中皆有体现。“和”属于社会学、美学特别是中国哲学的范畴，可理解为调和、均衡、和谐之意。《中庸》之中有“发而皆中节谓之和”的说法，不偏不倚，不屈不向，从而达到一种和洽、和气的氛围，这才是理想状态。“和”也是修身的一种衡量指标，它指人的行为态度和精神境界都达到最佳状态。“和谐”一词在今天被提到的频率依然很高，这充分证明了它的重要性，和谐社会建设也是当今社会建设的终极目标，而所谓大同的和谐世界建设更是最终理想。古时人们也有同样的抱负与理想，用《大学》中的专业术语讲就是“止于至善”。社会和谐的具体表现首先是人和，其次为政通，这是两个层面的问题。“人和”可指个人方面，也指社会层面，就个人而言，只有努力恪守道德规范，进行修身养德，培养自己的良好品德，才会有更多的精力去感染他人，关怀别人。社会中人人都用自己的善行去同化他人，那么距离大同社会就不远了。社会和谐稳定了，政治通达、稳固自然不成问题，反过来还会促进人和进一步发展。

儒家思想一直都是随着时代思潮而变迁演化的。孔子是儒家的创建者，但是孔子所代表的仅仅是春秋以前中华文明中的民本思想，是春秋时期的儒家思想。而后来历经时代变迁，儒学经历了曲折的发展历程，其中融入了许多新的思想，在多种思想相互碰撞的过程之中难免冲击出了新的火花，如西汉时期“独尊儒术”而形成的董仲舒式儒学，它的形成是迎合当时政治需求的，有利于巩固统治；再如宋朝时期由二程和朱熹在原有儒学基础之上阐释出的新的思想“理学”，也是符合当时社会需要的，再到后来的“阳明心学”这都是在儒学这棵智慧树上长出的新芽、开出的新花。但是，无论儒学如何发展，怎样变迁，其核心思想是不会变的，一直都是道德政治的构建与发展，以仁、礼为核心标准。

（一）“内圣”之道——儒家仁的思想

提到儒家伦理智慧思想，我们首先能够想到的便是儒家的思想核心，即仁的思想。孔子首推仁，提出“仁者爱人”的理念。那么，什么是仁呢？孔子的弟子曾讲道，一个人孝顺父母，顺从兄长，却喜欢抵触上层统治，这样的人并不多见。君子专心致力于根本的事物，当根本建立，做人、治国的基本原则也就有了。其主要表达的思想是：孝顺父母、顺从兄长是仁的根本，是为人必须遵从的智慧；当根本确立之后，其他事情自然水到渠成。

其实，从整体来看，“四书五经”中有许多关于仁的思想的抒发。如《论语》中有许多关于仁的言论，而其他诸篇如《孟子》等也皆围绕这个中心进行发挥。

众所周知，《论语》是言论集，其中蕴含着圣人孔子以及弟子们的思想智慧。仔细阅读这本经典著作，便可看到其中“仁”是经常被谈论的话题。“巧言令色，鲜矣仁。”（《论语·学而》与《论语·阳货》篇）从中便可明了：花言巧语，面貌伪善之人，是缺少仁德的，因而提醒大家为人处世要真挚、正直，切不可虚与委蛇、不真诚。孔子在教育弟子时曾讲到，作为子女，在家中，一定要孝顺父母；出门在外，要遵从师长教诲，言行要谨慎，做到诚实可信，不知道的事情不多说，说多了便会出错；还要广泛地去爱众人，去亲近那些有仁德之人。这便是“弟子入则孝，出则悌，谨而信，泛爱众，而亲仁”（《论语·学而》）所体现的道理。

那么，如何才能做到仁呢？孔子在《论语·里仁》篇中给出了建议，在选择所处的大环境时，要多加用心。正所谓“近朱者赤，近墨者黑”，这句俗语所折射的道理就彰显了一个人所处环境的重要性。既然如此，若想成为一个仁德之人，就必须与有仁德的人在一起，多受熏陶；选择住所之时，也应当加以甄别，不仅要做到“里仁为美”，而且还要“择仁处”。在人际交往过程中，尽量不要和没有仁德的人产生人际往来关系，因为这种人自身缺乏应有的品德，不能够像仁德之人那样安于贫困，长久地处在贫困之中，也不能够长时间地处在安乐的环境中，本性不定，变数较大。要成为一个仁德之人，就要行善，不能做坏事，人的本心要向着好的方向发展。还要做到“克己复礼”，这是一个深层次的追求。一个人他能够克制自己，一切都照着礼的要求去做，这样基本上就是仁了，即所谓的“一日克己复礼，天下归仁焉”（《论语·颜渊》）。

仁的包含范围非常广，刚、毅、木、讷、恭、宽、信、敏、惠都包含在这个范畴之中。若一个人能够做到刚强、果敢、朴实、谨慎，那么他距离仁就非常近了。子曰：“能行五者于天下，为仁矣。”（《论语·阳货》）这五者指代的是哪五种道德品质呢？追究起来，那必然是恭、宽、信、敏、惠这五种品质，“恭则不辱，宽则得众，信则人任焉，敏则有功，惠则足以使人。”（《论语·阳货》）如此一来，庄重、宽厚、诚实、勤敏、慈惠就成为了“仁”人所具有的内在品质。

在孔子眼中，真正做到仁的有三者，即微子、箕子以及比干。而对于其弟子中的“出乎其类，拔乎其萃”之人却因种种欠缺与不足而在孔子心中未能称得上仁。这无疑体现了孔子对“仁”之思想的重视与高标准的要求，也折射出一个道理：人只有尽量完善自我，提升自我，才有可能成为儒家所推崇的“仁”人。

义是儒家思想智慧中的又一个闪光点，对于良好社会风气的形成和社会的安定有序起到很好的维系作用。从其字形结构来看，为上“羊”下“我”，按其字面意思进行解读就是：我获得了无敌天下的至尊地位，多亏了有神在暗中相助，没有神灵的干涉，我不能侥幸取得胜利。但是，我们日常中所接触到的意思是“义气”或“道义”之意。最早提到“义”的作品是《管子》，其中讲到“国之四维”，即礼、义、廉、耻。

孟子对于义则进行了更深一步高层次的阐释。《孟子·离娄下》：“大人者，言不必信，行不必果，惟义所在。”这种说法表面上与孔子所提倡的“言必信，行必果”的德行要求所背离，但是其根本上具有一致性。孟子所讲的“言不必信，行不必果”是有两个前提的：第一是对于大人而言，这类人其自身素质比较高；第二个前提是遵从义的内在要求。所以说只要在符合义的要求的前提下，行为与事情是可以变通而行的。又：“君子喻于义，小人喻于利。”(《论语·里仁》)由此可知，义是君子所追求的品质，而利益则是小人的最终追求。《论语·里仁》篇中提到：“君子之于天下也，无适也，无莫也，义之与比。”意思是君子对于天下的人和事，没有固定的厚薄亲疏，只是按照义去做。那么，义便是君子行事所要遵从的道德准则。

“生死观”是人在世间所逃离不开的话题，那么“生”与“死”是矛盾的两个对立面，即“非生即死”。死，有重于泰山者，有轻于鸿毛者，让世人来选择，必然均选择前者。《孟子·告子上》：“生，我所欲也；义，亦我所欲也。二者不可得兼，舍生而取义者也。”此句中的“舍生取义”因义而亡的选择就是“死得其所”“重于泰山”的写照。

而与义相关的另一个话题自然是“见义勇为”与“见义不为”的两种选择。《论语·为政》篇：“见义不为，无勇也。”中国传统文化所倡导的一种道德“义”，在这里可以引申为一种道德的驱动，使人们做出勇敢的事情，以达到帮助别人的目的。“勇”作为一种行为，它必然有一个内驱力，如此看来，“义”便担当了这个角色。义与勇有着较深的渊源：“君子义以为上。君子有勇而无义为乱，小人有勇而无义为盗。”(《论语·阳货》)君子将义作为自身所遵守的首要道德标准，君子之勇的前提是义，如果仅仅勇猛而不讲究道义就容易作乱；小人往往是勇猛但不讲义，其后果一般是为盗贼。由此看来，义的重要性显而易见。

德的本意为顺应自然、社会及人类客观规律去做事。在不违背自然规律的前提下去发展社会，进而达到提升自身的目的。“德”一般与“道”关联在一起，是谓“道德”。这里的“道”，并不是自然界中所能够看到的道路，它指“大道”，无言无形，看不见，听不到，摸不着，是一种抽象的哲学概念，只能够通过我们的思维意识和内在感知去了解、认识它。如果说“道”是内在含义，那么“德”就可称为外在表现，是我们所表现出来的心性，是我们在感知促使下所施行地行为。所以德与道相较更加直观，更加表象化，也更容易被人了解。

但是，德同样也指代内心情感与信念，一般来讲它包含忠、孝、仁、义、温、良、恭、俭、让这些品质。有学者讲，德是中华礼乐文明的核心内容，可以简单归纳为“勤朴古健、果毅敢为、居安思危、善始善终”[①]。德可取“道德”之意，《论语·为政》篇：“为政以德，譬如北辰，居其所而众星共之。”其中的“德”便取此意，认为实行政治统治，一定要遵从道德，只有这样，才会像北极星一样在中间，其他星宿围绕着它运行不息。

《周易·系辞》一书中曾提到“天行健，君子以自强不息；地势坤，君子以厚德载物”。其中的“德”涵盖了诚信、仁义等一切美好的行为规范和道德范畴。而对于德的价值原则，孔子也给予了清晰而完善的解释。《论语·为政》：“道之以政，齐之以刑，民免而无耻；道之以德，齐之以礼，有耻且格。”讲求用道德来引导百姓的行为，让老百姓讲求道德，懂得礼仪，有耻辱感且严格按照规则办事。《大学》中讲“大学之道在明明德，在亲民，在止于至善”的道德纲领，“明明德”中的第一个“明”字为动词，意为“使……显明”；后一个“明”为形容词，是“清明、光明”的意思，德则是指代美好的品质，而大学的核心理念则在于使人们美好的品德得以显明。

德还有另外一层意思，即“所谓君子者，言忠信而心不德”（《荀子·哀公》）。这里的“德”当取“得”之意，即作为君子应当言语爽直，为人忠诚值得信赖；当然，在做到这些的同时还要不洋洋自得，不自鸣得意。

德行可以为有德之人带来较多益处，如《论语·里仁》篇“德不孤，必有邻”一句便说明，讲求道德、拥有崇高德性之人，他是不会孤独的，因为人的本性是善良的，人的本心是趋善的，想要习得崇高德性的人会有意识地向拥有德行之人学习，与他们为伴，从而带来一个全社会向善、崇德的良好氛围。

---

① 孙健编著：《图解论语全集》，天津科学技术出版社 2009 年版，第 329 页。

中国是一个传统的孝道国家，孝是中华民族优良的传统美德，将孝作为为人子女的基本原则，是老人与子女间的一种至善关系。孝是指尽心奉养并尊敬父母，不单单是衣食足，还要内心敬重，给予一种精神上的慰藉。

《诗经·小雅·蓼莪》篇中有“父兮生我，母兮鞠我，拊我蓄我，长我育我，顾我复我，出入腹我。欲报之德，昊天罔极”。父母生育了子女并且养育了他们，使得他们健康茁壮成长。所以当父母老了，子女有赡养父母的义务，以便实现“老有所养”的目标。“乌鸦亦知反哺，羔羊且知跪乳”，在动物界，小动物都懂得反过来孝顺它们的父母，那么一直主张“人禽有别”的人类也必然是懂得这个道理的。

《论语·为政》篇中：“孟懿子问孝。子曰：‘无违。’樊迟御，子告知曰：‘孟孙问孝于我，我对曰，无违。’樊迟曰：‘何谓也？’子曰：‘生，事之以礼；死，葬之以礼，祭之以礼。’”这体现了人们对于“孝”的内涵并不十分明确，而孔子则给出了明确的答案“无违”，即行孝之时不能违背仁礼之治，子女在父母健在之时，应当遵从礼的要求来服侍、侍奉他们；在他们死后，也要按照礼的要求来送葬、祭祀。总之，一切按照礼的要求进行，不可违礼。

在孔子看来，孝是体现在诸多方面的。如孔子回复孟武伯时所讲的“父母惟其疾之忧”，父母对于子女，只为他们的健康而担忧。那么，当父母年纪大了，子女也应当为父母的健康而忧虑，期盼着父母能够健康长寿，不受疾病的困扰。但是，孝并不仅仅是身体、衣食方面的奉养关系，更多的应当是给予精神上的慰藉，让年迈的父母有个依靠。孔子的弟子子遊曾经请教老师孔子什么是孝。孔子回答说“今之孝者，是谓能养。至于犬马，皆能有养；不敬，何以别乎？”（《论语·为政》）子夏问孝时，孔子说：“色难。有事弟子服其劳，有酒食先生馔，曾是以为孝乎？”（《论语·为政》）还是强调从更深层次的精神层面给予尊敬，使得父母感觉其享有人格的独立性、完整性，进而感受到他们是受人尊敬的人。

《礼记》中也有“孝子之养也，乐其心，不违其志”的说法，指出要成为一名孝子就要奉养父母，奉养父母除给予物质外，还要符合他们的志向或意志，符合他们内心的需求，让他们在你行孝的过程中感受到快乐和身心的愉悦，正是所谓的“孝有三：大尊尊亲，其次弗辱，其下能养”。

《论语·里仁》篇中：“子曰：‘父母在，不远游，游必有方。’”这也是孝的体现，有些事情要主动告诉父母，不要让他们猜来猜去，为你担心忧虑。体谅父母，尽量多待在父母身边，常常陪伴父母。其实“陪伴就是最长情的告白”这句话非常写实。再细致一点，贴近生活一些来看，有“父母之年，不可不知也；一则以喜，一则以惧”。子女长大的同时父母在渐渐变老，所以对于父母亲的年龄一定要做到心中有数，一方面要为父母亲的长寿感到高兴，另一方面又要为父母亲的变老而感到忧虑。孝顺父母要放在平时，体现在日常生活之中，行孝要及时，不要造成“子欲养而亲不待”的悲痛局面。

知通“智”，从矢从口，意为迅速地通晓道理。“四书五经”之中有许多内容体现了智的思想，教会人们什么是聪明以及如何变聪明。“子曰：‘由，诲女，知之乎？知之为知之，不知为不知，是知也。’”（《论语·为政》）人不是全能的，正所谓“金无足赤，人无完人”，所以不能要求一个人什么道理都懂，什么事情都明了。那么，怎样才能称得上是智者呢？那便是，知道的事情讲明白，不知道的事情不要多说，说错了反倒不如不说。而且，人的智慧在展现或者使用之时应当注意外部大环境，否则会适得其反。《论语·公冶长》曰：“子曰：‘宁武子，邦有道，则知；邦无道，则愚。其知可及也，其愚不可及也。’”宁武子的例子告知我们，当政治清明的时候，为人应当聪明、智慧，为社会安定，政治巩固献计献策；当政治混乱，社会动荡，奸佞之人作威作福之时，就要机智地隐退，收敛起聪明才智。虽然从表象来看此人愚笨异常，但实质上此人是智慧非常。他能够做到该聪明时聪明，该糊涂时糊涂，保护自己，使自己在政治混乱之时能够得以保全，静候清明政治，这可能就是所谓的“大智若愚”吧。

当老师教会你一项本领之后，你能够进行知识的迁移与灵活运用，这不失为一种智慧。如果“不愤不启，不悱不发”（《论语·述而》），这样的人就可能称得上是愚笨；“举一隅不以三隅反”（《论语·述而》）即不能做到举一反三，不动脑筋，这是学习当中的弊病。一个聪明的、有智慧的人，他不会人云亦云，他会去考察事情是不是事实，说话得当与否，进行考辨之后才会作出结论，付诸行动。

一般情况下，君子是有智之人。“君子有九思：视思明，听思聪，色斯温，貌思恭，言思忠，事思敬，疑思问，忿思难，见得思义。”（《论语·季氏》）显而易见，这“九思”便是君子的智慧。

（二）“外王”之道——儒家礼的思想

仁、礼思想，二者为孔子儒家思想的核心与终极追求。提到“礼”，人们最先想到的必然是“克己复礼”，克制自己，使自己的行为符合礼的要求。礼在中国古代是社会的典章制度和道德规范。作为典章制度，礼是社会政治制度的体现，是维护上层建筑以及与之相适应的人与人交往中的礼节仪式；而作为道德规范，它是国家领导者和贵族等一切行为的标准和要求。比较来看，它的功用大致等同于中国古代的早期法律雏形，或者说是中国法律的源头则更恰当一些。

孔子所处时代实行宗法制度，它讲求在职位承继之时要遵从礼法。但是，当时的时代背景为“礼崩乐坏”，诸侯争霸，天下大乱。礼的功用在这时就显得尤为重要，所以在此时期的文史作品中，礼的内容比较多，企图倡导人们恢复礼治。

《论语·学而》：“子曰：‘礼之用，和为贵。先王之道，斯为美，小大由之。有所不行，知和而和，不以礼节之，亦不可行也。’”意思是礼的应用，应当以和谐为贵；古代君主的治国方法之中，宝贵的地方就在这里，不论在处理大事或者小事之时，都应当遵从礼。但是有的时候，不区分事情的大小和轻重缓急而一概采用同种方式进行处理，这是行不通的。单纯地为了和谐而和谐，不以礼来节制它，也是不可行的。这便突出地强调了礼的重要性，但凡做事都要有一个标准，要符合礼的要求才能成事。

当孔子看到鲁国大夫季氏破坏应有的礼治，有僭越行为之时，他忍不住感叹道：“八佾舞于庭，是可忍，孰不可忍也？”（《论语·八佾》）按照当时的礼法制度来讲，八佾即八八六十四人的舞蹈队伍，是天子才能用的规格。作为士大夫的季氏，无疑违背祖宗法制，使用了君主的礼治规格。由此，不难看出季氏这人从内心就已经不想去遵守礼法制度，从中也显示出他对鲁国国君的态度，即取而代之。

孔子弟子林放曾问其师，礼的根本是什么？孔子认为这是一个非常大的问题，也是一个非常好的问题。大，表现在礼的范畴广泛，是一个抽象的哲学概念，也是一个现实的社会概念，但是没有办法完全用语言将其定义，更多的还是一种行为艺术，是一种实践养成。好就好在当时“礼崩乐坏”背景之下，还是有不少人能够注意到“礼”这个核心概念。《论语》有言，“子曰：‘大哉问！礼，与其奢也，宁俭；丧，与其易也，宁戚。’”这只是从某一特定方面对“礼”进行了具体阐释，其实，礼的内涵远不止于此。

人，为什么要讲求礼呢？这主要是为了使人们能够行善，举行仪礼，祭祀神明，祈求祥瑞；更进一步则为传承道德观念以及风俗习惯，规范自身行为，使得自己的行为符合全社会的整体利益需求。

《大戴礼记·本命》篇中讲到了冠、昏、朝、聘、丧、祭、宾主、乡饮酒、军旅这九礼，其实这也只是归纳出来的主体部分而已。《论语》讲“不学礼，无以立”，这体现了学礼的重要性，它是立人的根本。《诗经·鄘风·相鼠》中提到“相鼠有体，人而无礼；人而无礼，胡不遄死？”这句话讲明了礼对于人的重要性，人禽之别一个很重要的标准就是“礼”。孟子提出“四端”即“四德”说，其中指明：礼为“辞让之心”，是人所具备的基本品德之一。

如何才能达到礼的标准呢？首先要恭敬、谦卑，刨除且远离不好的思想，摒弃并改掉不良的行为，这样既远离了耻辱之境地又几近于礼的要求，就是儒家倡导的所谓“恭近于礼，远耻辱也”（《论语·学而》）。但是，讲求礼也需要把握一个度，只有合乎了度的要求，才能称之为懂礼。《论语·泰伯》篇有言：“恭而无礼则劳，慎而无礼则葸，勇而无礼则乱，直而无礼则绞。”也就是说，恭谨但不讲礼数是徒劳无功的，谨慎却不讲礼就会变得畏缩拘谨，言语正直但不遵从礼数就会演变成说话尖刻。以上种种，要求人们在讲求礼的时候需遵从且把握好一个合适的度。此外，还要做到“非礼勿视，非礼勿听，非礼勿言，非礼勿动”（《论语·颜渊》）。礼，通论之不仅为一方对另一方的行为，它是一个相互的概念，需人人共同遵循，一起追求。如“君使臣以礼，臣事君以忠”（《论语·八佾》）就是说：并不是只要臣子对君主奉行礼就可以，同样的君主也要依据礼法来任用臣子，不能破坏相应的制度。唯有君臣双方共同努力，才能达到国治的目标。

诚信原则，是为人的根本。“人而无信，不知其可也。”（《论语·为政》）人之为人，如果连诚信都丢掉的话，就不能够称之为人了。诚信，顾名思义，就是“诚实、守信”的意思。《大学》篇中有言：“欲正其心者，必诚其意。”意思是要想端正自己的内心，就要先使自己的意念诚实、守诺如金。

“宰予昼寝。子曰：‘朽木不可雕也，粪土之墙不可杇也。于予与何诛？’子曰：‘始吾于人也，听其言而信其行；今吾于人也，听其言而观其行。于予与改是。’”（《论语·公冶长》）孔子借用宰予的事例告知众人：一个人不信守承诺，就好比是腐朽的木头，承受不住刀子的力度，不能够雕刻成成品器件；就像是粪土筑成的墙体，不值得去粉刷，因为即便粉刷也是浪费了涂料，根本起不到想要的效果。如果一个人做不到的事情就不要轻易承诺，如果依据自身的条件以及事情完成的可能性而承诺了，那就要踏踏实实地去实行。孔子说，以前的时候，看待一个人，他说什么就会自然而然地相信他回去执行所言。但是现在，有了宰予的事例之后，看待一个人，不能仅仅听他说什么，更重要的是他究竟有没有按照所说的去做。要看到行动的结果，而不是听他讲的天花乱坠，就相信他。

人,具有社会属性,是社会中的人,不能够脱离集体而生存,因而应当具备社会关怀,不能太“独”。

以孔子为代表的儒家学派的思想中,最具社会关怀的超强影响力话语便是《论语·卫灵公》中的“己所不欲,勿施于人”,这句话在全世界受到普遍关注,因为它不仅是针对个人而言非常适用,对于当时的邦国以及现在的国家关系来讲也是及其适合的。“推己及人”是说要学会用自己的心意去推想别人的心思,要设身处地地为对方着想。倡导进行换位思考的“推己及人”思想是一种境界,凡事站在别人的角度多想想,为他人留有余地,不要将别人推到痛苦的边缘。

进行换位思考也是对自己的一种关怀,能使得人际关系更加和谐。“子贡曰:‘我不欲人之加诸我也,吾亦欲无加诸人。’”(《论语·公冶长》)意思非常明显,作为行为主体,他不希望别人将自己不喜欢做的事情或者不希望发生的事情强加到他的身上,那是别人对他的一种压迫与不负责任。当然,更加不会反过来强加到别人身上。

孔子也曾经讲过:“不患人之不己知,患不知人也。”(《论语·宪问》)不担心别人不知道自己,要站在别人的角度进行考虑,真正应当担心的是:自己是不是真正了解别人,对他人有一个全面的认识。“不患人之不己知,患其不能也。”(《论语·宪问》)道德修养好的人,不会去担心忧虑别人不知道、不了解自己怎么办,而是担心自己的能力是否能够衬得起别人的关注。

“伯夷、叔齐不念旧恶,怨是用希。”(《论语·里仁》)伯夷、叔齐两人是商朝遗民,他们是道德高尚之人,活得潇洒,两人不记人家过去的仇恨,因此别人对他们的怨恨也就少了。这就说明,任何事情都是相互的,仇恨、怨愤是相互的,爱、喜欢亦是相对的,那么不要将任何一方的付出视作理所当然,要学会付出,学会爱,学会包容他人。

《孟子·梁惠王上》篇中“老吾老,以及人之老;幼吾幼,以及人之幼”,也意在说明这个思想。社会是一个整体,尊重、孝敬自己家老人的同时也要关心、敬重社会上其他的老人;关怀、爱护自家孩子的时候更要分些心思给社会上的其他儿童,让关怀与爱充盈人间,形成一种良好的社会氛围。

古之“君子”一般指代品德高尚、道德一流的卓越人士,而“小人”并不是我们现在意义上的品德低下之人,更多的它是指代视野狭小,学识、认识有限之人。

《论语·为政》中“君子不器”一语释义说明:君子不仅仅是一个“器皿”,用来盛放许多实在的东西，更多的是一种指代。指代那些将知识内化为力量、用来提升自身修养与能力的人，他们能够懂得转化的道理。子贡曾经问孔子什么样的人是君子，孔子回答说："先行其言，而后从之。"（《论语·为政》）听到一些言论，君子的第一反应必然是去探查这些言语的可信度，而不是听到之后就去实行，只有查看言论确实可信之后才能将它们付诸行动。正如"君子欲讷于言，而敏于行"（《论语·里仁》）所要求的那样，君子说话要三思而言、谨慎，行动之时又要把握时机，做到快速、敏捷。

"君子无所争，必也射乎！揖让而升，下而饮，其争也君子。"（《论语·八佾》）作为君子，似乎没有什么值得与别人争的东西，如果说有的话，那就是射箭比赛了。比赛的时候，双方先相互作揖谦让，然后再依礼上场。射完箭后，再相互作揖依次退下场地，然后登堂喝酒，这就是君子之争。虽然过程在今天看来非常繁琐，但是对于古之君子而言这就是遵从礼数而进行的一场比赛，无论做什么都要符合礼的要求。就像古代行军打仗之时，依然要师出有名，讨伐一方首先要立于阵前陈述声讨词，之后才能够开始战争。

儒家经典在提到君子与小人的对比时，有许多经典言论，如："君子周而不比，小人比而不周。"（《论语·为政》）"君子怀德，小人怀土；君子怀刑，小人怀惠。"（《论语·里仁》）"君子喻于义，小人喻于利。"（《论语·里仁》）"君子坦荡荡，小人长戚戚。"（《论语·述而》）"君子泰而不骄，小人骄而不泰。"（《论语·子路》）这一系列的"君子"与"小人"的对比言论无疑是运用了"反衬"的手法，用不顾大义、只满足于小恩小惠的"小人"来衬托"君子"的德行。《论语·卫灵公》一章中"君子义以为质，礼以行之，孙以出之，信以成之。君子哉！"意在言明君子以义作为根本，用礼加以推行，用谦逊的语言来表达，用忠诚的态度来完成，这就是君子了。由此可知，德、礼、信、泰、义等都是君子所具有的崇高道德品质。

（三）至善之境——儒家的"中和"的思想与"天人合一"

不偏不倚、过犹不及，是谓"中庸"。中庸是一种道德品质，也是一种行为准则，它体现了为人处世的一种智慧。"中庸"被称为"中道"或"中和之道"，是修身做人的一种品质。而"和"也是为人的一种道德标准，其中蕴含了解决问题的最高智慧。

战国时期，孔子嫡孙子思曾作《中庸》一篇，它体现了儒家至诚至性的道德标准。汉代的儒学大师郑玄曾在《中庸解题》中评价说："名曰中庸者，以其记中和之为用也。庸，用也。"其后，南宋理学大家朱熹曾作《中庸章句》，其中对中庸的解释承袭了其师程颐的说法，即"不偏之为中，不易之为庸"。

那么，作为儒家智慧的“中庸之道”是如何对人生、事业、生活等方面产生影响的呢？首先，从程颐的解释中不难看出，“中庸”是指人生不偏离，不变换自己的目标和主张，做到从一而终，是一种难能可贵的坚持。中庸作为一种道德品质或处事方式，已经达到极致了，但是百姓很少有能够坚持下来的，正所谓“中庸之为德也，其至矣乎！民鲜久矣”（《论语·雍也》）。由此看来，中庸的标准并不容易达到。其次，需要保持中正、平和。“否极泰来”的说法就体现了此种道理。如果一个人太过失败，恰巧跌入人生谷底，那么他距离人生巅峰就不远了，反之亦然。人不会永远地处在同一种状态，不会永远站在高处，也不会永远处于低谷，那仅是一个时间段而已，是一个过渡时期。人生不要处在两端，还是中间为宜。

儒家经典之作《中庸》中曾言：“喜怒哀乐之未发，谓之中，发而皆中节谓之和。中也者，天下之大本也；和也者，天下之达到也。致中和，天地位焉，万物育焉。”中庸之道的主体思想是教化人们自觉地进行自我修养、自我监督、自我教育、自我完善，将自身培养成拥有理想人格，达到至善、至仁、至诚、至德、至圣的理想人物，共创《中庸》之中提到的“致中和，天地位焉，万物育焉”的“太平和合”境界。

中庸，简单来讲就是过犹不及。“事君数，斯辱矣；朋友数，斯疏矣。”（《论语·里仁》）清楚地表明了这个道理，侍奉君主太过于繁琐，就会受到侮辱；对待朋友礼数过多，就会被疏远，这就要求必须要把握好度，讲礼数但不会太复杂，能够做到中庸才为善。孔子评价《关雎》时说“乐而不淫，哀而不伤”，说明它本身快乐但不过分，它有哀思情绪寓于其中，但遵循一定的度从而不会显得格外伤感。《论语·述而》中“子温而厉，威而不猛，恭而安”也表述了同样的道理，温和而又严厉，威严而不凶猛，庄重而又安详。

“子曰：‘质胜文则野，文胜质则史，文质彬彬，然后君子。’”（《论语·雍也》）质朴多于文采，就像个乡下人，流于粗俗；文采多于质朴，就流于虚伪浮夸。这说明了中和的思想，正正好，不过且无不及。

第二节　儒家文化的核心内涵——大学之道

一、大学之道是儒家文化的核心内涵

（一）何为大学之道

《礼记》中的古文《大学》是对早期儒家理论的系统总结，其中将仁与礼的

关系密切结合，最终着眼点是儒家的根本性问题，形成儒家所尊崇的大学之道。到了宋代，理学家们高度重视古文《大学》，将其奉为“为学纲目”“修身治人底规模”。朱熹集前人之大成，将《大学》进行了系统性的整理，用礼来阐释仁，用仁来规范礼，这里的“礼”并非指单纯的外在形式，更多的是一种注重内在的精神实质，两者相辅相成，共同发挥其伦理性功用，体现其事功价值。

徐复观先生认为：“《大学》中所言大学的内容……完全摆脱以乐、舞为主的传统……《大学》系完全代表儒家之理想。”[①]春秋之前的西周社会以乐、舞传统为中心，而后经儒家进行改进，形成了规范化的礼、乐传统，其中蕴含了严格的等级思想，再到之后的儒家核心仁、礼思想。《大学》被称为“初学入德之门也”，顾名思义，它注重的是一个人的道德层面的东西，意在培养人的德性。而儒家思想的核心也是这个层面的内容，《大学》精神对其进行了总括且为其阐明了基本的修身、养德的方法，还为其指定了最终归宿（即“齐家”“治国”“平天下”），让德性在养成之后有用武之地。这样看来，《大学》精神着实体现了儒家思想之核心。

（二）大学之道的具体阐述——“内圣外王”

孔子言：“志于道，据于德。”（《论语·述而》）道指代人道，是人们的行为规范和准则；德则是指内心情感和信念。“守道”“修德”并重，同时进行，缺一不可。正如孔子所坚守的“德之不修，学之不讲，闻义不能徙，不善不能改，是吾忧也”（《论语·述而》）。孔子主张对人进行道德教育，认为人们应当注重德行与德性培养。合理控制自己的内心情感与信念，在不断完善自身的前提下，遵从道的要求，凭借着仁的理念，最终实现天下大同的理想信念，这是孔子对于个人修身效果的一种期许，也是《大学》之中所言的中心问题，即如何实践大学之道的问题。

为解决这一问题，《大学》提供了一个清晰明确的儒家修身体系，其中各个步骤之间环环相扣，它们是逐步深入、层层递进的关系。正如文中所言：“古之欲明明德于天下者，先治其国；欲治其国者，先齐其家；欲齐其家者，先修其身；欲修其身者，先正其心；欲正其心者，先诚其意；欲诚其意者，先致其知。致知在格物。物格而后知至，知至而后意诚，意诚而后心正，心正而后身修，身修而后家齐，家齐而后国治，国治而后天下平。”正是这个道理。围绕修身这个核心

① 徐复观：《中国人性论史》，华东师范大学出版社2005年版，第238页。

思想，探究如何进行修身(即修身的方式方法问题)，继而进行深一步拓展，对修身的目的进行了总结与概括，总结起来就是“内圣外王”的思想。

所谓“内圣外王”，即是通过自身修养以达到社会的和谐与稳定的这一主张。一般来说，儒家学者所关注的焦点是有两方面：一是个人的发展，二是社会现实和政治的发展。先秦儒家所主张的道德教育理念，无论是仁还是义、智，都是对于基本道德修养的关注。而所提倡的礼，则是对社会发展的关注。因此，孔子主张“修己以安人”，孟子有“行仁政而王”，荀子提出“隆礼尊贤”。

“内圣外王”是一种较高层次的精神境界，是一种典型的君子人格，是儒家所追求的一种至佳境界。所谓君子人格，是儒家所追求的理想人格，它可以反映整个社会的文化层面的价值标准和基本特征，会对人们形成强大的精神感召力。《大学》之中所讲君子“必慎其独”“必诚其意”“先慎乎德”，在治学与修身层面需做到“如切如磋，如琢如磨”，通过努力而达到“道盛德至善”的目标。古之君子总是“贤其贤而亲其亲”，他们有能力做到“不出家而成教于国”，之所以能够达到这个标准，其中最重要的一点是君子能够做到“有诸己而后求诸人，无诸己而后非诸人”(《礼记·大学》)。君子“有挈矩之道”，“必忠信以得之，骄泰以失之”(《礼记·大学》)。《论语》之中也对君子人格做出了明确的倡导，其中有多句提到君子应当具有的品行以及君子的追求。如：“君子欲讷于言，而敏于行”(《论语·里仁》)，就对君子的言行标准作了陈述，而“君子周而不比”“君子泰而不骄”都是对君子品行的一种阐释。《论语·卫灵公》一章中有言：“君子义以为质，礼以行之，孙以出之，信以成之。君子哉!”对什么是君子，君子应当具备怎样的言行品质都有细致的要求。

(三)“内圣外王”的实践形式——“三纲八目”

朱熹整理后的《大学》，将“内圣外王”进行了系统性的贯穿，将儒家成己、成人之学联系在一起，通过对过程及目标的阐发，提出了“内圣外王”的具体实践形式，即“三纲八目”。

朱熹认为《大学》中的“三纲八目”是儒家思想中“内圣外王”的具体实践形式，并指出了一系列的方法与手段，它对这种理想的目标实现作出了方法论上的指导，其中“格物”“致知”“诚意”“正心”“修身”这五条是进行“内圣”修养的上成之法，而“齐家”“治国”“平天下”则是“外王”之道。

“明明德”是儒家“内圣”这一方面的集中体现，它强调的是人自身的内在修养，多指代个体的修养，通过自己的努力使得自己道德感更强，品德更为高尚。在自身达到修身养性的目的之后，再实行“亲民”政策，进行善性同化，感染周边的人，使得百姓都能够重视自身修养的提升，达到化民成俗的效果，此为“外王”。值得注意的是，儒家向来推崇精英政治，因而儒家的“外王”主要是指统治阶级进行“明明德”的过程：统治阶层预先修身，培养自己的君子人格，之后采取手段使自己的良好品德得以外显，众人再纷纷仿效，进而促成整个国家的道德修养水平、国民素质提高的结果。倘若统治者不善，道德修养达不到“明明德”的标准，那么居下位者便不会仿效行善，修身养性。相反，极有可能因自私自利之心而成为鸡鸣狗盗之辈，这样一来，儒家的政治哲学模式势必要破产。由此可见，上位者君子人格养成的重要性是谓显而易见。

与此同时，《大学》还提出“知行合一”的原则，讲求实践的重要性，主张通过切实有效的实践来进行修养身心，加之通过实践来将修身效果转化成外显效果，它将内省与践行的道德人格看得非常重。儒家之所以主张人们进行修身，其最终的目的无疑还是推己及人，想让社会之中充满了有修养的人，盈满了正能量，通过内在修养的外部形态而真正实现“治国、平天下”的终极理想目标。《大学》之中也具有人文精神，它在道德实践中具有积极作用，能够帮助人们调试心态、维护社会关系、保持思想的连贯性。

通过以上叙述，我们不难发现《大学》之中蕴含的人生哲学与社会学伦理，它为社会的安定和国家的治理以及平天下指出了具体途径，是一篇理论性、实践性俱佳的著作。

二、《大学》本篇释读

《大学》为“大人”之学，不是讲“详训诂，明句读”的“小学”，而是讲求治国安邦良策的“大学”。原为《礼记》第 42 篇，到了宋代，二程将其抽出，编次章句。南宋朱熹将其与《中庸》《论语》《孟子》合著为群经，称之为“四书”，作为儒家经典，其至高地位最终得以确立。朱熹的《四书章句集注》中讲“程子曰：‘大学，孔氏之遗书，而初学入德之门也。’”简单来讲就是，《大学》是最初开始学习、读书、进行道德修养的入门读物。经过二程和朱熹等人极力推崇，《大学》成为后世争相诵习的儒学经典，对封建社会的政治、思想、文化等诸方面均产生了深远影响。

《礼记·大学》篇与朱熹所作章句的《大学》篇有些许差距，其中在内容上的差异，主要是朱熹根据需要，删减或增补了部分内容。然而，最重要的差异，则是对文章结构进行的重新编排，使文章的整体结构、内容的论述顺序都发生了巨大变化。以下为两个版本的《大学》原文，供读者分辨以至明了其不同之处。

(一)《礼记·大学》原文及译文

1.《礼记·大学》原文

大学之道，在明明德，在亲民，在止于至善。知止而后有定，定而后能静，静而后能安，安而后能虑，虑而后能得。物有本末，事有始终，知所先后，则近道矣。

古之欲明明德于天下者，先治其国；欲治其国者，先齐其家；欲齐其家者，先修其身；欲修其身者，先正其心；欲正其心者，先诚其意；欲诚其意者，先致其知；致知在格物。物格而后知至，知至而后意诚，意诚而后心正，心正而后身修，身修而后家齐，家齐而后国治，国治而后天下平。自天子以至于庶人，一是皆以修身为本。其本乱而末治者否矣。其所厚者薄，而其所薄者厚，未之有也。此谓知本，此谓知之至也。

所谓诚其意者，毋自欺也。如恶恶臭，如好好色，此之谓自谦，故君子必慎其独也。小人闲居为不善，无所不至，见君子而后厌然，掩其不善而著其善。人之视己，如见其肺肝然，则何益矣？此谓诚于中，形于外，故君子必慎其独也。曾子曰："十目所视，十手所指，其严乎？"富润屋，德润身，心广体胖，故君子必诚其意。

《诗》云："瞻彼淇澳，菉竹猗猗。有匪(斐)君子，如切如磋，如琢如磨。瑟兮僩兮，赫兮喧兮。有匪(斐)君子，终不可諠兮。""如切如磋"者，道学也；"如琢如磨"者，自修也；"瑟兮僩兮"者，恂慄也；"赫兮喧兮"者，威仪也；"有匪(斐)君子，终不可諠兮"者，道盛德至善，民之不能忘也。《诗》云："于戏！前王不忘。"君子贤其贤而亲其亲，小人乐其乐而利其利，此以没世不忘也。《康诰》曰："克明德。"《太甲》曰："顾諟天之明命。"《帝典》曰："克明峻德。"皆自明也。汤之《盘铭》曰："苟日新，日日新，又日新。"《康诰》曰："做新民。"《诗》曰："周虽旧邦，其命惟新。"是故君子无所不用其极。

《诗》云："邦畿千里，惟民所止。"《诗》云："缗蛮黄鸟，止于丘隅。"子曰："于止，知其所止，可以人而不如鸟乎？"《诗》云："穆穆文王，于缉熙敬止。"为人君，止于仁；为人臣，止于敬；为人子，止于孝；为人父，止于慈；与国人交，止于信。子曰："听讼，吾犹人也。必也使无讼乎！"无情者不得尽其辞，大畏民志，此谓知本。

所谓修身在正其心者，身有所忿懥，则不得其正；有所恐惧，则不得其正；有所好乐，则不得其正；有所忧患，则不得其正。心不在焉，视而不见，听而不闻，食而不知其味。此谓修身在正其心。

所谓齐其家在修其身者，人之其所亲爱而辟焉，之其所贱恶而辟焉，之其所胃敬而辟焉，之其所哀矜而辟焉，之其所敖惰而辟焉。故好而知其恶，恶而知其美者，天下鲜矣！故谚有之曰："人莫知其子之恶，莫知其苗之硕。"此谓身不修，不可以齐其家。

所谓治国必先齐其家者，其家不可教而能教人者，无之。故君子不出家而成教于国。孝者，所以事君也；弟者，所以事长也；慈者，所以使众也。《康诰》曰："如保赤子。"心诚求之，虽不中，不远矣。未有学养子而后嫁者也。一家仁，一国兴仁；一家让，一国兴让；一人贪戾，一国作乱。其机如此。此谓一言偾事，一人定国。尧、舜率天下以仁，而民从之；桀、纣率天下以暴，而民从之。其所令反其所好，而民不从。是故君子有诸己而后求诸人，无诸己而后非诸人。所藏乎身不恕而能喻诸人者，未之有也。故治国在齐其家。《诗》云："桃之夭夭，其叶蓁蓁。之子于归，宜其家人。"宜其家人，而后可以教国人。《诗》云："宜兄宜弟。"宜兄宜弟，而后可以教国人。《诗》云："其仪不忒，正是四国。"其为父子兄弟足法，而后民法之也。此谓治国，在齐其家。

所谓平天下在治其国者，上老老而民兴孝，上长长而民兴弟，上恤孤而民不倍，是以君子有挈矩之道也。所恶于上，毋以使下；所恶于下，毋以事上；所恶于前，毋以先后；所恶于后，毋以从前；所恶于右，毋以交于左；所恶于左，毋以交于右：此之谓挈矩之道。《诗》云："乐只君子，民之父母。"民之所好好之，民之所恶恶之，此之谓民之父母。《诗》云："节彼南山，维石岩岩。赫赫师尹，民具尔瞻。"有国者不可以不慎。辟，则为天下僇矣。《诗》云："殷之未丧师，克配上帝。仪监于殷，峻命不易。"道得众则得国，失众则失国。

是故君子先慎乎德。有德此有人，有人此有土，有土此有财，有财此有用。德者本也，财者末也。外本内末，争民施夺。是故财聚则民散，财散则民聚。是故言悖而出者，亦悖而入；货悖而入者，亦悖而出。《康诰》曰："惟命不于常。"道善则得之，不善则失之矣。《楚书》曰："楚国无以为宝，惟善以为宝。"舅犯曰："亡人无以为宝，仁亲以为宝。"《秦誓》曰："若有一个臣，断断兮无他技，其心休休焉，其如有容焉。人之有技，若己有之；

人之彦圣，其心好之，不啻若自其口出。寔能容之，以能保我子孙黎民，尚亦有利哉！人之有技，媢疾以恶之；人之彦圣，而违之俾不通。寔不能容，以不能保我子孙黎民，亦曰殆哉！”唯仁人，放流之，迸诸四夷，不与同中国。此谓唯仁人为能爱人，能恶人。见贤而不能举，举而不能先，命也；见不善而不能退，退而不能远，过也。好人之所恶，恶人之所好，是谓拂人之性，灾必逮夫身。是故君子有大道，必忠信以得之，交泰以失之。生财有大道。生之者众，食之者寡，为之者疾，用之者舒，则财恒足矣。仁者以财发身，不仁者以身发财。未有上好仁，而下不好义者也；未有好义，其事不终者也；未有府库财，非其财者也。孟献子曰：“畜马乘，不察于鸡豚；伐冰之家，不畜牛羊；百乘之家，不畜聚敛之臣。与其有聚敛之臣，宁有盗臣。”此谓国不以利为利，以义为利也。长国家而务财用者，必自小人矣。彼为善之，小人之使为国家，灾害并至。虽有善者，亦无如之何矣！此谓国不以利为利，以义为利也。①

2.《礼记·大学》译文

多多学习的目的，在于彰明内心美善的德性，在于使人自新，在于使人处于最美善的道德境界。知道所当处的道德境界而后有确定的志向，志向确定而后能心静不躁，心静不躁而后能性情安和，性情安和而后能虑事周详，虑事周详而后能达到最美善的境界。万物都有本有末，凡事都有始有终，知道事物的先后次序，就接近学习的目的了。

古时候想把彰明内心美善本性推广到天下的人，先治理自己的国家；要治理自己的国家，先整顿自己的家族；要整顿自己的家族，先修养自身；要修养自身，先端正自己的内心；要端正自己的内心，先使意念真诚；要使意念真诚，先招致自己的良知；招致良知在于格除物欲。物欲格除而后良知到来，良知到来而后意念真诚，意念真诚而后内心端正，内心端正而后才能修养好自身，自身修养好而后家族才能整顿好，家族整顿好而后才能把国家治理好，国家治理好而后天下太平。从天子直到平民，统一地都是把修养自身作为根本。根本乱了而要把末端治理好，是不可能的。该用力深厚的用力薄，而该用力薄的却用力厚，(要想达到治国、平天下的目的)，还从没有过这样的事。这就叫作“知道根本”，这就叫作“良知的到来”。

所谓使自己的意念真诚，就是不要自欺。如同厌恶恶臭，如同喜好女色，

① (宋)朱熹：《四书集注》，岳麓书社1985年版，第20～24页。

这就叫作“自求快意满足”。因此，君子必须在独处的时候也十分谨慎。小人独处的时候做不好的事，无所不为，见到君子而后躲躲藏藏地掩饰自己的坏处而炫耀自己的好处。可是别人看他，如同看透了他的肺肝那样，他这样做又有什么好处！这就叫作“有真实的意念在内，就会显露在外”，因此君子必须在独处的时候十分谨慎。曾子说：“（独处时也要像）有好多眼睛看着，好多手指指着那样，多么严厉可畏啊！”财富可以装饰房屋，德行可以美化自身，心胸宽广才能身体安舒，因此君子必须使自己的意念真诚。

《诗》说：“看那淇水弯曲处，绿竹美好又繁多。那个文雅的君子，好像象牙经切磋，如同美玉经琢磨。多么庄重又刚毅，光明显赫心宽阔。那个文雅的君子，始终不可忘怀哦。”“好像象牙经切磋”，是说研讨学问；“如同美玉经琢磨”，是说自我修养；“多么庄重又刚毅”，是说诚实谨慎的态度；“光明显赫心宽阔”，是说可敬畏的仪表；“那个文雅的君子，始终不可忘怀哦”，是说盛大的德行尽善尽美，民众不能忘记他。《诗》说：“啊，先王使人永不忘！”君子赞美先王任用贤人而亲睦亲族，小人高兴先王带来的安乐和利益，因此他们虽死而使人不忘。《康诰》说：“能彰明德性。”《太甲》说：“念念不忘这上天赋予的德性。”《尧典》说：“能彰明伟大的德性。”商汤的《盘铭》说：“假如一天自新，就能天天自新，每天自新。”《康诰》说：“鼓舞人们自新。”《诗》说：“周虽旧邦国，国运是新的。”因此，君子无处不竭力自新。

《诗》说：“国都附近地千里，是民居住的所在。”《诗》说：“小小黄鸟儿，停在山丘角。”孔子说：“在该止息的时候，鸟儿知道它止息的地方，人怎么可以不如鸟呢？”《诗》说：“庄重恭敬的文王啊，光明而又敬处所止！”做国君的要处于仁的境界，做人臣的要处于敬的境界，做子女的要处于孝的境界，做父亲的要处于慈的境界，与国人交往要处于信的境界。孔子说：“审理案件，我同别人差不多。一定要使打官司的事消失了才好啊。”要使没有实情的人不能尽情编造谎言，要使民心大为畏服，这就叫作“知道根本”。

所谓修养自身在于端正自己的内心，是说自身有所愤怒，内心就不能端正；有所恐惧，内心就不能端正；有所嗜好喜乐，内心就不能端正；有所忧患，内心就不能端正。心不在所做的事情上，就会看见也像没有看见，听见也像没有听见，吃东西也不知道滋味。这就说明修养自身在于端正自己的内心。

所谓整顿自己的家族在于修养自身，是因为人们对于所亲爱的人难免偏爱，对于所厌恶的人难免偏恶，对于所敬畏的人难免偏敬，对于所哀怜的人难免偏怜，对于所轻视的人难免偏轻。因此，喜欢一个人而能了解他的短处，讨厌一个人而能了解他的长处，天下少有。所以有句俗话说："人不知道自己孩子短处，不知道自己的禾苗肥壮。"这说明自身不加修养就不可以整顿自己的家族。

所谓治理国家必先整顿好自己的家族，是因为自己的家族不能教育好，而能教育好别人是没有的事。所以君子不出家族而能在国中成就教化：家族中的孝可以用来侍奉国君，悌可以用来侍奉长上，慈可以用来指使民众。《康诰》说："（对民众）如同爱护婴儿。"内心真诚地追求满足民众的要求，即使不能完全符合，也可以相差不远了。没有学会抚养子女而后再出嫁的。君主的家族仁爱，一国兴起仁爱；君主的家族礼让，一国兴起礼让；君主一人贪暴，一国都会动乱：事情的关键就是这样。这就叫作"君主一句话可以坏事，一个人可以安定国家"。尧、舜用仁爱率导天下，而民众随之仁爱；桀、纣用贪暴率导天下，而民众随之贪暴。君主的政令与自己的喜好相反，民众就不会遵从。因此，君子自己具备的，而后才要求他人做到；自己不沾染的，而后才能禁止他人。自身没有忠恕之心，却教育别人忠恕，从来没有这样的事。所以治理国家在于整顿好自己的家族。《诗》说："桃树娇嫩多美好，桃叶蓁蓁多繁茂。这个女子出嫁了，可使家人都和睦。"自己的家人和睦了，而后可以教育国人。《诗》说："兄弟和睦。"兄弟和睦，而后可以教育国人。《诗》说："他的威仪没有差错，可以领导四方各国。"自己做父亲、做儿子、做兄、做弟都值得效法，而后民众效法他。这就说明治理国家在于整顿家族。

所谓使天下太平在于治理好自己的国家，是说在上位的人尊敬老人而民众就会兴起孝道，在上位的人尊敬长上而民众就会兴起悌道，在上位的人抚恤孤寡而民众就不会相互背弃，所以君子有规范人的行为的作用。对于上级所做的令自己厌恶的事，不要用来对待下级；对于下级所做的令自己厌恶的事，不要用来对待上级；对于前辈所做的令自己厌恶的事，不要用来对待后辈；对于后辈所做的令自己厌恶的事，不要用来对待前辈；对于身右的人所做的令自己厌恶的事，不要用来对待身左的人；对于身左的人所做的令自己厌恶的事，不要用来对待身右的人：这就叫作"规范人的行为的作用"。《诗》说："令人快乐的君子，您是民众的父母。"民众所喜欢的就喜欢，民众所厌恶的就厌恶，这就叫作"民众的父母"。《诗》说："高峻的南山啊，是岩石所堆积。显赫的师尹啊，民众都看着你。"统治国家的人不可以不谨慎。有所偏差就要被天下人所诛讨。《诗》说："殷朝尚未丧失民众时，还能符合上帝的要求。应该借鉴殷的兴亡，知道保持大命不容易。"治国之道能得到民众就能得到国家，失去民众就失去国家。

因此，君自己先要谨慎自己的德行。有德这才有民众，有民众这才有土地，有土地这才有财富，有财富这才有国家的用度。德是根本，财富是枝末。本末倒置，就会争民利而夺民财。聚敛财富民众就会离散，施散财富民众就会归聚。说悖理的话，就会遭到悖理的报复；取悖理之财，就会悖理地失去。《康诰》说："天命不常在。"德行好的就可以得到它，不好的就会失去它了。《楚书》说："楚国没有什么可作为珍宝，只把好的德行作为珍宝。"舅犯说："流亡的人没有什么可作为珍宝，把对亲属仁爱作为珍宝。"《秦誓》说："如果有个耿介的大臣，诚实专一而没有其他技艺，心胸宽广，就像能够包容一切：别人有技艺，就如同自己有技艺；别人有美才聪慧，他就从内心里喜好，无异于从他口中所说的。这种人确实能容人，因此能保护我的子孙和百姓，还是很有利于国家呢。如果别人有技艺，就嫉妒而厌恶他；别人才美聪慧，就从中作梗使他不能上通于国君。这种人实在不能容人，因此不能保护我的子孙和百姓，这就危险了。"仁德的人就会流放这种不能容人的人，把他放逐到周边夷人那里，不和他同处中国。这就是说，只有仁德的人才能亲近人，才能憎恶人。发现贤才而不能荐举，荐举了而不容贤者的地位在己之上，是怠慢；发现德行不好的人而不能罢退，罢退而不能疏远，是过错。喜好人们所厌恶的，厌恶人们所喜好的，这叫作"违逆人的本性"，灾祸必然降临到身上。因此，做君子有大原则，必须恪守忠信才能得到它，骄奢放纵就会丧失它。增加财富有大原则。生产的人多，消费的人少，创造迅速，开支缓慢，财富就会经常保持充足。仁爱的人用财富发扬自身的德行，不仁的人不惜丧身以求发财。没有在上位的人喜好仁爱而下面的人不喜好道义的，没有喜好道义而所承担的职责不能进行到底的，没有府库中的财物不是属于自己的。孟献子说："（初做大夫而）喂养四马（用来驾车的人），就不管喂鸡养猪的事情了；可以伐冰（用来寒尸）的卿大夫之家，就不喂养牛羊了；拥有百辆兵车的（有封地的）卿大夫之家，不豢养聚殆财富的臣属。与其有聚敛财富的臣属，宁可有盗窃主人财物的臣属。"这是说国家不可以牟利为利，要以道义为利。领导国家而致力于财利的，必来自小人的诱导。国君想要治理好国家，却使用小人治理国家，灾难和祸害将一齐降临。国君即使有好的政令，也无可奈何了！这就是说，国家不可以牟利为利，要以道义为利。

（二）朱熹修订之《大学》

朱熹以旧本《礼记·大学》颇有错简为由，按照其师程颐的意旨，将其整理后归入"四书"之中，在其《四书集注》中写道："于今可见古人为学次第者，独赖此篇之存，而《论》《孟》次之。学者必由是而学焉，则庶乎其不差矣。”[①]由此看来，《大学》作为“四书”开篇，其重要性不言而喻。《四书集注》中的《大学》篇分为“经一传十”，其中“经”是曾子记录其师孔子的言论，而“传”则是曾子弟子所记述的曾子释义。内容及释文如下所示：

大学之道，在明明德，在亲民，在止于至善。知止而后有定，定而后能静，静而后能安，安而后能虑，虑而后能得。物有本末，事有始终，知所先后，则近道矣。

古之欲明明德于天下者，先治其国；欲治其国者，先齐其家；欲齐其家者，先修其身；欲修其身者，先正其心；欲正其心者，先诚其意；欲诚其意者，先致其知；致知在格物。

物格而后知至，知至而后意诚，意诚而后心正；心正而后身修，身修而后家齐，家齐而后国治，国治而后天下平。

自天子以至于庶人，一是皆以修身为本。其本乱而末治者否矣，其所厚者薄，而其所薄者厚，未之有也。

释文：大学的核心理念，在于使人们美好的品德得以彰显，在于革新人们的思想，在于使人们达到一个最好、最为理想的境界。能够知道此生所当止之地步，就会有明确的志向，而后才能内心宁静，内心宁静才能泰然安稳，泰然安稳才能行事思虑周详，行事思虑周详才能达到最好的人生境界。世上万物都有根基和末梢，天下万事都有结局和发端，能够明白它们的先后次序，那么就能够接近“道”这个万事万物的规律了。

古代要想使美德显明于天下的人，先治理好他的国家；要想治理好自己国家的人，先治理好自己的家族，先努力提升自身修养；要想提高自身品德修养的人，先端正自己的内心。要想端正自己的内心，先使自己的意念诚实、守诺如金；要想使自己的意念诚实，先让自己有足够的修养、知识；达到认识明确的方法就在于推究失误的本质原理。

只有推究事物的原理，而后才能达到认识明确。只有对周遭的事物有一个明确的认识，而后才能忠实诚信。只有意念诚实，而后才能心思端正。只有心思端正，之后才能提高自身的品德修养。只有提高了自身的品德修养，而后才能整治好家族。只有家庭和睦，而后才能治理好邦国。只有治理好邦国，而后才能使天下太平。

---

①　(宋)朱熹:《四书集注·重印四书集注前言》,第6页。

上至天子，下至百姓，都要以提高自身的品德修养为根本。如果这个根本不能得到保障，就不可能做出什么受人称颂、流芳百世的事情。所重视的是细枝末节，所轻视的是根本，从没有这种道理。

传一，释“明明德”：

《康诰》曰：“克明德。”《大甲》曰：“顾諟天之明命。”《帝典》曰：“克明峻德。”皆自明也。

释文：《康诰》里说：“能够弘扬光明的品德。”《太甲》里说：“把上天赋予的阐明美德的使命牢记在心中。”《尧典》里也说：“能够使伟大崇高的德行显明。”这些都是说要自己弘扬光明正大的品德。

传二，释“新民”：

汤之《盘铭》曰：“苟日新，日日新，又日新。”《康诰》曰：“作新民。”《诗》曰：“周虽旧邦，其命惟新。”是故君子，无所不用其极。

释文：商汤刻在青铜盘上的铭文说：“如果能在一天内洗净自己身上的污垢，焕然一新，那么就应当天天清洗，弃旧图新。每日不间断，永远保持，做到天天新，每天新。”《康诰》里说：“振作商的遗民，使他们悔过自新。”《诗经》里说：“周国虽是一个古老的诸侯国，但由于文王秉承天命除旧布新，所以它终能自我更新。”因此，德行高尚的人，总是想尽一切办法提高自己的修养。

传三，释“止于至善”：

《诗》云：“邦畿千里，惟民所止。”《诗》云：“缗蛮黄鸟，止于丘隅。”子曰：“于止，知其所止。可以人而不如鸟乎？”

《诗》云：“穆穆文王，于缉熙敬止。”为人君，止于仁；为人臣，止于敬；为人子，止于孝；为人父，止于慈；与国人交，止于信。

《诗》云：“瞻彼淇澳，菉竹猗猗。有匪（斐）君子，如切如磋，如琢如磨。瑟兮僩兮，赫兮喧兮。有匪（斐）君子，终不可諠兮。”“如切如磋”者，道学也；“如琢如磨”者，自修也；“瑟兮僩兮”者，恂慄也；“赫兮喧兮”者，威仪也；有匪（斐）君子，终不可諠兮者，道盛德至善，民之不能忘也。

《诗》云：“于戏！前王不忘。”君子贤其贤而亲其亲，小人乐其乐而利其利，此以没世不忘也。

释文：《诗经》里讲：“京都幅员辽阔、方圆千里，许多百姓都愿意在那里居住。”《诗经》里讲：“黄鸟鸣叫着‘缗蛮’，栖息在那多树的丘岗。”孔子读了这两句诗感慨地说：“唉，黄鸟起居时，都知道栖在它所应当栖息的地方，难道人反而不如鸟吗？”

《诗经》里讲:“仪表堂堂端庄谦恭的周文王,他光明的美德使人们无不崇敬。”作为国君,他的言行要做到仁政。作为属臣,他的言行要做到恭敬。作为儿女,他的言行要符合孝道。作为父亲,他的言行要体现慈爱。与人交往,要做到坚守信义。

《诗经》里说:“望着那淇水岸边弯曲的地方,青绿色的竹子茂盛润泽。那富有文采的君子卫武公,他治学就像切磋骨器那样严谨,他修身的行为就像琢磨玉器那样精细。他仪表庄重威严,他的品德光明显扬。那富有文采的卫武公,教人终身不能忘怀!诗中“如切如磋”,比喻精心求学;“如琢如磨”,比喻修养德性;“瑟兮僩兮”,是讲内心谨慎;“赫兮喧兮”,是讲仪表威严;“有匪(斐)君子,终不可諠兮”,是说卫武公具有君子的美好品德,德性达到完善境界,老百姓自然不会忘记他。

《诗经》里讲:“哎呀!前代贤王的品德永不被人遗忘。”那就是后世的君王崇敬品德高尚的前代贤王,热爱创立基业的前代亲人,平民也享受到遗留给的利益。因此,这就是前代贤王永垂千秋而不被人们遗忘的道理。

传四,释“本末”:

> 子曰:“听讼,吾犹人也。必也使无讼乎!”无情者不得尽其辞,大畏民志,此谓知本。

释文:孔子说:“审理诉讼,我与其他人一样,能做到将案情断得公正分明,以此使诉讼这类事件根本不发生,达到没有诉讼才好。”圣人能使那些心中奸诈不实之徒不敢随便说尽他们那狡辩的话语,引导他们提升自身修养,从而使民众敬服盛德,没有诉讼。这就是知晓根本。

传五,释“格物致知”之义:

> 此谓知本,此谓知之至也。补曰:“所谓致知在格物者,言欲致吾之知,在即物而穷其理也。盖人心之灵,莫不有知,而天下之物,莫不有理;惟于理有未穷,故其知有不尽也。是以大学始教,必使学者即凡天下之物,莫不因其已知之理而益穷之,以求至乎其极。至于用力之久,而一旦豁然贯通焉,则众物之表里精粗无不到,而吾心之全体大用无不明矣。此谓物格,此谓知之至也。”

释文:这就叫作认识根本的道理。所谓“致知在格物”,就是说要想获得真正属于自己的知识,就必须广泛接触事物,探究事物背后存在的道理。原来人的心灵都有获得知识的能力,天下的事物也都有各自的道理,只是对于真理的追求不彻底,所以人们获得知识是一个无穷止的过程。因此,《大学》从一开始就教育人们要广泛认识天下事物，在已有认识的基础上，继续扩展对事物的认知活动，以至最终获得事物背后的终极真理。当这种认知活动进行得越久，一旦豁然贯通，便会对事物有一个全面深刻的认识，自己心中得到的体会、道理便会得到全方位的清晰展现。这就是“探究事物的认知活动”，这也就是知识的最高顶点。

传六，释“诚意”：

> 所谓诚其意者，毋自欺也。如恶恶臭，如好好色，此之谓自谦，故君子必慎其独也。小人闲居为不善，无所不至，见君子而后厌然，掩其不善而著其善。人之视己，如见其肺肝然，则何益矣？此谓诚于中，形于外，故君子必慎其独也。曾子曰：“十目所视，十手所指，其严乎？”富润屋，德润身，心广体胖，故君子必诚其意。

释文：所谓使自己的意念诚实，就是说不要自己欺骗自己。就如厌恶污秽的气味那样厌恶邪恶，就如喜爱美丽的女子那样喜爱善良。只有这样，才能说自己的意念诚实，心安理得。所以道德修养高尚的人必须谨慎地对待独处的时候，使自己的行为符合规矩。那些没有道德修养的人，在闲居独处的时候，任何坏事都可能做得出。当他们见到那些有道德修养的人时，却又躲躲藏藏企图掩盖他们所做的坏事，而装出一副似乎做过好事的样子，设法显示自己的美德。其实别人的眼睛是雪亮的，看透这些坏人坏事，就像是见到他们的五脏六腑一样，那么这种隐恶扬善的做法，又有什么益处呢？这就是说，人有什么样的实际德行，外表就必然会有什么样的言行表现。所以有道德修养之人必须谨慎地对待独处的时候，即使独处之时，也要使自己的行为符合规矩。曾参说：“一个人若是被许多双眼睛注视着，被许多只手指点着，这是多么可怕的事情啊！”财富可以装饰房屋，道德可以修养人的身心，使人思想高尚，心胸宽广开朗。所以有道德修养的人一定会经常保持心灵真诚无妄。

传七，释“正心修身”：

> 所谓修身在正其心者，身有所忿懥，则不得其正；有所恐惧，则不得其正；有所好乐，则不得其正；有所忧患，则不得其正。心不在焉，视而不见，听而不闻，食而不知其味。此谓修身在正其心。

释文：所谓修身，关键在于要端正自己的思想。如果心有愤怒、恐惧、逸乐、忧患，那就不能端正内心。思想不集中，看到了却像没有看见一样，听到了却像没有听见一样，吃了东西却不知道食物的味道。这就是说，如果要提高自身品德修养，关键在于须先端正自己的思想。

传八，释“修身、齐家”：

所谓齐其家在修其身者，人之其所亲爱而辟焉，之其所贱恶而辟焉，之其所胃敬而辟焉，之其所哀矜而辟焉，之其所敖惰而辟焉。故好而知其恶，恶而知其美者，天下鲜矣！故谚有之曰：“人莫知其子之恶，莫知其苗之硕。”此谓身不修，不可以齐其家。

释文：所谓治理好家族，关键在于修养自身的品德。因为人对于自己所亲近相爱的人往往多有偏爱，对于自己所鄙视和厌恶的人往往有所偏见，对于自己所敬畏的人总会过分敬畏，对于自己怜悯同情的人往往因为偏私而同情，对于骄傲懒惰的人往往多有不喜。因此，喜爱某一事物的同时又能认识其不好的一面；厌恶某一事物的同时，却又能知道其好的一面，天下很少有人能做到这样。所以有句谚语说：“溺爱自己子女的人不知道他孩子的缺点，贪婪之人不满足于长势茁壮的禾苗。”这就是所谓的不修身就不能够治理好其家族的道理。

传九，释“齐家、治国”：

所谓治国必先齐其家者，其家不可教而能教人者，无之。故君子不出家而成教于国。孝者，所以事君也；弟者，所以事长也；慈者，所以使众也。《康诰》曰：“如保赤子。”心诚求之，虽不中，不远矣。未有学养子而后嫁者也。一家仁，一国兴仁；一家让，一国兴让；一人贪戾，一国作乱。其机如此。此谓一言偾事，一人定国。尧、舜率天下以仁，而民从之。桀、纣率天下以暴，而民从之。其所令反其所好，而民不从。是故君子有诸己而后求诸人，无诸己而后非诸人。所藏乎身不恕而能喻诸人者，未之有也。故治国在齐其家。

《诗》云：“桃之夭夭，其叶蓁蓁。之子于归，宜其家人。”宜其家人，而后可以教国人。《诗》云：“宜兄宜弟。”宜兄宜弟，而后可以教国人。《诗》云：“其仪不忒，正是四国。”其为父子兄弟足法，而后民法之也。此谓治国，在齐其家。

释文：所谓治理好国家必须先治理好自己的家族，自己家族不能教化好，却能去教化别人，这种事是没有的。因此，有道德修养的君子，即便不离开自己的家族，也能够治理、教化人民。在家孝顺父母，可以以这种品质对待君主。在家能顺从兄长，这种品德可以用来役使民众。《康诰》里说：“爱护平民百姓就要像爱护初生的婴儿一样。”若统治者诚心实意地努力爱护人民，虽然不能完全符合，但也不会相差太远。没有哪个女子是先学会教育好子女然后再出嫁的。一个家族仁爱相亲，整个国家都会兴起仁爱相亲之风；一个家族谦让有礼，整个国家都会兴起谦让之风；一个君王如果贪婪暴戾，整个国家就会犯上作乱；其引发的相互效应就是这样。这就叫作“一句话能败坏整个事情，一个人能安定整个国家”。尧、舜用仁政来统率天下，于是民众就跟着仁爱；桀、纣用暴政统治天下，于是民众就跟着行凶。他们的政令和他们所喜好的相反，民众是不会服从的。因此，有修养的君子，应该先要求自己做到，然后再要求被人，应该先去掉自身的恶习，而后才能去批评别人，使之改恶从善。如果本身藏有不合恕道的品性，却去开导别人明白善恶之道理，那是不可能办到的事情。所以说要治理好邦国，首先要治理好家族。

《诗经》写道：“使家族中兄弟之间互相友爱团结。”只有先使家族中兄弟和睦相处，团结友爱，而后才能教化国人。《诗经》中写道：“国君的礼仪没有差错，才能成为四方各国的表率。”国君要使自己能为父子兄弟所效法，然后整个国家四方百姓才会效法。这就是治理好邦国，首先要治理好家族的道理。

传十，释“治国、平天下”：

所谓平天下在治其国者，上老老而民兴孝，上长长而民兴弟，上恤孤而民不倍，是以君子有挈矩之道也。所恶于上，毋以使下；所恶于下，毋以事上；所恶于前，毋以先后；所恶于后，毋以从前；所恶于右，毋以交于左；所恶于左，毋以交于右：此之谓挈矩之道。

《诗》云：“乐只君子，民之父母。”民之所好好之，民之所恶恶之，此之谓民之父母。《诗》云：“节彼南山，维石岩岩。赫赫师尹，民具尔瞻。”有国者不可以不慎。辟，则为天下僇矣！《诗》云：“殷之未丧师，克配上帝。仪监于殷，峻命不易。”道得众则得国，失众则失国。是故君子先慎乎德。有德此有人，有人此有土，有土此有财，有财此有用。德者本也，财者末也。外本内末，争民施夺。是故财聚则民散，财散则民聚。是故言悖而出者，亦悖而入；货悖而入者，亦悖而出。

《康诰》曰：“惟命不于常。”道善则得之，不善则失之矣。《楚书》曰：“楚国无以为宝，惟善以为宝。”舅犯曰：“亡人无以为宝，仁亲以为宝。”《秦誓》曰：“若有一个臣，断断兮无他技，其心休休焉，其如有容焉。人之有技，若己有之；人之彦圣，其心好之，不啻若自其口出。寔能容之，以能保我子孙黎民，尚亦有利哉！人之有技，媢疾以恶之；人之彦圣，而违之俾不通。寔不能容，以不能保我子孙黎民，亦曰殆哉！”

唯仁人，放流之，迸诸四夷，不与同中国。此谓唯仁人为能爱人，能恶人。

见贤而不能举，举而不能先，命也；见不善而不能退，退而不能远，过也。好人之所恶，恶人之所好，是谓拂人之性，灾必逮夫身。

是故君子有大道，必忠信以得之，交泰以失之。生财有大道。生之者众，食之者寡，为之者疾，用之者舒，则财恒足矣。仁者以财发身，不仁者以身发财。未有上好仁，而下不好义者也；未有好义，其事不终者也；未有府库财，非其财者也。孟献子曰："畜马乘，不察于鸡豚；伐冰之家，不畜牛羊；百乘之家，不畜聚敛之臣。与其有聚敛之臣，宁有盗臣。"此谓国不以利为利，以义为利也。长国家而务财用者，必自小人矣。彼为善之，小人之使为国家，灾害并至。虽有善者，亦无如之何矣！此谓国不以利为利，以义为利也。

释文：所谓要平天下在于先治理好国家，是因为国君尊敬老人，便会使孝敬之风盛行；国君尊敬长辈，便会使敬长之风在全国民众中兴起；国君体恤孤寡之人，民众就不会违背这种德行。因此，国君应当做到推己及人，在道德上起到示范作用。厌恶上面的人无礼待人，我就不应以无礼对待下边的人；厌恶下面的人不忠，就不应该以不忠来侍奉上级；厌恶前面的人待人不善，就不应当把不善强压到后面的人身上；厌恶后面的人不仁，就不应以不仁施于前面的人；厌恶右边的人不义，就不应以不义施于左边的人；厌恶左边的人不诚，就不应以不诚对待右边的人。这就是所讲的道德上的示范作用。

《诗经》里面说："快乐的君主，是天下平民百姓的父母。"国君应当喜爱平民百姓所喜爱的东西，应当憎恶平民百姓所憎恶的东西。这才称得上是天下平民百姓的父母。《诗经》里说："雄伟巍峨的终南山，岩石磊磊。权势显赫的尹太师，百姓都在看着你。"掌握着国家大权的人不可以不慎重。偏离正道，就会被天下人杀戮。《诗经》里说："殷朝尚且没有丧失民众的拥护时，还能够与上界帝君相配。应当以殷商的兴亡为鉴戒，上天授予的大命才不会改变。"这些说的是：道，得到民众的拥护就能够拥有国家，失去民众的拥护也就会失去国家。因而国君首先要慎重地修养德行。有了德行，就会拥有民众；有了民众，就会拥有土地；有了土地，就会获得财富；有了财富，国家就可以用了。德是根本，财富是末枝。如果国君在表面上讲道德，而实际内心重视财富，那么民众就会相互争相夺利，掠夺之事就会发生。所以说，聚敛钱财，平民百姓就会离散。把钱财分散给民众，民众就会归附在君王的周围。因此，有悖常理的言语说出来就会使有悖常理的事情发生，有悖于常理的获得钱财最终也会有悖常理的失去。

《康诰》里说:“只有天命的去存是没有一定的常规的。治国之道好就会得到它,不好就会失去天命。”《楚书》里说:“楚国没有什么可以当作宝贝,只是将‘善’当作宝贝。”重耳的舅舅子犯教晋文公这样说:“流亡在外的人没有什么东西可以当成宝贝,只把仁爱、亲人当作宝贝。”《秦誓》中说:“如果有一位大臣,专一于一件事而没有其他本领,但他品德高尚,心地宽厚,能容纳他人。别人有本领,就如同他自己有一样;别人具有美德,他从内心喜欢。这样的人来保护我的子孙和黎民百姓,很有好处。反之,别人有本领,便嫉妒和厌恶别人;别人具有美德,便故意压抑阻止,使得别人的美德不能被国君所了解。这样的人不能保护我的子孙和黎民百姓,这种人对国家来说也实在是太危险了。”有仁德的国君,会把那些奸佞小人驱逐到四夷居住的边缘地方,不许他同贤能之人同住。

只有仁人能够关爱他人,厌恶坏人。见到贤能之人不能及时举荐,或者虽然举荐了却不能尽早重用他,这是怠慢。发现了不贤的人却不能罢退他,或者即使罢退了但不能把他放逐到边远的地方去,这是政治上的过错。喜爱人们所憎恶的东西,憎恶人们所喜爱的东西,这就是违背了人的本性,灾祸就一定会降落到自己的身上。

所以君子之风的养成自有其既定的轨道,必然以忠信诚意来获得;反之,如果态度骄恣放纵,那就会失掉它。创造财富有大的原则,这就是要使生产劳动创造财富的人众多,消耗财富的人数减少。创造、管理财富的人勤快,动用财富的人节俭,这样才能使国家财富保持充足。具有仁德的人士使用财富来发展自身,没有仁德的人以自身去寻求财富。没有在上位者好仁乐义,而下面的臣民不用仁义之心回报的。没有喜好义而事情最终不成功的,没有府库里存有的钱财不是自己的钱财。孟献子说:“养得起车马的家庭不在乎鸡和猪,能伐冰的贵族家庭不养牛羊;百乘之家不养那只顾聚敛民财的家臣。宁可有盗窃府库财务的臣子,也不养那些聚敛民财的家臣。”这就是说,治理国家不能以捞取财富为目的,而应该倡导仁义。统治一个国家而致力于获取钱财,这种注意必然出自小人。他还认为这样是好的,要是任用小人来治理国家,那么灾难和祸害都将一起到来。即便有善人贤才出来收拾残局,也是无可奈何,挽救不了的。这就是国家不以钱财为利,以义为利。

通过对比,我们可以看到,经过朱熹整理后的《大学》体系结构更加完备,布局合理,论述精准,逻辑结构和系统层次性都有了极大的提高。其构思之精妙、笔法之神通,可以称得上举世无双了。在下文中,我们将对朱熹整理后的《大学》进行细致的论述。

三、“三纲八目”的内涵解析

《大学》一文，其主要内容就是“三纲八目”。所谓三纲，即是“明明德”“新民”“止于至善”。所谓八目，即是“格物”“致知”“诚意”“正心”“修身”“齐家”“治国”“平天下”。《大学》一文中，所论述的就是这短短的26个字，推而广之的说，儒家学说所倡导的、所尊崇的内容，也就被涵盖在这26个字当中。

(一)“三纲领”的内涵

《大学》之中，“三纲”极为简洁明了，但其内涵却博大精深，几乎涵盖了儒家学说的所有主张和思想。

所谓“明明德”，孔颖达认为：“在明明德者，言大学之道，在于章明己之光明之德。谓身有明德，而更章显之。”[①]朱熹则解释为：“明，明之也。明德者，人之所得乎天，而虚灵不昧，以具众理而应万事者也。但为气禀所拘，人欲所蔽，则有时而昏；然其本体之明，则有未尝息者。故学者当因其所发而遂明之，以复其初也。”[②]在这里，第一个“明”，是一个动词；而第二个“明”，则是形容词；“德”是一个名词。其意思即为，彰显光明的德性。这里涉及儒家学说两个重要的命题：首先，是关于人性的辩论，即人性之辩惑人禽之辩。其中，以孔、孟的阐述最受尊崇。孔子认为仁是最为重要的概念，人要具有仁。而孟子则认为仁需要有“四端”，即“恻隐之心、羞恶之心、辞让之心、是非之心”。也就是说，每个人都具有光明的内心、光明的德性，人性是善的。因此，必须将这种善性付诸行动，必须彰显这种善性。故而就要去“明”。陈来先生认为，在传统的儒家思考中，善行比善性强调的更多，也就是说，人的善性是原本有之的，是每个人的本性，而这种本性却是比较本质的内容，所以彰显这种本性的行为，也就十分重要了。其次，是关于气质之性的论述。既然我们每个人的本性都是善的，我们每个人都具有绝对的善性，但在实际中，恶行依然非常多，罪大恶极之人也非常多。对此，宋明理学家们用气质之性进行了解释。他们认为是气质之性将原本人性中的善遮蔽了起来，所以让很多人显示出来的不是善，而是恶。从这一点来说，所谓“明明德”，就应该是如何去彰显被遮住的善性，反对气质之性。“明明德”的重要意义在于，它是儒家理论中的基石部分，是儒家学说的基础。儒家学说中，无论是“内圣”的主张，还是“外王”的主张，都是以“明明德”作为一个基础前提的，即我们本身具有光明的一面，具有伟大的善性，而

① 孔颖达：《礼记正义》卷六十，《十三经注疏》第6册，北京大学出版社1999年版，第1954页。

② (宋)朱熹：《四书章句集注》，中华书局1983年版，第3页。

且能够通过实际的善行来彰显内在的善性。所谓“内圣”的修身养性之道，实际上就是在讲如何将这种善性付诸于善行，其要求不过是善行的各个步骤而已。而所谓“外王”的治国安邦之道，实际上就是在讲善行对于他人甚至家国的影响。是以自身为表率，将自我的善性发扬光大，影响家国天下，从而激发他人的善性，使每个人都辅助善行。而这，就是“三纲领”之二的“新民”主张。

所谓“新民”，其中“新”，在古文大学中作“亲”。王守仁认为，“新”字作“亲”，是作“亲近、爱护之解”。《大学》文中亦有“君子贤其贤而亲其亲，小人乐其乐而利其利”。这与《尚书・尧典》中“以亲九族”都是取“亲”的意思，就是指统治者们应当爱护和亲近民众。但在《大学》的三纲领之中，“亲”作“新”，乃是朱熹取二程之意，与《大学》后文的“苟日新，日日新，又日新”以及《康诰》“作新民”和《诗》“周虽旧邦，其命维新”相匹配，取“革新”之意。朱熹在《四书集注・大学章句》中解释道：“新者，革其谓之旧也。言既自明其明德，又当推以及人，使之亦有以去其旧染之污也。”“鼓之舞之之谓作，言振起其自新之民也。”因此，在这里，“新”，即为“革新”之意，又有“鼓舞”之意。“民”，就是指人民。“新民”不仅是说统治者要亲近于人民，帮助人民，与人民同甘共苦，还要通过自身的高尚情操，来影响人民，除旧布新，把原本自身的“明明德”，推广到万民的“明明德”。简单地说，就是提高自身的道德文化修养来教化人民。这是在“明明德”所讲求的对于个体修养要求之后，将这种个体道德的完善推广到个体之外的一个过程，是对于统治者以及其统治方式和理念的一次升华。朱熹在《大学》中所作的“新民”的改动，一字之差，意境截然不同。一方面，“新”包含了“亲”的含义，充分继承了自春秋以来的民本思想。春秋战国时代以来，随着社会的不断发展，统治者们愈加意识到人民力量的巨大。无论是《管子》中的“以人为本”，还是孟子的“民贵君轻”，都是将人民大众看成一个基础性的力量，是统治者不可忽视的存在。从而，将治国安邦之道，定位在与人民息息相关之中。另一方面，“新”字继承发展了这种传统的“民本思想”，是对于孟子“修心”“养性”到“仁政”的思路概括总结，其本质思想是其由个体之善，推广到万民之善，可谓是儒家理念的一次巨大升华。与《论语》中“唯上智与下愚不移”的理念不同，朱熹不认同普通民众是无法改造和学习的，反而认为改造和教化他们，是作为精英阶层的知识分子、士大夫实现治国安邦之愿，兼济天下之志的方向。就像程颢所言“以斯道觉斯民”，朱熹自己则总结为“尧舜其民”，而这也就是儒家所提倡的“外王”之道。但同时，无论是“内圣”之道，还是“外王”之道，在某种程度上也都是实现儒家终极目标的一个途径，而这个终极目标，则是三纲领中的最后一个“止于至善”。

所谓“止于至善”，朱熹解释道：“止者，必至于是而不迁之意。至善，则事理当然之极也。”[①]其中，“止”就是指追求真善美的理想境界中，始终保持的追求至善这种状态的动力。“至善”，则是所谓的真善美的最理想和最完美的境界。在中西方的哲学体系中，至善都被提及，但与西方的超验的、抽象的至善境界不同，《大学》之中，对于“至善”则进行了相对具体的要求，即前面所提到的“明明德”与“新民”，要求将“明明德”和“新民”发挥到极致，将“内圣”和“外王”的修为发挥到最佳的状态。因而，朱熹又说道：“盖必其有以尽夫天理之极，而无一毫人欲之私也。”[②]这是对于“至善”的根本诠释，而在此基础上，后人将“尽天理”“绝人欲”作为朱熹乃至宋明理学的终极目标，也就是追求“至善”。然而，这种理解，事实上是有所偏颇的，朱熹在《大学》中所提及的“至善”目标，很明显是按照“内圣外王”的道路，由内而外进行的阐发，与单纯的“存天理，灭人欲”的主张相比，不但内容更加丰富，而且符合人性，更为合理。

（二）“八条目”的内涵

《大学》在“三纲领”之后，又提出了“八条目”。“八条目”是“三纲领”的一种细化和描述，但事实上，正如前文中所言，“三纲领”中的“止于至善”是一种完美的境界，是最高的追求，而具体的纲领只有两个，即“明明德”与“新民”，代表了“内圣”与“外王”两条道路。因此，“八条目”也就被划分成了两部分：一部分是“内圣”部分，即所谓“格物、致知、诚意、正心”；另一部分是“外王”部分，即所谓“齐家、治国、平天下”。而修身，是“内圣”的终点，即“内圣”之道意在修身；又是“外王”的起点，即只有“内圣”之后，才能在“外王”之上有所建树，“内圣”是“外王”的基础。“八条目”涵盖了儒家认为的人生中的每一个境界和阶段，是儒家学说对于一个人如何成长并成为治世之能臣的实践方案。其中的每一个条目都涵盖了儒家学说提倡的目标，如“格物、致知”是儒家的治学方略。为此，到了明清时期，出现了关于“知行”的争论。一部分学者秉持朱熹的观点，主张居敬穷理，认定知先行后，如清初大儒张履祥。而另一部分学者则讲求“知行合一”，如王阳明提出了“致良知”的理论。还有一部分学者将“顿悟”和“渐悟”合一，认为朱、王本质一致，倡导二者的调和，如清初三大儒之一的孙奇逢。其中，对于格物是什么，学者也多有争论。如著名的王阳明“格竹”的故事，即是把格物真的变成了对某种事物的沉思。其结果是失败的。而颜

---

① （宋）朱熹：《四书章句集注》，第3页。

② （宋）朱熹：《四书章句集注》，第3页。

元则认为“格物”是指亲自动手做事，他把“格物”称之为“习行”“躬习实践”“身习而实践之”。至于其他，又如“平天下”，涉及儒家的对外交往思想，即儒家的天下观。古代的中国，尊奉“溥天之下，莫非王土；率土之滨，莫非王臣”的理论，从而形成了所谓的天下观。在天下观之下，则是相应的五服制度。以中央王朝为核心，周围的少数民族、部落、藩属国家，都是中国皇帝的臣属，其有义务对中国皇帝进行朝贡，而中国皇帝为此需要册封和奖赏他们，是为他们互市的特权。由此形成了中国特有的外交体系，即封贡体系。封贡体系，其实就是天下观和天下体系的一种具体实现形式。所谓“平天下”，并不是指将整个中国治理成儒家所倡导的大同社会，而是将整个天下治理成王道乐土。其理想程度，乃是“八条目”中的终极所在，并不仅仅涉及本国，还涉及对外的成分。因此，可以说，“八条目”中涵盖的，是儒家学说中的各个方面，治学、立身、宗族关系、治国从政、外交等等，都可以在其中寻找到依据。

具体而言，“格物致知”在儒家传统学术理念中是一个基本但却极其复杂的概念。不同的思想家对于“格物致知”有着不同的解释。宋代理学家之所以将“格物致知”作为一个重要命题进行讨论，在于“格物致知”是“内圣”修身之道的起点。程颐认为：“格，犹穷也。物，犹理也。犹曰穷其理而已也。”[①]通过读书讨论，了解外界事物的本质，做法是“须是今日格一件，明日又格一件，积习既多，然后脱然自有贯通处”[②]。朱熹明确提出了“主宾之辩”，即“知在我，理在物”（宋·朱熹《朱子语类》卷十五），即格物致知是我“知”到物“理”那里去印证的过程。而致知的“致”，就是“推致”，就是要把内心的“知”推向极致。这样说其实依然非常抽象，以至于圣贤之人的理解都可能有所偏颇。例如，明代的王阳明，他在年轻时对于朱熹“格物致知”的理解，就是对着竹子进行格物。这样格了七天七夜，不但没有领悟圣贤之道，反而大病一场，从而对朱子的思想产生了怀疑，进而开悟出“心学”。不过，王阳明显然误解了朱熹的对“格物致知”的阐述。朱熹的“格物致知”，并不是单纯要求格具体的事物。“格物致知”是“八条目”中开篇两条目，要了解其内涵，需提纲挈领地把握上一级的“三纲领”中“明明德”的内容。前面我们知道，既然每个人心中都有明德，我们所需要做的就是要明确和彰显这一善性，那么所谓的“格物致知”，也就是明确和彰显这一善性的具体手法。朱熹在诠释格物的时候，又把物称之为“事”，所以格物也就是到某件事情上去，而不是格具体的某个物。因而，可以看出，格物致

① （宋）程颢、程颐：《二程集》，中华书局1981年版，第316页。

② （宋）程颢、程颐：《二程集》，第188页。

知是一个最基本的学习过程，是慢慢积累的一种学习过程。正是基于这样一种学习过程，文人士子们才能够逐渐了解世上真理，逐渐完成“内圣”之道的修炼。

“格物致知”之后，就要做到“诚意”。所谓“诚意”，就是说士人学子个人的意念要真实无妄，所谓“如恶恶臭，如好好色”(《礼记·大学》)。就是说，要做到像讨厌恶臭的气味和喜欢美丽的颜色那样自然而然，真实无妄。要求士人学子们把自己心中的善性落实下来，变成善行，真实自然，不能自欺欺人，即“勿自欺”。“勿自欺”是儒家学说中非常重要的一个概念，涉及复杂的人性心理。对于很多人来说，纵然他们一直从事善事，但其出发点却并不纯正。从这一点来说，即便是结果是好的，那么依然不能做到“勿自欺”。很多人会用所谓的善行来掩盖自己的恶行，本质而言，并不是发自自己本质的善性而做出的善行，这不是儒家所提倡的。儒家所倡导的，是从善性之中彰显出的纯真自然的善行，是自然而然的流露。这种自然而然的流露，不是刻意而为之，不是伪装、表演，所以朱熹还提出了“慎独”的思想。既然善行是自发的、自然而然的，那么当自己独处的时候，恶念也就不会产生，恶行也不会产生。历史上有《杨震暮夜却金》的例子：

> 四迁荆州刺史、东莱太守。当之郡，道经昌邑，故所举荆州茂才王密为昌邑令，谒见，至夜怀金十斤以遗震。震曰：“故人知君，君不知故人，何也?”密曰：“暮夜无知者。”震曰：“天知，神知，我知，子知。何谓无知!”密愧而出。(《后汉书·杨震传》)

其意思是：杨震四次升迁，担任荆州刺史、东莱太守。当他到郡上任，路过昌邑时，过去曾举荐的荆州秀才王密正做昌邑的县令。晚上，王密去拜见杨震，怀中揣了10斤金子送给杨震。杨震说：“我了解你，你却不了解我，这是怎么回事呢?”王密说：“这么晚了，没有人能知道这件事。”杨震说：“天知道，神知道，我知道，你知道。怎么没人知道!”王密羞愧地退出去了。

我们可以从上面杨震的行为中，感受到杨震的慎独情操。而慎独，也就是诚意的重要体现。通过这种方式，将内心的高尚品德自然而然地流露，使自己行事举止都能够端正，也就是在“明明德”的“内圣”之道上又进一步。

所谓“正心”，正心在诚意之后，从表面含义来说，二者并没有较大区别。诚意之后，心也自然而然地正了。所谓心术不正，也就是诚意不到。不过这里的“正心”，并不仅仅指心术的问题。在朱熹看来，既然每个人心中都有“明德”，并且我们要“明明德”，所以就不存在所谓心术不正的问题。《大学》中所谓的“心有所不正”，不是说人不具有明德，心是坏的，而是说心性的偏颇之处，即一些人的不良情绪。传统的儒家对于感情、情绪的态度，并非后世所谓“存天理，灭人欲”这样单纯的解释。与佛教不同，儒家对于感情、情绪是抱有肯定态度的。但这种态度，事实上是强调感情和情绪需要中正，不能够影响到自身。所谓情绪中正，就是说不能过分地愤怒、暴掠、忧虑等，这些情绪会蒙蔽自身的理性，蒙蔽自身的判断力，使自己的善性得不到彰显，使自己做出一些有违自己本心的事情。从这一点来说，儒家并非要去掉人性的情感，而是要端正人的情绪，并非要使人麻木，不喜不悲，而是要让人正确地面对情感波折，保持一个清醒而理智的思维。

以上的“格物致知”“诚意正心”都是修身的内容。所谓“修身”，是对于“内圣”之道的一种总结，“修身”也就是“明明德”，也就是使自己成为圣人。儒家传统的政治哲学，讲求的是统治阶级由“内圣”向“外王”的推进。中国所谓的“以德治国”并不是让所有人都讲道德，而是要求统治者先讲道德，然后再将这个道德推广到所有人。修身，更多的是针对上层阶级——知识分子、士大夫们所进行的。以“修身”为分界点，“八条目”中的前四条目，都是“内圣”，都是“明明德”的内容。而修身，即是对“内圣”“明明德”内容的总结，也是对“外王”“新民”内容的开启。之后的三条目，主要就是讲“外王”的内容。

所谓“齐家”，就是要使家庭、家族和睦。中国是一个家族式的国家，宗法制是中国传统社会中一个不可忽视的制度模式。通过宗法制来建立牢固的血缘纽带，个人被链接成一个个家族。家族较小的，只有几家几户，几十口人。但有的家族却可能极其庞大，例如号称“圣府天下第一家”的孔家，连绵相传70余代，子孙后代遍布海内外，其家族可谓庞大。魏晋乱世时期，许多北方士族为逃避战乱举家南迁，包括所携奴仆、曲部，多达上万人。南朝因而也成为门阀士族的天下，东晋既有“王与马共天下”的说法，可见当时门阀士族势力之强大。而留在北方的各大家族也纷纷筑起坞堡，内有大量的田庄、作坊，自给自足，并蓄养军队，抵抗外敌，形成一个个独立王国。北魏统治前期，鉴于这一类家族势力庞大且朝廷军力薄弱，因而封他们为宗主，实行宗主督护制，从法律上承认这些庞大家族的政治地位。因此，“外王”之道的第一步，就是齐家。庞大的家族，众多的家族成员，利益纷争、情感纠葛是必不可少的。“齐家”的“齐”，有“公平”的含义在其中，更多的则是“纠正、端正”的含义。我们向上寻觅，可以看到“外王”之道在“三纲领”当中体现为“新民”，而这个“民”，在这里就是自己身边的家族成员。“齐家”成功，就新了家族成员。“齐家”就是对家族成员的行为进行一种纠正，要让他们也“明明德”。通过自己的善行来感化和教育其他家族成员，让大家都能够完成“内圣”之道的修为，从而治理好整个家族，把所有的家族成员都教化为圣人。解决好利益矛盾、情感矛盾，让大家都能够把自己的明德彰显出来，这样就是齐家成功了。

所谓“治国”与“平天下”，就是要将国家治理好，进而造福整个天下苍生，使之达到天下大同。

古人讲家国天下，在中国古代，国就是家的扩展体，而天下则是王所统治的所有疆域。对于最高统治者——皇帝来说，齐家就是管理好皇室家族，治国就是要让人民安居乐业、国家繁荣昌盛。之后德化四方，使万国来朝，从而实现平天下的伟大抱负。对于普通的学者士人来说，治国就是成为治国之能臣，而平天下，就是辅佐君王，成就一番宏图伟业，开创太平盛世。在这里，“治国”和“平天下”作为“外王”之道的最后两个阶段，其实质也是整个治国安邦之道的最终目标所在。儒家与佛教、道教的学说最大的不同之处，即在于儒家提倡积极入世，报效国家，与佛教、道教消极避世的主张形成鲜明的对比。在儒家看来，当一个人能够“明明德”，成为圣人后，不应当消极地隐没于山林之间，成为所谓世外高人，而应当积极地参与政治，将自己的才华付诸功名利禄之间，成就一番功业，其用意并不在于追求荣华富贵，而是要实现自己的政治抱负，为天下苍生尽到一分责任。所以我们看到，朱熹作为一代圣人，其本身也是南宋的官员。其 61 岁时，赴任漳州，积极实行改革，免横赋，敦风俗，弹劾奸吏，教化人民，并通过正经界来核实田亩，减轻农民负担。朱熹是一代圣人，其“内圣”修为登峰造极，而他晚年在漳州进行的一系列改革，则是他“外王”世功的表现，是他作为治世之能臣的表现。与朱熹类似的，还有王阳明。王阳明在中国历史上被作为儒家又一大圣人而饱受尊崇，但他同样还是一位伟大的军事家、政治家。其官至南京兵部尚书、都察院左都御史，并因平定宁王叛乱和两广叛乱等军功而被奉为“新建伯”，后又追封为侯爵。他的一生，其学术成就登峰造极，而其政治成就、军事成就也同样登峰造极，尤其是其赫赫战功，堪称当世名将。作为圣人，其学术成就，就是他“内圣”一面的自然流露；而对于其个人来说，也许更重要的就是他的政治作为、军事成就了，这是他世功的一面，是其“外王”的一面。

四、大学之道的伦理性与体系性

(一)总论——“三纲八目”间的伦理体系

《大学》之所以成为四书之首，“为学纲目”“修身治人底规模”，不仅在于其被唐宋以来历代儒学大家所尊崇，更是由于其本身的内容堪称名副其实的“初学入德之门”。而在这其中，又因朱熹对《大学》进行了重新编排，将其内容和结构进行了重新整合，从而使其体现出缜密的逻辑推理、严密的理论体系，由此成为儒家理论中的纲领性著作。这种伦理性和体系性，是其他儒家学说所难以企及的。因此，了解《大学》一书的含义，把握其伦理性和体系性，是非常有必要的。

1. 经传体系

在《周易》经传体系结构的影响下，朱熹对古文《大学》进行了重新的编排整理。“朱子《大学章句》，分《大学》为一经十传。又于原文多所分析改移，复以己意为之增补，即所谓《大学补传》是也。”[①]由此来完善《大学》的逻辑体系，使其叙述分纲列目，环环相扣。朱熹乃一代儒学大家、世之圣人，其文韵笔法堪称举世无双。这种经传体系正是朱熹的独创，是朱熹揣摩先贤的意图，并加上自己的细心体会，进行的一种特有的辩证式修补，也是其高明所在。

所谓经，在《说文解字》中解释为：“是故三纲五常六艺谓之天地之常经。”可见在古代，经被看作是一种提纲挈领的存在，是一种学术和思想的标准构思，把握经，可以从宏观上把握全文的主题内涵，是掌握文章的关键。在《大学》中，经就是指开篇第一章，即：

> 大学之道，在明明德，在亲民，在止于至善。
>
> 知止而后有定，定而后能静，静而后能安，安而后能虑，虑而后能得。物有本末，事有终始。知所先后，则近道矣。
>
> 古之欲明明德于天下者，先治其国；欲治其国者，先齐其家；欲齐其家者，先修其身；欲修其身者，先正其心；欲正其心者，先诚其意；欲诚其意者，先致其知；致知在格物。物格而后知至，知至而后意诚，意诚而后心正，心正而后身修，身修而后家齐，家齐而后国治，国治而后天下平。自天子以至于庶人，一是皆以修身为本。其本乱，而末治者否矣。其所厚者薄，而其所薄者厚，未之有也。

经章共计200余字，其内容是对《大学》全文进行的极其高度的概括以及系统性的整体构思。在这里出现的“明明德”“新民”“止于至善”被后人总结为“三纲领”，是《大学》全文的核心，毫不夸张地讲，《大学》一文的主旨和思想就在这短短的9个字之中。其中提及的“格物”“致知”“诚意”“正心”“修身”“齐

---

① 转引自韩复智编著：《钱穆先生学术年谱》卷四，中央编译出版社2012年版，第1239页。

家""治国""平天下"被后人称之为"八条目",是对"三纲领"进行的分述,是文章核心内容的具体扩展,也是连接传部分的主要条目。之后传的内容,主要就是围绕着这"八条目"进行论述的。

所谓传,则是指对经进行的分述和解释。朱子《大学章句序》有言:"天子之元子、众子以至公、卿、大夫、元士之适子,与凡民之俊秀,皆入大学,而教之义穷理、正心、修己、治人之道。"可见《大学》一书,带有极其强烈的教育性,其原本乃是对社会中的高层次人才,精英阶层进行思想道德教育的文献,有穷理尽性、治国安邦的重要意义。因而,《大学》一书,也就不能只有高度凝练和概括的经,必须有对经进行释意的传。在《大学》中,传一共被分为10章,相传为"曾子之意而门人述之"。其内容主要是对经一章中提到的"三纲八目"的详细解释和具体论述。其中,第三章论述了关于"明明德"和"新民"的内容;第四章则是对"三纲八目"的总体内容进行的承上启下的论述;从第五章开始,一直到最后,则依次阐述了"八条目"的内容。

朱熹以经传体系对《大学》一文进行了极其精妙的构造和编排,使有所经意,即有所传文。经文里说言的含义,在传文当中必然有所体现。经文中所传达的精神,传文中也就必须有合理的发挥。这种浑然一体,但又经传分明,有总有分而且收放自如的文章体系,是朱熹作为一带儒学大家匠心独运的杰出成果。

2.本末体系

上文说言的经传体系,是朱熹在对《大学》进行重新编排时进行宏观划分的手段,其主旨,事实上是希望构建一个条理清晰、层次分明的思想体系——通过核心概念进行拓展延伸,将最本质和基础的内容延展到具体的行为方式,来阐述儒家最精妙的理念。也是希望通过具体步骤的论述,来阐明中心思想,从而使其内外呼应,总分相合。

在微观论述中,即具体到经、传内部之间,甚至"三纲领"和"八条目"各自的论述部分的时候,经传体系显然过于宏观而庞大,不适合细微而精妙的论述。但本着总分、主次的原则,和经传体系一样,《大学》各部分都有着内外呼应、总分相合的论述体系,不过这里采取的,则是用本末合来规划的。

所谓本末合,其主要内容包括三个部分,即本、末、合。第一部分,所谓本,就是指本质性的内容,在宏观上这个本,就是前面所提到的经。本的部分是提纲挈领的内容,在"三纲领""八条目"的具体内容当中,总是会率先存在,为论述奠定一个基本的观点,而之后的内容则围绕着本进行。

第二部分，所谓末，就是指对本的阐述和释义；放之宏观上，就是前面所提到的传。和传一样，末就是将本进行解释、发散，以便于读者阅读理解。因而，末在内容上占有大量的篇幅，很多经典的论述也都来自于末。但无论是哪段内容，其追述之中都能寻找到本。正如前文中所言，由于微观层面细化到每个条目中的具体内容和阐述，朱熹不会也不可能再套用经传体系来作为结构，而本末体系可以让每一个条目之中的具体内容总分有序，主次分明。因而，当阅读末，感觉过于分散和庞杂的时候，只需要追溯到前面的本，即可理解其内在精妙。这种本末相应的好处即是如此。

第三部分，所谓合。与宏观的经传体系不同，微观上的本末体系，还有一个合的内容。就是对本末进行的一种总结和升华。以合来汇总本末的含义，可以让整个微观体系变得不至于零碎杂乱，从而与形成了一个结构完备的整体。例如，在经之中，"三纲领"之间，就是本末合的关系。朱熹《大学章句》言"明德为本，新民为末"，而"止于至善"则是"言明明德新民，皆当止于至善之地而不迁"。这里，我们可以看到，"三纲目"之间并不是一种简单的平行关系，而是一种有本有末的主次分明的关系。"明德"为本，"新民"为末，二者之间并不孤立，最终汇总于"止于至善"——止于至善并不是像"明德"或"新民"那样的一种要求，而是一种规模和层级的形容。"三纲领"之间，即是一本、一末、一合，这样本末合的关系。

这样类似的结构，存在于《大学》一书中的每一个细微之处，可以说，经、传体系本身，三个纲领和八个条目之间，以及"三纲领"内和"八条目"内都是用这种本末合的体系来进行规划的。通过这样微妙而精致的体系结构，我们可以更好地理解每一个章节中的内容，更好地掌握每一条目的要求。而这也正是朱熹将本末合运用到极致的用以所在。

3. 层级体系

朱熹作为宋明理学中的泰山北斗、宋代理学的集大成者，其文笔之精妙，是历代文人学者难以望其项背的，这体现在《大学》一书结构精妙，层次分明，前后照应，意境相合。然而《大学》一书，本身并不是一部辞藻华丽、韵律优雅的文学著作，其主要目的乃是通过精妙的构思，使读者更加深入理解穷理尽性、治国安邦之学，深入贯彻着韩愈所提倡的文以载道的主张。因而，在经传体系和本末体系之外，还有一层处于二者之上的层级体系。其并不体现文笔的运用，而是纯粹的文意传达。

总的来说，《大学》一书中，以"止于至善"为核心，自上而下层层分部，层层落实，以儒家传统的“内圣”“外王”两大主张为指导，以修身为节点，纲目相合，知行相依，形成一个完整的层级体系。具体而言，首先，“三纲领”之中，“止于至善”作为“明明德”和“新民”的汇总相合，同时也是二者的升华。因而在全文中，居于最高的核心地位，即《大学》之中，所倡导的大学之道的最高境界和目标，就是“止于至善”。而“明明德”和“新民”二者，则对应“内圣”“外王”两条途径，是“止于至善”这一境界的延伸。“明明德”，即传统的“内圣”之道，讲求个人的修身养性。“新民”，即传统的“外王”之道，讲求个人的积极入世，兼济天下，这在后文中将进行详细论述。

其次，在“八条目”中，根据“三纲领”中“明明德”和“新民”的要求，前四条目，被划分成“明明德”的要求，即“格物、致知、诚意、正心”四条目，讲的是“内圣”之道，是对于个人修养的一系列阐述。而后三条目，则被划分成划分为“新民”的内容，即“齐家、治国、平天下”，讲的是“外王”之道，是对于士大夫阶层积极从政、匡扶天下的伟大理想的描述。

最后，在“八条目”之中，修身是个比较独特的存在。其既可以被划为“明明德”的范畴，同时也具备“新民”的内涵。具体说来，修身是“内圣”之道的终点，是对于“格物、致知、诚意、正心”四条目的一个阶段性的总结。这一点来说，其无疑是属于“内圣”之道的。但同时，修身也是“外王”之道的起点，是“齐家、治国、平天下”的基础——在传统儒家的概念当中，非常讲究君子的模范作用，即以自身的伟大品格感染和教化其他民众。所谓“新民”的“新”，原本为“亲”。朱熹认为这里应该改成“新民”，即将“爱护、亲爱人民”的意思，改成了“革新、鼓舞人民品德”的意思。“亲民”本身预设自己为统治者，是单纯地进行教化；而“新民”则是将儒家所提出的道德在人民身上进行彰显，即程颢所说的“以斯道觉斯民”，也就是朱子所说的“尧舜其民”的意思。因而，从这一点来说，修身也就变得格外重要，成为“新民”的起点。这样就是说，只有自己“明明德”，方才能“新民”，修身就成为了这两条纲领之间的连接点，也就成为前四条条目和后三条条目之间的链接点，起到了承上启下的作用。

(二)“三纲领”间的伦理体系

从上文中，对于“三纲领”的内涵进行的解析，我们不难看到这三者之间的伦理关系。概括起来，主要有三个方面：

其一，三者之间的层级关系。作为终极目标，“止于至善”是高于“明明德”和“新民”的。它是儒家学说所提倡的最为终极的境界，而“明明德”和“新民”则是在它之下所进行的两条途径。但需要注意的是，这两条途径并非是同时进行的，而是有所先后的。“明明德”为先，“新民”为后，这也就体现出二者的本末不同。

其二，三者之间的本末合关系。从本末的角度来说，“明明德”体现了儒家学说中人性本善的基本主张，其“内圣”修身之道，也是儒家学说对个人的基本要求。从这一点来说，“明明德”是人天生所有，体现出人性善的基本主张。“明明德”，是“内圣”之道的本质要求，是儒家修身的基本目标。而只有切实的做到“明明德”，才能够“新民”。“新民”显然是末的那一面，也就是“外王”之道的体现，是儒家治国安邦、兼济天下的目标。二者即是目标，也是要求，其最终统一于“止于至善”，是达到一种最为完美的境界。“止于至善”，就是《大学》的一种最优化。也就是说，“止于至善”，就是“明明德”与“新民”的相合之处。

其三，三者之间的依存关系。“明明德”“新民”“止于至善”三者之间是相互依存的，这主要体现在两个方面：一方面，“明明德”是“新民”的基石，没有人性本善的主张，“明明德”“新民”，乃至“止于至善”都是无根之木，无源之水。“明明德”本身要求彰显人之善性的所进行的善行，也是之后所有步骤的基石。可以说，“外王”是“内圣”的延续，而“新民”是“明明德”的扩展与升华。从前面的论述中，我们也知道，所谓止于至善，则是“明明德”和“新民”的最终升华所达到的理想境界。因此，“止于至善”又以“明明德”和“新民”为共同基石。因而，三者来说，缺少“明明德”，那么“新民”和“止于至善”将不复存在。缺少“新民”，“明明德”尚在，但“止于至善”也就不能够成立。而且，仅仅“明明德”，没有任何外延部分，只能作为一种自我调养的学说，这和儒家的博大宏广是格格不入的。而如果没有“止于至善”，虽然“明明德”和“新民”皆在，但二者也就失去了最终目标，变得而毫无意义。而这也就是另一方面的内容，即“明明德”“新民”“止于至善”三者之间的重要性和目的意义是依次递增的。“明明德”是最低级的目标和纲领，只是针对于个人而言的，其重要之处在于提供基石，但在目标层级上来说，则是浅显的，是贯彻大学之道的精英阶层的知识分子、士大夫们所达到的第一重境界。“新民”则相比“明明德”，显然上升了一个层次，而且也正是这个层次，将儒家学说与各个时代的政治紧密联系在一起，使之区别于佛教和道教的出世修身的观念。可以说，“新民”所提倡的“外王”之道的要求，是促使历代知识分子们积极入世，将毕生所学投入到仕途政治当中的根本动因，也是儒家学说为历代统治者所认可并大家尊崇的根本所在。由此来说，“新民”，就是知识分子、士大夫们所能达到的第二重境界。然而这种境界并没有完成——这主要在于两个方面：第一，“明明德”和“新民”所能达到的最佳境界、最优存在，是历代儒家学者们所尊崇的，即至善。“止于至善”的境界，就是说要达到“明明德”和“新民”的最完美的境界，这是静态的一面。第二，对于一个真正的儒者来说，所谓学无止境，对于内心的修养，和对于外在的表现，都不是一时的，而是时时的，是要长期保持下去的，而这种长久保持下去的“至善”的境界，则是动态的一面。动静相合成为至善的最高存在方式。而这种至善，才是历代知识分子、士大夫们所追求的最高重的境界。因而，三者来说，缺少“止于至善”，“明明德”和“新民”的意义也就荡然无存了；缺少“新民”，“明明德”本身也就不再有意义，至少不再有儒家学说和历代统治者们所提倡的意义；而缺少“明明德”，则是缺乏“止于至善”和“新民”的基石，也是连第一重意义都无法达到的境遇。因此，就“三纲领”来说，三者相互依存，三者缺一不可。

(三)“八条目”间的伦理体系

“八条目”的伦理关系是微观方面的伦理关系，即本末合的关系，即是“八条目”也存在本末合的关系，而这种关系，有分成两个方面，即是“八条目”之间的伦理关系、“八条目”各自论述中的伦理关系。

我们知道，“八条目”分别是“格物、致知、诚意、正心、修身、齐家、治国、平天下”八个条目。而其中“格物、致知、诚意、正心”，是纯粹的“内圣”方面，即“明明德”的内容。而“齐家、治国、平天下”，则是纯粹的“外王”方面，即“新民”的内容。修身则是“内圣”的总结，又是“外王”的开端，因而起到承上启下之作用。上文中已经详细论述了“明明德”和“新民”之间的本末关系，因而从大的一面来说，“格物、致知、诚意、正心”是“齐家、治国、平天下”之本，没有前面四条目，则后面三条目则不能成立。而“齐家、治国、平天下”为“格物、致知、诚意、正心”之末，并不是说这三条目不及前四条目重要，而是说他们是前四条目之发散结果，只有“内圣”，方可“外王”。然后两者合于修身，即是前四条目；总结为修身，而修身由此开启后三条目，从而形成“八条目”之间的本末体系。

这是对较为大的一面进行的考察。而稍加具体，我们又会发现，每两两条目间，也同样可以构成本末的伦理关系。《大学》中，每章开篇句，多以“所谓……在……者”这样的句式开启，如“所谓平天下在治其国者”一句，即是所后者为前者之末，前者为后者之本。致知在格物，即是格物乃致知之本，致知乃格物之末，致知是格物的演绎与发展。具体说来，传之第五章，即格物、致知章，可以看做是以格物为本，以致知为末，二者合于“众物之表里精粗无不到，吾心之全体大用无不明矣”。传之第六章，即诚意章，可视为以诚意为本，以正心为末，二者合于“富润屋，德润身，心广体胖，故君子必诚其意”。传之第七章，即正心、修身章，可视为以正心为本，以修身为末，二者合于“此心常存而身无不修也”。传之第八章，即“修身、齐家”章，可以视为以修身为本，以齐家为末，二者合于“在人本有当然之则”。传之第九章，即齐家、治国章，可视为以齐家为本，以治国为末，二者合于“故君子不出家而成教于国”。传之第十章，即治国、平天下章，可以视为以治国为本，以平天下为末，二者合于“国不以利为利，以义为利”[①]。从而，使我们可以感受到，“八条目”并非简单地排列，而是依照本末体系，严格地进行叙述。

(四)“三纲八目”构建体系的意义

1.强化儒家学说的内在逻辑

随着道教的崛起、佛教的传入，儒家的文化统治地位在魏晋、隋唐时期发生了巨大动摇。虽然统治者依然尊奉儒家为正统学说，并且作为科举取士的重要知识基础，但弥漫在精英阶层的中的学术气氛，俨然与儒学有所脱节，甚至批判儒家成为了一种治学风尚。这一情况，一直持续到唐中期韩愈的古文运动。因而，在唐宋之际，儒家学说极其需要更为强大的学术逻辑来证明自身的学术价值，而不是被视为陈腐的古物，成为被文人学者批判的对象。正是基于此，到了北宋时期，在张载、周敦颐、程煜程颢等几代博学鸿儒的潜心钻研下，理学应运而生。可以说，宋代理学家们所面临的问题，其实是一个是如何完善儒家学说的理论体系、论证儒家学说的合理性的问题。通过解决这个问题，儒家学说到了宋代得到了一次极大的升华。而解决这一问题，就需要极其缜密的逻辑。

朱熹对于古文《大学》的重新编排，正是遵循了这一要求，即是通过完善儒家学说的基本逻辑，来论证儒家学说的真理所在，这一切都体现在“三纲八目”的伦理性和体系性之中。在古代，作为精英之学的大学，其所面临的主要人群，是当时社会中具有较高地位的知识分子、士大夫阶层。在宋代，朱熹所做的《大学章句》所面对人群，也正是这一类人群。他们是国家的精英阶层，所接触到的思想文化，不仅有儒家的，同样也有佛教、道教的内容。对于他们而言，一个缺乏基本逻辑、漏洞百出的儒家学说，是不会被接受的——这样不仅不利于文化的大一统，更会让统治者的权威饱受质疑。因此，从这一点来说，“三纲八目”体系的构建，形成了一整套极其缜密和精妙的逻辑体系，是整个宋代理学发展的一个必然要求。“三纲八目”体系，无论是其结构，还是其内容，都有

① 宋兵超:《朱子〈大学章句〉建构体系的梳理与析出》,《长春理工大学学报(社会科学版)》2013年第9期。

着极其严格的逻辑推理，层层递减，分部有序。从而，在理论体系上形成一种牢不可破的学说框架。依照“三纲八目”的具体要求，尊奉儒家学说的知识分子、士大夫们，可以一步步实现其理想要求，达到“穷则独善其身，达则兼济天下”（《孟子·尽心上》）的理想状态，实现治国安邦的崇高理念。从而，朱熹整理后的《大学》起到了一个“实践方案”的作用，即将儒家所倡导的各种理论——无论是修身养性的准则，还是治国理政的方案进行了一次系统的总结，并给出了实践步骤及实施方案。这是许多学术理论，包括佛教、道教这样的宗教都无法比拟的。因而，儒家学说在朱熹整理《大学》后，其系统性和伦理性得到了空前的提升，其内在的逻辑性得到了空前的加强

2.有利于传播和理解

历代统治者贯彻自己统治思想的方式，不仅需要依靠国家暴力机器，如军队、特务系统、刑法等，更需要依靠文人士子的诗书歌赋，需要依靠传统的文化力量。秦始皇焚书坑儒，企图将百家争鸣统一为法家一家一言，其结果是失败的，但其做法的“精髓”却被历代统治者所采纳。到了汉代，汉武帝采纳董仲舒的建议，通过“罢黜百家，独尊儒术”的做法，逐渐将儒学确立为封建正统学说，而其他的学说则逐渐趋于没落。从而，逐步地形成一儒家思想为核心的文化氛围，形成了文化上的大一统。

因此，对于统治者而言，儒家学说自身的理论逻辑是极其重要的。从其目的而言，统治者们与士人学者或儒家学者们不同，他们并非需要证明儒家学说的真理性，而是需要儒家学说进行广泛传播，从而形成文化大一统观念，使忠君爱国、入仕从政的思想贯彻到文人学士的心中，进而巩固他们的政治统治。可以说，在某种程度上，《大学》也是适应了统治者的这种要求而诞生的。

《大学》的主体内容即为“三纲八目”，通过前面的叙述，我们对于起强大的逻辑层次有了一个比较深入的了解。而这种强大的逻辑层次，不仅能够强有力地论证儒家学说的真理性，而且其强大的实践性也能够较为容易地为世人所理解，为知识分子、士大夫们所理解和认同，进而在这种理解和认同的基础上，进行广泛的传播。而从历史上《大学》被文人学者所接受和尊崇的程度来看来看，这一点其确实做得极为完美。

而“三纲八目”的逻辑推理之严密，结构层次之完备，也是所有儒家典籍所难以企及的。可见朱熹重新编排整理《大学》时用功之深，心血之切。纵观四书，《大学》体系分明，内容简短，是其中最为简短的篇目，背诵起来朗朗上口，可谓三岁小童亦能诵读。在古代，对于任何一个希望通过科举仕途来改变命

运的人，尤其是年轻学子来说，初步学道，五经显然是晦涩难懂的，而《大学》作为一种入门教材，且是提纲挈领的精髓所在，也就比儒家其他的经典，包括四书中其他的三部著作（即《论语》《孟子》《中庸》）更为容易传播了。对于任何一个希望了解儒家学说的人来说，《大学》中的“三纲八目”，也都以其强大的伦理性和体系性，先简洁明了地为其介绍儒家学说的内在精髓，并且很容易依靠强大的逻辑推理来说服读者。由此可见“三纲八目”体系的构建在传播中的重要意义。

五、大学之道的循序性与启示性

通过上文的分析，我们可以了解到，以“三纲八目”为核心的《大学》，作为儒家学说中教导士人学子修身处世、治国安邦的学说，拥有着缜密的逻辑，思路清晰、层次分明、系统伦理性极强。而这种系统性和伦理性并不仅仅是只是一种文采功夫，还同样有着极强的实践性，即按照“三纲八目”的循序运行步骤进行，则可以一步步地实现所要到达的目标。这种实践步骤主要分为两部分：

第一部分是“内圣”之道。所谓“明明德”，即是要明确自己本身的良好品质，彰显自己的“内圣”性。具体步骤即“格物、致知、诚意、正心”。由上文分析我们可以知道，这些也就是所谓修身的步骤，即所谓士人学子需要先格物，然后致知，再诚意，最后正心，以达到修身的境界，完成“内圣”之道。由己及人，方能进入治国安邦的境界。

第二部分就是“外王”之道，即所谓“新民”。士人学子如要出世为政，必然要以自身为榜样，修身为先，即在“内圣”之道的基础上，行“外王”之道，以自己为榜样，来教化他人。而“外王”之道的首先步骤，当是齐家，可以使家庭和睦、家族和睦，才能够治国安邦。之后则是治国。所谓治世之能臣，即是要将国家治理的井井有条，使人民安居乐意，从而国泰民安。国家大治是大同社会的开端，所谓“平天下”就是要让整个天下都“大道之行”。而这也是儒家最高的政治理想。

以上所述的最终状态，就是“止于至善”，即达到一种和谐的良好状态。

“三纲八目”循序运行运行的核心目的，乃是通过一种合理的人生规划，来鼓励和引导士人学子按照儒家思想学说实现自己的人生目标。其现实目的有二：首先是通过“内圣外王”之道，使封建社会的文人学者、士大夫们可以端正品德，造福于民。其次是使文人学者、士大夫们都能够忠孝仁义，积极入世从政，忠君爱国，这一点将有利于封建统治者巩固自身的统治。同时，通过对“三纲八目”循序运行运行的了解，我们也能够对于儒家影响下的中国古代教育思维略窥一斑。并在此基础上，取经于古人，解决我们现代社会中的问题。

“三纲八目”的伦理体系是复杂的，从而也就决定了“三纲八目”在循序运行运行方面的复杂性。所谓循序运行，实质是说“三纲八目”的实践性。“三纲八目”不是空洞而脱离实际的理论学说，而是具有高度的实践性的教育方案。这种循序运行运行一般分为三种方式，即有序循序运行、非有序循序运行和反复循序运行，是人类探索客观真理，并运用到实践之中实现自我价值的过程。

(一)“三纲八目”的有序循序运行

所谓“三纲八目”的有序循序运行，是指“三纲八目”按照有序顺序进行运行，主要是集中在“八条目”之间，也就是当完成其中一个条目的时候，接着进入下一个条目，按照这样的顺序步步进取，最终达到目的。

从宏观的角度来看，“三纲八目”间的有序循序运行就是从“内圣”到“外王”的发展和升华，这种循序运行在“三纲”之中体现的尤为明显。所谓“内圣”，就是“明明德”，即明确自己内心的善性，使自己内在的善性可以得到充分的彰显，使自己可以行善行，体现这种善性。所谓“外王”，就是“新民”，即感化和教化他人，发挥自己的才干，使家族、国家天下都能够得到大治。“三纲”是基本的步骤，而“八目”则是具体的步骤，表现得更为微观，也使有序循序运行更加复杂，其步骤如下：

首先要做到格物。在古代，对于一个初入学途的学者士子而言，这个格物，自然不能是王阳明年轻时那样对着一个具体事物进行“格”。而是了解客观规律，发现客观知识。一般而言，就是通过读书进行学习。在古人看来，读书，尤其是读圣贤之书，是继承前辈经验、掌握事物规律的便捷之道。但同时，这个便捷之道也有不便捷之处，就是说感悟的浅薄。“纸上得来终觉浅，绝知此事要躬行。”(宋·陆游《冬夜读书示子聿》)这明确说明了实践的重要性。因此，古人提倡“读万卷书，行万里路”，即是如此。在古时，既有“两耳不闻窗外事，一心只读圣贤书”的学者，也有“风声雨声读书声声声入耳，家事国事天下事事事关心的”的教导——这一教导被悬挂在东林书院内，激励着东林学者们参政报国，为明末东林党提供了众多的知识人才。二者虽然途径有所不同，但最终结果都是通过了解客观事物的客观规律，来达到致知的程度，即是格物而致知。

其次则是致知。致知是一种境界，但后人也将其推广为一种实践形式。东汉郑玄有注：“知，谓善恶吉凶之所终始也。”“此致或为至。”(《礼记·大学注》)南宋朱熹则注:"致,推极也;知,犹识也。推极吾之知识,欲其所知无不尽也。"(《大学章句》)明王守仁谓"致"即行,以论证其"致良知"和"知行合一"。也就是说,古代学者在格物后,所要达到的是致知,以及所要进行实践也是"致知"。朱熹在重编《大学》的时候,将致知解释成为一种境界,是对于格物的描述。显然在对于致知的理解上,朱熹只说明了一层含义。而到了明代,在继承了前代思想精华的基础上,王阳明将致知推广为"致良知""知行合一",即把致知作为一种实践形式。从前面的格物中,古代的士人学子们可以了解客观规律,掌握知识和技能,但是这种掌握并没有被运用到实践当中。理论只有在指导实践中发挥作用,才能有所意义,而只掌握了知识却不加以运用,显然不能实现知识的真正价值。王阳明所提出的"知行合一",就是解决了这一问题,即是要有所知,必然要有所行。从这一点来说,王阳明的认识要比朱熹的认识更为深刻。

然后,则是诚意正心。诚意正心是对于古代士人学子在"内圣"之道上品德和心灵的端正。从学习的角度来说,大部分的学习,学习的是客观的知识,而缺乏一定的品德教育。格物致知,了解的是客观的本质的规律,这种规律因其客观性而具有中立性,是不具备有好恶之分的。因而,在格物致知后紧接着而来的诚意,就是要让士人学子诚其意、正其心,端正品德。对诚意来说,最重要的概念即是慎独。独处,在毫无监督之下,是对于一个人品德的终极考察。在西方,缺乏监督制衡是不可想象的,这是由于在西方的传统思维中,人性是充满恶意的,只有有效地监督和制衡,才能够遏制这种恶意。就如同要关押罪犯一样,要时刻把这种恶意置于心灵监狱的关押和监视之下。与西方理念不同,我国传统文化强调人性善,即"明德"。因而监督和制衡反而是出于一种怀疑,将被人视为巨大的不信任,甚至是一种诋毁和侮辱。士大夫们总是标榜自己的品德,虽然不一而论,但往往少有人真正能做到慎独。因此,强调诚意的概念,将慎独置于如此之高的地位也就不足为怪了。对正心而已,范仲淹在《岳阳楼记》中有言:"不以物喜,不以己悲。"可谓正心的莫大境界。正心,用现在的观念来看,即是要用自己的理性控制自己的情绪。这种要求并不是要扼杀情绪,扼杀喜怒哀乐,让人变得麻木不仁,而是要把情绪控制在一定合理的范围内,不能出现情绪失控,不能因愤怒而暴虐,因悲伤还颓废。要合理引导愤怒、悲伤、欢乐等情绪,要把这些情绪因素控制在理性之下,并因此使自己的行为时刻符合礼法。这种要求看似简单,但实际上却是大多数人很难做到的。当痛苦来临的时候,当悲剧发生的时候,当愤怒充盈着内心的时候,当忧郁笼罩的时候，想要转变这一情绪，是极其困难的。仅以忧郁这一情绪而言，据统计，几乎每7个人当中既有1个具有抑郁情绪的人，而患有抑郁症的人当中则有15%的人选择自杀，其自杀率是普通人群的20倍。抑郁严重困扰着患者的生活、工作，成为一项非常严重的心理疾病。因而，所谓的正心，其实并不容易做到，尤其是对于类似抑郁这样的现代医学都需要面对的难题。而经过了诚意、正心，士人学子的修身之道也就得以完成。完成这一步，虽然尚没有世功，但已经是具备圣人品格了。

然后是修身。修身是对于前面步骤的总结，是"八条日"中循序运行的关键节点。通过格物致知，士人学子具备了广博的知识和较强的实践能力，从这一点来说已经是才华横溢的人了。又通过诚意正心，使品德、气质端正，则是德才兼备，世之圣人也。而修身，就是对这一过程的总体概况，同时也是对下一阶段，即"外王"当中"三条目"的开启。在古代，儒家提倡"穷则独善其身，达则兼济天下"。很多时候，社会动乱，人心不古，而王道不行。在这种事情中，儒家也并非一味地要求士人学子们要抱有匡扶天下的雄心壮志，也需要视机而动、隐忍不发。而这种独善其身的做法，就是完成修身之道。修身是入世为政的基本，是"齐家、治国、平天下"的基础。没有一个良好的基础，"外王"之道也就不能够很好地延伸。我国古代政治，素来讲求模范榜样的作用，而一个治世能臣，如果没有圣人之品德，是很难以让其他人信服的。即便是他能够一定时间内通过强有力的手段来控制大局，但其结果也难免会失败。

再者是齐家。前文中提到过，中国是一个家族式的国家，尤其是古代的中国，更是家国天下一体，家是国的组成因子，而国更像是家的扩展形式，是一个更加庞大的家。在唐代以前，士族把持朝政，无论是汉代的外戚，还是魏晋时期的门阀，都是以一个庞大的家族力量来决定国家的存亡。而唐以后，虽然士族力量削弱，但家族政治却依然时常存在。而从根本上来说，皇帝专制下的中国古代政治，国家大事时刻关系到皇帝家族，即当朝皇室的生死安危。而皇室的一举一动，也直接影响甚至决定了国家的发展进步。汉初有同姓王造成的"七国之乱"，西晋有同姓分封造成的"八王之乱"，明代有皇室争位的"靖难之役"，而在明末，繁衍十几万的皇家宗室，成为了国家最大的寄生虫，使国家背负上了沉重的财政负担。因而，在传统中国的理念中，治理好一个家族不啻于治理好一个国家。而家族中利益纠纷夹杂着血缘亲情，或许比治理一个国家更为复杂。齐家作为"外王"之道的第一步，无疑是个严峻的挑战。《大学》中对于齐家的要求，是基于"内圣"而进行的。一个圣人，对于家人的教化，采取的是以自身为榜样，进行的道德感化，即以自己的“内圣”要求，要求别人，做到“新民”。这里的“民”，就是指自己的家族成员。在古代中国，许多圣贤鸿儒都以高尚的品德教化家人，形成了一系列富有教育意义的家训，并有很多至今被传为美谈的故事。例如，朱熹在《朱子家训》中，提出了一系列家人应当遵循的行为准则，其中的“一粥一饭，当思来处不易；半丝半缕，恒念物力维艰”“读书志在圣贤，非徒科第；为官心存君国，岂计身家”“轻听发言，安知非人之谮诉，当忍耐三思；因事相争，焉知非我之不是，须平心暗想”等流传广布。这些已经不仅仅是朱熹家族的家训，更成为整个中华民族道德教化的经典。清代名臣，康熙年间的文华殿大学士兼礼部尚书张英，其家人因与邻居在宅基地的划分上出现争执，家人飞书到北京，希望张英能够出面解决纷争，其实是希望借用张英当朝重臣的势力来“摆平”对方。张英则回书一首打油诗：“千里修书只为墙，让他三尺又何妨。万里长城今犹在，不见当年秦始皇。”诙谐生动地拒绝了家人，同时也教导家人谦让邻里。于是，张家主动在争执的地方退让三尺，吴家也深受感动，也效仿张家退让三尺，从而使两家之间形成了一条六尺宽的巷子，大家均能自由通行，名为“六尺巷”。这一事件一时间成为美谈，人们纷纷赞扬张英的高尚品德。很多人还喜欢将这一故事镌刻于屏风、墙壁，写在纸扇上，用以勉励自己包容忍让、平等待人，保持邻里和睦、家族和谐，成为中华民族传统美德的美好体现。

最后是治国、平天下。治国、平天下是“八条目”中最后两个条目，是“外王”之道的终极目标，也是八条目的最终目标。无论是“内圣”的自我修为，还是对家族的治理，其目的都是最终报效国家，使天下太平、人民安康。这一崇高的理想，可以说贯彻到传统社会每一个士人学者心中，是众多仁人志士的终极理想。而实现这一理想的最本质特征，就是要教化引导人民，并且不能与民争利。因此，治国、平天下有两层境界：第一，要推行德政。所谓“有德此有人，有人此有土，有土此有财，有财此有用”（《礼记・大学》），即是作为统治阶级的知识分子、士大夫们，在治理国家的时候要关心人民疾苦，要用道德去感化人民，而不是采用残酷的手段，采取刑罚、暴虐的手段。第二，不能与民争利。所谓“与其有聚敛之臣，宁有盗臣”（《礼记・大学》）。这是中国古代一个非常重要的政治思考，即国家可以容忍贪污腐败的大臣，贪腐之人虽然可恨，但其所贪所敛尚且不是直接针对于人民，但决不能允许直接盘剥百姓的聚敛之臣，也决不允许与人民争夺利益大臣。与民争利是非常坏的政治，一方面，掌握了更多的资源的官员们一定会欺压和盘剥百姓；另一方面，也会让百姓利益损失甚至威胁生存，从而必然会铤而走险，引发起义。在明代，“明祖时时以言利为非帝王之体，至杖流言利者。就明代言之，万历间言利之细人蜂起，矿使四出，无矿而指为矿，以讹索破民之家，则与太祖开国之法意正相反。……不害民即所以利国，深合中国圣贤遗训。万历时尽反其所为，货财积于宫中，民穷为乱，外患乘之，一代兴亡之龟鉴如此”。就是说，在太祖朱元璋时期，皇帝深刻地认识到与民争利的弊端，所以对于开矿等一系列“言利”之事深恶痛绝。但到了万历时期，万历皇帝派出矿监税使，在民间开矿赚取利益，与民争利，从而民穷为乱，外患乘虚而入。可以说，明代的兴亡，就是是否与民争利的结果使然。

通过以上的步骤，古代的士人学子可以从出入学途，到入世从政，并最终功成名就。回望古代，自朱熹重编《大学》之后，无数圣贤儒者，都是通过这样的一个循序过程，一步步的发展，最终青史留名。不过，这种循序运行也不过只是一种途径而已，事实上，不可能存在像执行软件程序那样，一步步进行下去的严格步骤。往往很多时候，“三纲八目”的循序运行也是无序的和反复的，体现了人类探究客观真理，实现自我价值的复杂性。

（二）“三纲八目”的无序循序运行

正如上文所言，“三纲八目”的循序运行很多时候是无序的。所谓无序循序运行，是指“三纲八目”，尤其是“八条目”间的运行不会按部就班地进行。例如，格物、致知，不格物不一定不致知。孔子有言：“生而知之者，上也。”（《论语·季氏》）即是存在这样的天才，不格物而致知。在诚意、正心方面，二者往往也是同时进行的，并没有一个严格的先后顺序。至于“修、齐、治、平”，也是可以同时进行的，齐家同时未尝不可“治国、平天下”，而未能齐家，也不一定不可“治国、平天下”。例如，一代明君唐太宗，对于子女的管理和教育，只能用“糟糕”来形容。其子女中，多人被废、被贬黜、被赐死。而清代康熙皇帝，其文治武功可谓承继秦皇汉武、唐宗宋祖之后又一明君圣祖，但他对于皇室内部的纷争，尤其是康熙晚年发生的“九王夺嫡”，也是束手无策，只能喟然叹息。但这并不影响这两位帝王，成为千古一帝，流芳千古，可以说，他们并没有实现齐家，但在“治国、平天下”方面却功绩斐然。

因此，对“三纲八目”的理解，决不能够机械地认为，是一种有序的执行步骤。就其本质来说，“三纲八目”更多的只是一种指导方式，而这种指导方式的前后顺序，也只能起到一种指导的目的。从格物到致知，从诚意到正心，从修身到齐家、到治国、到平天下，也只是一种一般途径。对于大多数人而言，要因地制宜、因时制宜，根据自己的具体情况，来执行“三纲八目”的要求。可以做到诚意、正心的要求，在品德上成为一个高尚的人，然后再格物、致知，在学识上做一个渊博的人。当然也可以格物、致知，然后就去施展自己的理想抱负。为此，曹操在求贤令当中尤其强调唯才是举，即才华是当时选拔人才的根本标准。

(三)“三纲八目”的反复循序运行

与有序和无序的循序运行不同的，还有反复的循序运行，这符合人类对客观规律认识的过程，也符合人类实现自我价值的进行过程。

所谓人类对客观规律的认识，是人类基于实践对客观世界探索经验的总结。马克思主义哲学告诉我们，认识是具有反复性的，即人们对于一个复杂事物的认识，往往是需要经过感性认识到理性认识，由理性认识到实践，并且经由多次反复才能够完成。这是因为在认识过程中始终存在着主观和客观的矛盾。从客观方面看，事物的各个侧面及其本质的暴露有一个过程；从主观方面看，人的认识能力有一个提高的过程。人的认识受实践范围、立场、观点、方法、思维能力、工作经验和知识水平等因素的制约。恩格斯说：“从历史的观点来看……我们只能在我们时代的条件下进行认识，而且这些条件达到什么程度，我们便认识到什么程度。”①“三纲八目”所要做的，本质上来说，就是对客观世界的探索，尤其是对格物、致知这两条目来说，更是如此。因而，“三纲八目”在具体运行中，就不可能一蹴而就，不可能一次性完成。事实上，在中国古代，所有的圣贤都尊崇“学海无涯”的教导，即便是已经实现了“治国、平天下”的主张，也依然勤学不辍，在格物、致知方面进行努力。因此，可以说，“三纲八目”的整个过程，本身就是一个反复循环的过程。这个循环是没有止境的，因为人类对于客观世界的认识和实践，也是一个没有止境的过程。

所谓人类自我价值的实现，可以按照马斯洛的需求层次理论来进行理解。需求层次理论是美国犹太裔人本主义心理学家亚伯拉罕·马斯洛在其1943年的著作《人类积累理论》一书中提出来的，它将人类的需求像阶梯一样从低到高分为五个层次，即生理需求、安全需求、社交需求、尊重需求和自我实现需求，是行为主义科学的重要理论之一，也是当代管理学、组织行为学等一系列学科的基础理论。马斯洛对于人类需求的排列方式，与“三纲八目”实际上有异曲同工之妙，而其最高层次的自我实现需求，则是“三纲八目”的实践目标。具体来说，这一需求是指实现个人的抱负和理想，最大程度地发挥个人能力，

① 恩格斯：《自然辩证法》，人民出版社1971年版，第219页。

达到自我实现境界的人，接受自己，也接受他人，解决问题能力增强，自觉性提高，善于独立处事，要求独处不受打扰，完成与自己的能力相称的一切事情的需要。也就是说，人必须干称职的工作，这样才会使他们感到最大的快乐。马斯洛提出，为满足自我实现需要所采取的途径是因人而异的。自我实现的需要是在努力实现自己的潜力，使自己越来越成为自己所期望的人物。从这一点来说，我们可以认识到，"三纲八目"的实现必然不可能一次性完成，其提出的崇高的目标，是古代社会士人学者们自我实现需求的终极体现，必然要经历不断地反复，才能够实现。而且这种实现，事实上并没有一个非常具体的标准，即任何一个人实现"治国、平天下"的目标的时候，并不需要遵循一个客观的标准。朱熹在漳州任上的改革，是其"治国、平天下"目标的实现，是其自我价值的实现。王阳明在江西、两广地区的军功，也是其治国平天下目标的实现，是其自我价值的实现。但并不是说，王阳明因战功赫赫就比朱熹更为伟大，或者说朱熹的功绩更利国利民就比王阳明更为伟大。事实上，两者都是我国古代的圣人，他们的功绩都极其崇高，也都是治国平天下的体现。

因此，对"三纲八目"的理解，也不能机械地认为是前进而不反复的。从"格物"到"致知"，也会从"致知"再回到"格物"，也会从"齐家、治国、平天下"回到"修身"当中。对于大多数人而言，这种反复并不意味着倒退，而是一种全新的升华。

第三节 儒家文化的时代意义

一、儒家文化在传统社会中的作用

(一)塑造中华民族伟大民族精神的作用

大学之道是对儒家精神的高度凝练，其所提倡的"内圣外王"的主张和"三纲八目"的具体实践，引领了中国两千多年来历代知识分子们的人生观的塑造。儒家思想是积极入世、提倡济世安邦的。自孔子开始，便以"君子儒"为人格追求。所谓的"君子儒"与"小人儒"相对立区别。与仅仅以"儒"的身份收徒、承办祭祀仪式为谋生手段的"小人儒"相区别的是，君子儒是有"主义"的，即眼里不只是看到个人的利益得失，他们还心怀大志，充满济世安民的慈悲心和责任感。作为充满担当精神的士人们，他们的精神是崇高的，意志是坚强的。中国是世界上的四大文明古国之一，更是古老文明延续至今、唯一没用中断的国家。这里面有地理环境的因素、有科学技术发展成就等原因，但毫无疑问，以“三纲领”为主要代表的儒家思想所塑造的民族精神，“三纲领”作为修身准则和人生信仰对士人人格的培养，是中华文明坚韧挺拔、历经种种波折得以延续至今的极其重要的内在精神力量。正是在这种体现“内圣外王”精神的塑造，中华民族才涌现出那么多的英雄人物。“先天下之忧而忧，后天下之乐而乐”的范仲淹，“人生自古谁无死，留取丹心照汗青”的文天祥，高呼“天下兴亡匹夫有责”的顾炎武，“苟利国家生死以，岂因祸福避趋之”的林则徐……可以说正是“内圣外王”精神塑造下的这些仁人志士，挺起了民族的脊梁，在一次次内忧外患中扶国家、社稷于将倾、救民族大众于水火。体现着“内圣外王”思想的“三纲领”，作为中国古代知识分子终身践行的精神追求，为所塑造伟大的民族精神发挥了重要作用。

（二）在传统社会中的教化作用

“三纲八目”是儒家文化核心思想的实践形式。通过上文，我们知道“三纲八目”具有严密的逻辑、系统的的层次性，具有很强的实践意义。因此，可以说“三纲八目”的系统性、理论性使“三纲八目”逻辑紧密，利于传播；而“三纲八目”的循序运行，又成为古代士人学子的人生规划和指南，意义非凡。因而，在教化方面，儒家文化的作用不容忽视。从朱熹对《大学》进行重新编排整理后，“三纲八目”就激励着一代又一代士人学子发展进步。到了现代，“三纲八目”也并没有失落在历史长河中，仅仅作为历史学家研究的古物。事实上，儒家文化从未离开过我们，而是渗透在我们生活中的一点一滴中，但在不知不觉间，我们对这个最为熟悉的朋友却备感陌生，甚至觉得儒家文化是腐朽的、陈旧的，浑然不知我们的一言一行都浸透着传统文化。2013 年习近平总书记在曲阜进行考察之后，以儒家为代表的传统文化越加被人们所重视，“三纲八目”的意义也就越来越得到重视。我们看到这个一千多年的学术理论渗透着智慧的光明，他的教化作用依然如同当年那样，对我们现在的教育具有重要意义。无论是“格物、致知”的精神对于学术研究的启迪，还是诚意正心的思考对于思想品德教育的启发，以及修齐治平的理念在个人理想实现中的引导，都使我们受益匪浅。例如，在学术研究方面，我们当代不少的学者普遍存在的一个问题就是浮躁、不严谨，容易被外界所影响，不能沉下心完成学术研究。秉承格物致知理念的古人，可谓现代学者尊崇和效仿的榜样，他们往往怀抱“为真理而求真理”的治史观念，奉行以小见大、小题大做的作业方式，擅用“穷源毕流，竭泽而渔”的清儒家法，推崇“以事实决事实，绝不用后世理论决事实”的致知门径。

几十年如一日，耗费心血来从事研究，笔耕不辍。尤其是清代的考据学者，更是从一点一滴的线索和史料中，对文章摘句进行修订。从这一点来说，现代能够从儒家文化中学到很多。

(三)在古代政治中的稳定作用

儒家文化之所以被历代统治者所尊崇，还在于儒家文化本身，是统治者政治统治的强力稳定剂。以"三纲八目"为主要内容的大学，其核心思想乃是教导人们修身养性、从政报国，以此来安定社会、稳定国家。"三纲八目"使知识分子们有了良好的人生规划，从而可以在传统教育的框架内，完成自我价值的实现。士人学子们在"三纲八目"的规划下，修身养性、从政报国，并通过自己的榜样作用，影响周围的人。事实上，整个社会，各阶级和各阶层的人民，其人生规划都或多或少地受到"三纲八目"的影响，其道德准则、理想追求都与"三纲八目"相一致、相协调，从而使整个国家上下一心。受儒家思想影响的士子们同心同德，从而安定了社会、稳定了国家，使整个国家得以长治久安。这一作用，在太平天国运动中尤为明显。以曾国藩、李鸿章、左宗棠为首的汉族士大夫们，视洪秀全领导的拜上帝教和太平天国为异端。比如，曾国藩发布《讨粤匪檄》，认为其"举中国数千年礼义人伦、诗书典则，一旦扫地荡尽。此岂独我大清之变，乃开辟以来名教之奇变，我孔子、孟子之所痛哭于九原。凡读书识字者，又乌可袖手安坐，不思一为之所也！"[①]是不以国家忠诚为战斗号召，而是以儒家文化的影响为号召，可见儒家文化影响在凝聚人心方面的强大作用。而这种儒家文化，其纲领，就是"三纲八目"，可以说，是"三纲八目"这样的儒家传统道德倡导，凝聚起了曾国藩等一大批湘淮军领袖。之后到来的民国，孙中山先生领导的辛亥革命，以"驱逐鞑虏，恢复中华"为号召，也是认为清廷为外来蛮夷，不配为中华正统，但对于其统治，则又以"夷狄入中国则中国之"来解释。其逻辑思维，一直以中华文化为尊贵，而这种中华文化，其主流也就是儒家文化，而儒家文化中提纲挈领的所在，也就是"三纲八目"了。

二、儒家文化在现代社会中的展望

(一)儒家文化是现代人培育美好人格的营养素

德育教育是儒家文化实践的基础。孔子作为一个思想家、政治家的同时，也是一位伟大的教育家。他是中国历史上第一个私人授课、倡导有教无类的

① (清)曾国藩:《曾文正公全集·文集》卷三，(清)李瀚章编撰，(清)李鸿章校刊，线装书局 2012 年版，第 2 页。

老师,完成了学在官府到学在民间的伟大转变,其教育思想中诸如因材施教的主张至今仍有巨大意义,故而后人尊奉为万世师表。“三纲八目”的实践,即是以智育教育为基础,设定一个完整而严密的人生规划,培养积极向上、健康的人格。所采取的方式,是有严密的逻辑推理进行支持的,具有强大的说服力,而不是简单空泛的言语,进行洗脑式的宣讲。对于我国目前的教育而言,这是具有良好的借鉴意义的。我们所进行的教育,应当是以德育为核心,在智育的基础上培养青年人良好的思想道德品质,做社会的有用人才,而不是仅仅依靠空泛的成绩来决定人才素质优劣。

此外,我们进行的德育教育、智育教育,因当建立在心理规律认识的基础上,而不能盲目地进行宣讲。当今社会,由于西方科学强势地位的影响我们在借鉴心理学的研究成果时,总是不自觉地把目光投向以西方式实证为基础的心理学上。诚然,它从某个角度解释了人类心理规律,对我们的德育研究有重要启示。但是应该看到,由于东西方文化的差异,二者在认识世界的途径上有很大差异,正如北京大学教授辜正坤所说:“道家也有自己的一套科学。他那套科学跟西式科学不大一样,它是把人体作为一个实验工具……所以它(道家的方法)实际上也是一种实证的东西,也是一种科学的东西,是一种阴性的科学、中国特色的科学。”①以上说的是道家,整个东方文化又何尝不是如此呢?因此,对传统遗产的继承,我们应该在新的时代格局中有新的理解与开拓,要正视东方文化特有的研究方法所得到的结果和价值,将此方法所总结人的发展规律纳入到德育教育中来。

最后,对于我们个人而言,我们要做好自己的人生规划。诚然现代社会已经不需要我们严格地按照某一种学说理论去规划我们的人生了,而我们的人生也不必要总是走入仕从政的这条路径。我们可以有多种选择,而且每一种选择,只要我们能够勤勉工作,扎实努力,奋发进取,都能够有所作为,成为国际的栋梁之才。但是,我们依然需要通过对人生进行一种规划,来确定我们的长期目标和短期目标,扎实进取,一步步地实现我们的人生目标。而《大学》中的“三纲八目”,就是给了我们一个很好的借鉴。从个人的角度出发,我们对“三纲八目”的理解,并不需要明白其教化作用和稳定作用,而仅仅需要借鉴它在修身养性、自我价值实现方面的重要经验。通过儒家文化的认识,我们希望每个人都能够有更为明确的人生规划,以实现自己的人生理想。

---

① 辜正坤:《中西文化比较略论》,《北大讲座》编委会编:《北大讲座精华集·文化》,北京大学出版社 2015 年版,第 17 页。

(二)儒家文化是解决现代社会道德问题的良药

对儒家传统经典的研究,让我们对儒家传统文化有了一个细致而深入的了解,为我们了解古代先贤对于人生的思考提供了宝贵的线索,对我们现代社会的发展则提供了重要的借鉴。

近代以来中国遭遇的惨痛命运,使中国知识分子在睁眼看世界的过程中,将儒家文化视作造成中国积贫积弱的病根,而痛加鞭挞。自新文化运动到五四运动,再到后来的"文化大革命",整个20世纪都是一个反传统的世纪。不可否认的是,新文化运动、五四运动对推进中国的现代化进程有着极其积极重要的作用,但是传统也因此而中断。改革开放以来,随着市场经济的开放、发展,中国经济在三十多年里取得了举世瞩目的伟大成就。但是,如同每个硬币都有两面一样,在这个过程中,也产生很多严重的问题。随着国门的打开,多元思想传入中国,"拜金主义""个人主义""历史虚无主义"传播泛滥。在这种多元思想价值观的影响下,国人的思想价值观也产生了极大的混乱。

在本书的第一章中,我们对于大学生主体意识方面的问题进行了细致的分析和论述。然而,不仅是在大学生这个群体上,对于整个中国现代社会来说,目前都存在较多的道德意识问题。传统思想中义在利先的观念被摒弃,在市场经济大潮中人们以利益为核心。商品经济中货币的价值符号功能扩大化,货币不再仅仅是衡量商品价值的尺度,大而化之,成为衡量社会上一切事物的尺度,甚至成为价值衡量的唯一尺度。挣钱成了人们唯一的价值追求。在拜金主义影响下,功利、实用观念盛行,人们总在盯着结果做事情,出现了"钱多抢着干,钱少不想干,没钱无人干"的现象。长江大学救人学生落水遇难,当地船家竟然提出要交3万元捞尸费才肯交出尸体,唯利是图的行为赤裸裸地呈现于现实社会,带着冷峻和残酷向人们诉说着某些人人性的泯灭。这些丑恶现象正如马克思在《共产党宣言》所说的那样:"它使人和人之间除了赤裸裸的利害关系,除了冷酷无情的'现金交易',就再也没有任何别的联系了。"[①]对金钱强烈的欲望,总想迅速致富的想法致使人们在金钱获取上不择手段,出现了现实社会中官员挪用公款违法乱纪、商人为盈利造假买假的情形。以自我为中心、利己观念为主要特征的个人主义被很多人不自觉地采纳。很多人甚至奉行着"人不为己,天诛地灭"的理念,总是自私自利地以自我为中心,只有当事情与自己相关才去做,集体观念淡薄,追求个人利益最大化,而不

---

① 《马克思恩格斯文集》第2卷,人民出版社2009年版,第33页。

去在意对别人对他人应负的责任。在现实生活中则表现为以权谋私，将个人、小家庭、小团体利益凌驾于集体国家利益之上，对周围的人和事态度冷漠、缺乏关心。社会上出现的“小悦悦事件”像一面镜子，映照出社会上某些人冷漠自私没有热度的内心，以及毫无血色的无情嘴脸，像一根耻辱柱刻写着社会良知、社会公德的丧失。

而解决这一系列问题的关键，不是从功利主义的现实中去寻找，也不是从后现代主义的迷茫中去寻找，而应该从我国古代先贤的智慧中去寻找，从儒家经典中去寻找。

第三章
儒家文化与当代大学生主体意识培养

第一节　儒家文化对大学生主体意识养成的启示

一、儒家“内圣外王”之道有助于正确培养大学生主体意识

（一）儒家自强不息精神有助于提升当代大学生的精神动力

1. 自强不息精神的历史及现实价值

儒家思想主张修己安人、积极入世，“内圣外王”的全面追求需要用自强不息精神提供内在动力，同时这种追求本身也是自强不息精神的真实写照。孔子认为，人之所以为人，就应当“发愤忘食，乐以忘忧”，保持一种奋发向上的人生状态。《周易》说：“天行健，君子以自强不息。”就是提倡人应像日月星辰刚健运行那样奋斗不息、积极进取，坚持独立意志、人格尊严和做人原则。自强不息是中国传统文化思想的主旋律，也是中华民族历经磨难而不倒、中华文明历经浩劫而被传承的重要因素。这种精神铸就了中国人民百折不挠、愈挫愈奋的民族品格，千百年来一直对社会的发展和进步起着巨大的促进作用，体现了积极入世的人生态度。当前我国正处于发展的转型期和社会矛盾的凸显期，带来了不同社会阶层以利益为核心内容的复杂矛盾，这些矛盾和问题不可

避免地影响到正处于心理成长期的大学生，焦虑、自信心减弱，功利心强烈、厌学偏激等消极社会心态不同程度地存在着。

自强不息的精神是一个历史内涵与时代特征相结合的产物，是一种历史的积累和沉淀，是一个随着时代进步而不断创新和丰富的过程，是民族精神和时代精神的融合。改革开放和时代发展的要求，使我国各族人民在社会主义的实践中焕发出巨大的创造活力，形成了以改革创新为核心的时代精神。自强不息是积极否定、革故鼎新、开拓创新的精神。因此，自强不息同时也体现了时代的创新精神。当今时代发展和丰富了自强不息的内容，自强不息的精神就是不懈努力、建功立业的进取精神，就是在困难面前坚韧不拔、知难而上的拼搏精神，就是完善自我、实现人生价值的执著精神，就是革故鼎新、敢为人先的创新精神，就是实事求是、艰苦奋斗的务实精神。

对大学生来说，继承自强不息的精神首先就是要树立远大的理想。理想是人生的奋斗目标，是人生的前进动力，是人生的精神支柱，同时也是自强的力量之源，自强的目的是实现理想，超越现实。一个人如果没有理想就会变得空虚、软弱。改革开放以来，中国取得的伟大成绩，就是追求振兴中华的崇高理想的结果，无数人士的成功范例表明，任何一种成功都离不开自强不息的精神。其次，要通过中国历史，特别是近代史、现代史的教育，使大学生了解中华民族自强不息、百折不挠的发展历程，了解我国历史上英雄儿女为反对外来侵略者，反对腐朽统治，争取民族独立和人民解放而不怕牺牲、前仆后继的英勇事迹。通过学习，引导大学生深刻领会中华民族数千年血脉相传的自强不息的伟大民族精神，激发学生树立刻苦学习、报效祖国的爱国之志，培养学生与时俱进、开拓进取、求真务实、奋勇争先的时代精神。再次，引导大学生投身实践。自强不息意识教育除了系统的学校教育之外，还需要丰富的实践锻炼，将理性认识与社会实践有机结合起来。在专业实习、社会调查、军事训练、社会公益劳动和生产性的劳动、第二课堂活动、勤工助学、社会考察等实践活动中，要启发、诱导和强化大学生的创新意识，培养其良好的实践能力和创新能力，积极培养勇于创新的学习和实践勇气，使其走在时代的前列。在实践中把个人融入到全国各族人民建设中国特色社会主义的共同理想之中，在实践中树立起奋发进取、自尊自信、理性平和、开放包容的健康社会心态。

自强不息是大学生实现人生理想的精神动力，是其成才和建功立业的基本条件。人生常有不如意，思想的困惑、求知的艰辛、生活的窘迫、就业的压力、创业的艰难，这些都是大学生人生的现实问题。在成才的道路上，没有自强不息的精神，就不可能有“敢为天下先”的勇气，就不可能有不怕挫折、不惧失败的心理承受能力。大学生只有适应时代要求，弘扬自强不息的精神，正视艰难，直面挫折，百折不挠，向着前方的目标勇敢迈进，才能柳暗花明，实现自己的理想和目标。

2.大学生自强不息精神的养成

第一，树立远大的理想。理想是人生的奋斗目标，是人生的前进动力，是人生的精神支柱，同时也是自强的力量之源，自强的目的是实现理想，超越现实。一个人如果没有理想就会变得空虚、软弱。改革开放以来，中国取得的伟大成绩，就是追求振兴中华的崇高理想的结果；无数人士的成功范例表明，任何一种成功都离不开自强不息的精神。

大学生应该以“胸怀祖国，服务人民”为座右铭，树立开拓创新、继往开来、报效中华的远大理想。远大的理想要和一个个具体的目标结合起来，分阶段实施，一步步实现。在实现理想的过程中，要正确对待挫折。成长必须经过各种考验，在遇到挫折时，不灰心，不丧气，总结教训，振奋精神，继续前进。设立的目标要可行，一个无法实现的目标，可能暂时会激发人们的奋斗激情，但是长远来看，无法实现的目标不是一个好目标，它有可能消磨人的斗志，使人屡受挫折，也不利于自强品质的养成。

第二，加强优秀传统文化学习。弘扬自强不息的精神，必须加强优秀传统文化学习，使大学生对中华民族有一个深刻的了解，如果不了解自己的民族，爱国之情就不会产生，民族精神也就无从发扬。要通过中国历史特别是近代史、现代史的教育，使大学生了解中华民族自强不息、百折不挠的发展历程，了解我国历史上英雄儿女为反对外来侵略者，反对腐朽统治，争取民族独立和人民解而不怕牺牲、前仆后继的英勇事迹。通过学习，大学生就能深刻领会中华民族数千年血脉相传的自强不息的伟大民族精神，正视中华民族几千年创造的灿烂文化和曾经遭受的屈辱苦难。从中华民族的奋斗史和屈辱史中，增强继承历经磨难而不衰、饱尝艰辛而不屈的优良传统的自觉性，激发自己树立刻苦学习、报效祖国的爱国之志，培养自己与时俱进、开拓进取、求真务实、奋勇争先的时代精神。

第三，投身实践。除了系统的学校学习之外，还需要丰富的实践锻炼，将理性认识与社会实践有机结合起来。在专业实习、社会调查、军事训练、社会公益劳动和生产性的劳动、第二课堂活动、勤工助学、社会考察等实践活动中，强化自己的创新意识，培养良好的实践能力和创新能力，积极培养勇于创新的学习和实践勇气，使自己走在时代的前列。作为教育工作者，则要在实践中培养大学生坚强的意志，教育大学生在实践中亲身体验人民群众自强不息的精神，实际感受到先进人物的崇高思想境界和人格魅力，在实践中体会到自强是行动的过程，千里之行始于足下，在实践中把个人融入到全国各族人民建设中国特色社会主义的共同理想之中，在实践中把理想化为现实逐步实现中华民族的伟大复兴。

（二）儒家重视"内圣"的修身思想有利于当代大学生培养高尚人格

健康人格是人行动的方式，这种方式由理智所导引并尊重生活，因而人的需要得以满足，而且人的意识、才智以及热爱自我、自然环境和他人的能力都将得以发展。每个人都处在特定的社会文化环境中，文化对人格的影响极为重要。大学生正处在社会心理迅速发展、道德素质基本形成的阶段，面对复杂的社会环境，难免有不适应性，尤其是网络的虚拟性很容易诱导他们试图借助于虚拟的身份摆脱传统伦理道德的约束，导致自身网络道德失范问题频繁发生。因此，修身应该成为当代大学生具备的一种健康人格。大学生能否做到"修身"，关乎能否做到"不因恶小而为之，不因善小而不为"，关乎自身将来在社会上的立足点，关乎能否抵制不良社会风气的侵扰。

1. 慎独思想的借鉴意义

我国古代重视修身并提出关于修身的很多观念、方法，其中慎独是一向被视为修身的关键环节，而受到高度重视。"慎独"一词最早出自《礼记·中庸》："道也者，不可须臾离也，可离非道也。是故君子戒慎乎其所不睹，恐惧乎其所不闻。莫见乎隐，莫显乎微，故君子慎其独也。"意思是说，君子在任何时候都不能和道德分离，君子在独处、无人注意的时候，也要小心谨慎，严格要求自己，不做违背道德的事。传统儒学的慎独思想有着丰富的道德蕴涵，其内容体系主要包括诚己正心的"慎隐慎微"精神、自我约束的"慎言慎行"精神和理性自觉的"慎欲慎辨"精神。慎独特别强调人们要树立一定的道德观念。《礼记·中庸》："道也者，不可须臾离也。"欲慎其独，心不可有须臾之动。面对内心深处的欲望，人要恢复其清净本性，必须"慎辨"，诚如《礼记·中庸》所说："诚之者，择善而固执之者也：博学之，审问之，慎思之，明辨之，笃行之。"关于修身的慎独思想在今天依然有着顽强的生命力，对当代大学生的自我修养特别是主体意识的养成更有重要的借鉴意义。

（1）慎独精神与大学生主体意识内在统一

大学生是社会发展的生力军，也是网络行为主体的大多数。网络主体在网络空间的活动具有鲜明的独立性和虚拟性，网络社会的和谐发展要求网络主体唤醒主体意识，养成自律、自觉的网络道德人格。这种要求符合慎独精神的理性自觉、道德自律的本质特征，与慎独追求个体“至德”理想人格的道德修养目标殊途同归。因此，慎独精神与网络主体意识具有内在的统一性。

慎独的理性自觉精神与网络主体的道德责任意识相互融通。慎独首先强调的是要高扬个体的理性自觉精神，这种精神要求人们在道德修养中必须注重主体的主观能动性的发挥，自觉地将社会群体道德规范内化为自己的道德信念、需求与修养，养成高度的道德觉悟和自觉精神，养成理智抉择、自我管理和自我调节的行为习惯，确立起内在的、强大的道德主体性，实现自我主宰。互联网进一步解放了个人，使个人有了更多的言论及交往的权利和自由。网络空间中人们的思维空间和行为空间进一步拓展，道德行为的自由度和灵活性显著增强，这就要求唤醒网络主体的道德责任意识，通过网络道德教育让人们懂得在网络社会也仍然存在着权利和义务、自由和责任的关系，努力做到“仁以为己任”。从这个层面上来看，慎独的理性自觉和自我主宰精神与网络主体的道德责任意识是相互融通的，网络道德责任是理性自觉、自我主宰的基础，自我主宰的最终实现要以自觉的道德品格做保障。

(2)慎独的道德自律精神与大学生主体意识的道德自律目标相互一致

自律是指自我主宰、自我约束、自我控制。自律总是与自由和理性联系在一起的，即要在道德领域里体现出人格尊严和道德自觉，而不是由内在本能和外在约束所决定。道德自律的一个基本前提是道德主体的意志是自由的，并在明确的理性意识基础上进行自愿选择。网络道德和现实道德的核心都是自律，但是网络因为隐蔽性，自律的分量更重，个体的道德自律是网络社会正常的道德关系得以维系的主要保障。慎独重视个体的德性修养，其核心是强调“自我内省”，这种强调“自我内省”的向内功夫，体现出传统道德追求中的高度自律性和自觉性，构成了道德行为主体的内在品格。道德主体因为有了对社会道德规范发自内心的敬畏，因而能对自己行动进行积极的有意识约束。很明显，慎独凸现的这种对自身行为自觉控制的自律精神，与网络道德建设确立的道德自律性目标具有高度的一致性。

(3)慎独的修养境界与大学生主体意识的道德人格塑造和谐统一

道德人格是人格在道德方面的规定性，是主体道德素质状况的集中体现，包括主体的道德意识和道德行为。网络带来了便利，也带来了道德滑坡、人性异化，导致了网络中个体人格的偏离。形势的严峻性迫切要求加强网络主体的道德人格的教育，以培养起人的自觉性、自制性、包容性、坚持性和自主性等人格品质。慎独修养的最终目标就是形成人们高尚的道德人格。慎独从自身出发来寻求道德行为的普遍意义，要求人们在反躬自省、解剖自己、克己自律的修身过程中，形成良好的人格素质。它提倡把人内在道德意识的自我觉悟作为主要手段，以实现自己的人性自由为首要任务。因此，慎独所要求达到的理想人格的修养境界，与网络道德建设的道德自律的人格目标和谐统一。

(4)慎独教育目的是促成大学生主体意识的理性回归

从对网络社会的认识与分析中可以发现，网络社会伦理道德活动有其特殊的规律性，传统的群体道德规范等外控机制难以建立与运行，网络道德风险与道德责任严重不对称，道德问题隐蔽性强，而且难以预控。通过内视自审，唤醒网络个体的主体意识，培养网络个体自律的道德人格，是维系正常的网络社会关系的主要保障。因此，着眼于网络主体个体内控机制建设，促进和强化网络道德生活主体的道德自律，不仅很有必要，而且更为现实。这样，强调理性自觉精神的“慎独”教育自然成为了培养大学生网络主体意识的一种理性回归与选择。慎独教育，不仅有助于增强大学生的网络主体意识，而且有助于增强他们网络道德自律品格的养成。为此，要从目的性和过程性两个方面加强对大学生的“慎独”教育，以期获得预期的网络道德教育成效。

其一，突出大学生慎独教育的目的性。加强大学生的慎独教育就是要培养他们自觉自律的网络道德主体意识。在主客体的相互关系中起决定作用的是主体意识，而主体意识是人的主体性的根本标志。网络主体意识就是作为网络主体的社会的人，在网络活动系统结构中对网络客体所表现出来的一种主体势作用，即在一定网络活动系统结构中主体的一种自主的、能动的状态和趋势，它表征着网络主体掌握或占有网络客体的动因、力量和程度。人的网络主体意识的基本功能要素包括自主性、能动性、自律性和创造性四个方面，这些功能要素表现在具体的网络活动过程及其结果之中，既是网络主体意识的主要标志和特点，也是人作为主体在网络空间进行自由的、自觉的活动的根本所在。加强大学生的慎独教育，培养他们自觉自律的网络道德主体意识，不仅是发挥大学生自主性、能动性、自律性和创造性的前提条件，更是网络社会发展的共同需要。

其二，强化大学生慎独教育的过程性。慎独既是个人道德修为的方法，更是个人道德修为的境界，是肉体与灵魂交替考验的漫长过程，不可一蹴而就。慎独教育要围绕慎始、慎微、慎隐、慎言、慎辨等内容体系进行，教育过程要主题鲜明化、形式多样化。慎独教育以唤醒个体的主体意识为主要目的，这个目的的实现要以培养和发展个体的主体能力为基础和前提。因此，要把慎独教育与培养和发展大学生个体的主体能力结合起来。在道德生活中，主体能力主要包括道德的思维能力和道德践履能力，二者相辅相成，把道德的思维能力运用于实践就是道德的践履能力，在道德实践活动中不断发现新情况、解决新问题就是提高道德思维能力。现代网络社会是一个信息大爆炸的时代，在如此浩瀚无边的信息海洋中，要把真善美的东西从形式不一的伪面具底下拣选出来，对于极容易被假面具所迷惑与诱导的大学生来说实非易事。因此，要千方百计地锤炼大学生的道德素养，通过“慎言”“慎辨”教育来提高大学生的道德批判性思维能力，通过“慎微”“慎隐”教育来培养大学生的道德选择能力。这样，对大学生的“慎独”教育的过程就是培养大学生个体道德能力的过程，两者是手段与目的的统一。

2.礼乐熏陶的启示

西方哲学家康德明确地指出：“美是道德的象征。”①前苏联巴拉诺夫等认为：“品行之美，即内在道德纯洁性的外露。”②美育与德育是相辅相成的，人们感受社会生活美时，其审美意识和道德观念是相互作用、相互制约的。美育要以德育为基础，而且审美是人类的天赋，但正确的审美意识却需要培养和教育。审美意识和审美能力的培养，不仅要有一定的文化艺术素养，而且更要有高尚的思想和情操。

儒家的“礼”本是指尊祖、祭祖与祭祀天神地祇活动中的一些仪节规范，而“乐”则是与这些礼仪活动相配合的乐舞。孔子认为，“礼”具有维持社会秩序的功能，“乐”具有和同社会人心的功能。在人类诸多的心理中，情具有最大的诱惑力、感染力，因而最具普适性。孔子主张“尽善尽美”；荀子主张“美善相乐”；《礼记·乐记》指出：“乐者，通伦理者也。”“乐者，德之华也。”“乐者，所以象德也。”意思是说，音乐与道德相通，音乐是品德的声音，是品德的花朵，它能表现人的品德。

在当代大学生思想政治教育发展过程中，美育逐渐成为提升大学生文化修养与思政素养的有效手段。美育工作能够引导学生具备良好的审美情绪、审美能力，进而实现大学生审美素养的提升。将孔子的礼乐思想渗透到当代大学生思想政治教育工作中，能够引导大学生对礼乐思想所具有的审美价值

---

① ［德］康德：《判断力批判》上卷，宗白华译，商务印书馆1964年版，第201页。

② ［苏］巴拉诺夫等：《教育学》，陈历荣等译，青海人民出版社1985年版，第441页。

进行挖掘。在此过程中，大学生的道德情操、个人情感乃至文化水平都可以得到一定的提升，这对于推动大学生摒弃不正确的思想与观念、形成健全高尚的人格具有重要意义。与礼乐相关的孔子经典，一般都具有较深的意愿和言简凝练的语言，许多修辞方法也表现出了较高的文学艺术价值，许多内容都体现出了当时社会大众运用语言的水平，而且孔子礼乐思想中体现出了中和之美与和谐社会建设相适应。因此，将礼乐文化渗透到当代大学生思想政治教育工作中，不仅有利于提高学生的审美能力与鉴赏能力，而且还能够对孔子礼乐文化中审美价值和与时俱进的元素进一步挖掘。

大学生思想政治教育工作应更多地借鉴儒家礼乐文化，用美育的方法达到德育教育的效果。比如，德育教育中一再强调，随地吐痰是一种不道德的行动，有些地方还将此纳入了法规。试想，如果一个人的修养达到以随地吐痰为丑的地步，而不是因为知道这是违法，也不是因为知道这是不道德行为，而是因为他本能厌恶随地吐痰，那么他的审美修养就是潜在地发挥着作用。需要说明的是，尽管审美修养内涵有法治修养和道德修养，但绝不能以审美修养代替法治修养、道德修养，它们虽然相通，但毕竟有别。

同时，教师需要积极开展教学方法改革，推动思想政治教育工作与各类艺术的融合，如教师可以利用一些饱含中华民族优秀传统文化的音乐、影片等来引导大学生理解这些艺术作品中所反映出的思想与价值观，并促使学生对这些文化内容及其思想产生认同感；从礼乐文化对其他学科课堂的引领来看，大学生思想政治教育工作者需要认识到，大学生思想政治教育覆盖面的提高，要求思想政治教育向思政课堂之外进行延伸，仅仅依赖思政课堂开展思想政治教育并不能确保思想政治教育工作的充分性。因此，高校学生管理部门需要做出良好的规划统筹，以推动学生成长成才为出发点，结合其他学科特点来推动礼乐文化在高校中的渗透。如人文社会学科本身所具有的特点决定了礼乐文化能够进行良好的渗透。与人文社会学科相比，虽然自然科学在礼乐文化的渗透方面并没有优势，但是也可以以科学品德与科学素养教育为切入口来引入礼乐文化，并发挥出礼乐文化在学生思政素养发展中的价值，这对于引导大学生树立正确的世界观、人生观和价值观大有裨益。

（三）儒家的“外王”主张有利于当代大学生培养社会公德

1. 推动公、忠思想的树立

儒家主张“内圣外王”，强调积极入世，承担社会责任，实现“齐家、治国”的理想，可以说儒家重视人的社会角色。由上述思想发展出公和忠两个道德要求。忠,是在春秋时期开始为人们所重视并流行开来的。当时,忠被看作是“民之望也”(《左传·襄公二十五年》),是为官者必备的品质。“子之能仕,父教之忠,古之制也”(《左传·僖公二十三年》),这里忠是利于公、利于社稷之意。“公家之利,知无不为,忠也”(《左传·僖公九年》)亦是此意。需要说明的是,此时的忠尚未有绝对忠于君主个人之意,弑君的赵盾被视作忠的榜样即是明证。而且,当时人们明确把君主个人与国家社稷分开,强调忠于国家、忠于社稷,而不是忠于君主个人。“君民者,岂以陵民?社稷是主。臣君者,岂为其口实?社稷是养。故君为社稷死,则死之;为社稷亡,而亡之。若为己死,而为己亡,非其私日匿,谁敢任之。”(《左传·僖公九年》)晏婴对忠所作的解释,显然比封建社会里的愚忠高明得多。它主张统治阶级为维持社会秩序也应以公限私,当然这种公仍然是少数人的私。

(1)公、忠思想在古代受到高度重视

公,表示与私相背、相反。韩非子说:“古者仓颉之作书也,自环者谓之‘私’,背‘私’谓之‘公’。公私之相背也,乃仓颉固以知之矣。”传说仓颉造字,古“私”字写作“厶”,是指自己在居室外修一道墙,即韩非所说“自环”。“公”是在“厶”字上加“八”。“八”犹“背”,意指“背厶为公”。因此,东汉许慎《说文解字》说:“公,平分也。”可知,远古时代人们就已经认识到了公私之对立。

相对于公,古代思想家们对忠展开了更多的思考。孔子很重视忠,他把忠看作实行其最高道德原则“仁”的重要条件。《论语》中提到“忠”字的有 15 篇,计 17 处。在孔子那里,忠主要是待人处世的一种态度,他把尽心竭力帮助别人叫作“忠”。他说:“居处恭,执事敬,与人忠。”(《论语·子路》)忠在这里显然是指对别人的一种关系。忠,还表示诲人不倦,教人以善。“爱之,能勿劳乎?忠焉,能勿诲乎?”(《论语·宪问》)另外,“忠”还具有更广泛的含义,像“主忠信”,“子以四教:文、行、忠、信”(《论语·述而》)等,但其基本含义都是“诚心诚意,积极为人”。当然,孔子所说的“忠”,也是处理君臣关系的道德规范。但是,孔子认为,忠君是有许多条件的,他要求君首先要“守礼”“正身”“修己”,臣下才能心服,以忠事君。而且,臣下不应该盲从君主,对于君主之言,“如其不善而莫之违也”(《论语·子路》),就会有丧邦的危险。同时,孔子认为事君应“勿欺也,而犯之”(《论语·宪问》),可以当面独犯君主。由此可以看出,孔子之忠主要是讲真心诚意,尽己为人,虽有“忠君”之意,但绝非后世的愚忠。

墨子也讲“忠”,墨家之“忠”,是“兼爱”思想统领下的“君惠臣忠”,强调君臣双方的义务，反对一方对另一方的绝对服从，以及把义务与权利分割开来的做法。他赞成臣下忠于君主，但是要以君惠臣为前提条件。认为君主必须“爱民谨忠，利民谨厚”，能使“万民被其大利”，才有资格获受臣之忠。而臣之忠则表现为“上有过则微之以谏；己有善则访之上，而无敢以告。匡其邪而入其善，尚同而无下比，是以美善在上而怨仇在下，安乐在上而忧戚在臣”（《墨子·鲁问》）。对于那种“令之俯则俯，令之仰则仰”（《墨子·鲁问》）的忠，墨子讥笑它像影子；“处则静，呼则应”（《墨子·鲁问》）式的忠，墨子嘲笑它像回声。总的说，墨子关于忠的思想比之孔子那种“君命召，不俟驾”“便便言，唯谨尔”（《论语·乡党》）的忠要进步得多。不过，就君臣关系而言，他不及孟子“民贵君轻”思想更具有激进的民主精神。

孟子同样把忠作为他的重要道德规范。他认为，忠就是把好的道理教给别人，“教人以善谓之忠”（《孟子·滕文公上》）。虽然他较少讲“忠”，也不太讲“忠君”之道，但在君臣关系问题上，其根本态度是“忠君”的。《孟子·滕文公下》说：“人莫大焉亡亲戚君臣上下。”并斥责杨墨说：“杨氏为我，是无君也；墨氏兼爱，是无父也。无父无君，是禽兽也。”不过，孟子也不赞同“忠君不二”之说，更反对桀纣那样的“独夫”统治，他主张君臣之间应各有尊贵，只有君主正确地对待臣下，臣下才可能忠诚于君主。他曾对齐宣王说：“君之视臣如手足，则臣视君如腹心；君之视臣如犬马，则臣视君如国人；君之视臣如土芥，则臣视君如寇仇。”（《孟子·离娄下》）反映了孟子希望统治集团内部加强团结、缓和矛盾的愿望。

“公”“忠”二字一起使用，兼有“公”和“忠”两个字的含义。韩非最早将二者放在一起进行探讨。他认为，献身于君主和国家乃是公忠，是公义，值得提倡，而对父孝，对友信属个人之间的私义。“私义行则乱，公义行则治。”（《韩非子·饰邪》）可以看出，韩非之公忠，强调的是对君主和国家的忠。他的君本论思想一提出，即受到统治阶级热烈欢迎，在中国推行了两千余年。“天下非一人之天下也，天下之天下也”（《吕氏春秋·贵公》）则是儒、墨及后世部分思想家在更广泛意义上提出的公忠之德。顾炎武更是把“国”与“天下”两个概念作了区别，对皇帝把一己之私欲说成是整个国家和人民利益的谬论进行了批判。他指出：“有亡国，有亡天下，亡国与亡天下奚辨？曰：易姓改号，谓之亡国；仁义充塞，而至于率兽食人，人将相食，谓之亡天下。”（《日知录·正始》）足见亡国与亡天下不是一回事。“是故知保天下，然后知保其国。保国者，其君其臣，肉食者谋之；保天下者，匹夫之贱与有责焉耳矣。”（明·顾炎武《日知录·正始》）

这里，顾炎武对“保国”与“保天下”作了严格区分，指出，只有对天下民众、人间正道的忠，才是真正意义上的公忠。公忠强调的是为社会尽责、为天下献身、为人间正道尽忠的精神。它把国家利益、民族利益、人民利益视为至上，要求一切人，包括统治者与被统治者、封建皇帝、达官贵人以及普通百姓为国家、为整体谋利益，必要的时候，牺牲个人利益，献身国家与社会。孙中山先生的话集中反映了这一要求：“要忠于国，要忠于民，要为四万万人去效忠。为四万万人效忠，比较为一人效忠自然是高尚得多。”[①]

(2)公、忠思想的现实表现及意义

第一，热爱本职，忠于职守。建设社会主义的宏伟大业，要求各行各业的从业人员热爱本职、忠于职守。在我国，各种职业共同构成社会生活的有机整体，缺了哪一行都不行。社会主义的职业差别，只有分工不同，而无高低贵贱之分。因此，每一个从业人员，无论做什么工作都应“居之无倦，行之以忠”(《论语·颜渊》)。只要身在职位就绝不懈怠，用忠诚的态度去履行自己应尽的职责。只有每个工作人员都忠实地履行了职责，整个社会这架大机器才能有条不紊地运行。反之，从业人员不负责，玩忽职守，轻则影响单位的工作，严重的还可能给单位、国家造成不必要的损失，甚至使社会生活陷入混乱，乃至于瘫痪。在对外交流日益发达的今天，还有可能影响中外关系，破坏祖国在国际上的形象。故而，培养人们忠于职守的自觉性和“公家之利，知无不为”(《左传·僖公九年》)的饱满敬业热情是十分必要的。人们只有具备了这种自觉性和热情，才有可能产生高度的职业责任感和使命感，把外在的工作转化为自身的内在要求，把枯燥的职业活动转化为充满乐趣的活动，极大发挥自己的聪明才智和创造性，在工作岗位上有所作为，有所贡献。需要说明的是，随着中国市场经济体制的逐步确立，职业流动愈益频繁，于是出现了一个人终生可能从事若干职业的局面。这是否与热爱本职、忠于职守的道德要求相矛盾呢？其实不然。热爱本职、忠于职守，绝不是要求人们终身只从事一项事业，而且这样做也不利于人的全面自由发展。事实上，我们所说的热爱本职、忠于职守，是干一行、爱一行、专一行，既乐业，又敬业，绝不能片面地理解为要求人们终身只从事某一项职业。

第二，廉洁奉公，公正无私。作为领导干部，在工作中廉洁奉公，公正无私，就是谋求了国家和人民的利益，就是做到了“公忠”。所谓廉洁奉公，就是

---

① 《孙中山选集》下卷，人民出版社1956年版，第650页。

要求领导干部在行使人民赋予的权力时做到不贪货财，立身洁白，公字当头，责字当头，以权为公，以权尽责。“廉者，民之表也。”（宋·包拯《孝肃奏议集·乞不用赃吏》）作为领导干部，廉洁自爱，不仅本人“以清白遗子孙”，而且是广大人民群众的表率。尤其是在大力建设社会主义市场经济的新时期，各级领导干部更应保持廉洁奉公的美德，守身如玉，用权为公。否则，见利忘义，私字当头，以权谋私，辱没自己清白事小，严重的还会危及国家安全，毁人民大业于一旦。“吏不廉平，则治道衰。”（北宋·司马光《资治通鉴·汉纪十八》）公正无私要求领导干部以公心为基础，从政不奉奸，不偏不倚，不徇私情。“不党父兄，不偏富贵，不嬖颜色。”（《墨子·尚贤》）这对于领导的威望、影响力、领导效能都有重要影响。“公则无不明，正则无不达。”（《王阳明全集》卷二十一）否则，“私视使目盲，私听使耳聋，私虑使心狂”（《吕氏春秋·序意》），领导就会失效，指挥就会失灵，造成党群、干群关系对立，群体凝聚力下降，离心力上升，给党和人民的事业造成不同程度的危害，结果是使自己的权力丧失了人民性。这种人可能得逞一时，但最终逃脱不了身败名裂的命运。

第三，忠于祖国，忠于人民。忠于自己的祖国，忠于自己的人民，为了祖国和人民的事业勇于献身，也是公忠之德的具体表现。忠于祖国，要求人们有为建设祖国、保卫祖国勇于献身的精神。“将死不忘卫社稷”“临患不忘国”，都体现了先人们为国家利益不惜牺牲生命的高尚品质。在建设社会主义现代化事业的征程中，我们不仅要有为保卫祖国不怕流血牺牲的精神，还要有为祖国建设勇于奉献的精神。当今时代，科学技术突飞猛进，经济发展日新月异，要使我们的祖国真正直起脊梁，自立于世界民族之林，赶上并超过世界发达国家的发展水平，唯一的方法就是加快社会主义现代化建设的步伐。“报国之道有四，一曰贡贤，二曰献猷，三曰立功，四曰兴利。贤者国之干，猷者国之规，功者国之将，利者国之用。”（东汉·马融《忠经》）唯有全体中国人同心同德、群策群力，与祖国同呼吸、共命运，辛勤劳动，刻意进取，才能把忠于祖国之精神转化为祖国繁荣昌盛之现实。忠于人民，要求人们要关心人民爱护人民，向人民负责，为广大人民群众谋福利，敢于同危害人民利益的坏人坏事作斗争。关于爱民，《六韬·文韬·国务》有言曰：“利而勿害，成而勿败，生而勿杀，与而勿夺，乐而勿苦，喜而勿怒。”“民不失务则利之，农不失时则成之，省刑罚则生之，薄赋敛则与之，俭宫室台榭则乐之，吏清不苛扰则喜之。”在社会主义民主制度下，爱民不仅体现在薄税节俭，让人民安居乐业，更表现在全心全意为人民服务，时时刻刻把人民的利益放在第一位，把自己的利益融化在人民大众的利益之中。当个人利益与人民利益发生矛盾时，要牺牲个人利益，保护人民利益，并切实从各方面保障人民的民主权利，下大力气进行经济、文化建设，努力提高人民群众的物质文化生活水平。对于一切有悖于、有损于人民利益的思想、言论和行为，一切危害人民利益的坏人坏事，都应予以坚决斗争。

“责任担当”就是承担并负起责任，是人们在职责和角色需要的时候，毫不犹豫、责无旁贷地挺身而出，全力履行自己的义务。儒家文化重视忠，把公与忠结合起来，就形成了儒家文化的“公忠”原则，其基本的含义就是提倡自觉地为整体利益而献身的精神。这是我们中华民族的魂，对于中华民族的繁荣发展，起到了非常重要的作用，培育了一代又一代的爱国主义志士。从贾谊的“国而忘家，公而忘私”到范仲淹的“先天下之忧而忧。后天下之乐而乐”，从岳飞的“精忠报国”到顾炎武的“天下兴亡，匹夫有责”，都是中华民族爱国、敬业精神的具体表现。

从广义上来说，文化就是教育，而且精神价值才是真正的文化之根和教育之魂。在经济全球化的今天，西方文化的冲击等因素致使当代大学生“爱国”“敬业”等社会责任担当意识的弱化。高校思想政治教育工作必须自觉地扎根于自身文化，通过儒家优秀文化讲座、实地参观学习等方式引导大学生深刻认识到：在儒家优秀文化的视野中，中国人总是通过承担社会责任的方式来实现人生价值的，而且人生价值就在当下现实的国家和集体中；个人的价值是有限的，但国家和集体的价值却是无限的，只有将个人有限的生命与国家和集体无限的价值联系在一起，人生才会更加有意义。

2.培养诚信意识

儒家讲“外王”其终极目标是实现大同社会，而大同社会的一个重要特点便是要“讲信修睦”。此处之“信”便是诚信，毫无疑问，诚信是儒家突出强调的道德品质。同时诚信作为一种价值要求，是一切道德的基础和根本，是人之为人的最基本的品德，是一个社会赖以生存和发展的基石。诚信也是现代市场经济的一条基本规律。现代诚信的基本表现形式是法律诚信，这是当前我国公民道德建设的重点。习近平总书记指出：“培育和弘扬社会主义核心价值观必须立足中华优秀传统文化。”[①]诚信不仅是社会主义核心价值观的重要内容，在中国传统文化中更被认为是“立人之本”，是构建道德主体意识的基石。培育大学生的主体意识，造就其独立、自强、创新的主体性人格，是当代大学生思

---

① 《习近平在中共中央政治局第十三次集体学习时强调：把培育和弘扬社会主义核心价值观作为凝魂聚气强基固本的基础工程》，2014 年 2 月 26 日《人民日报》。

想政治工作的重要任务。立足中华优秀传统文化，培育大学生社会主义核心价值观，更需要将诚信作为培育大学生道德主体意识的基石。

当今我国社会出现了诚信危机已是不争的事实，人与人之间的信任程度降低，滥用暴力的事件不断增多，欺诈行为和滥用暴力行为结合在一起，又构成种种罪恶。当代大学生摆脱现代社会信任危机，需要高校工作者以身作则，营造“诚信光荣”的校园氛围，为每一位大学生建立诚信档案，把大学期间的诚信情况作为能否毕业的重要依据，探索“诚信记录”一项否决制，等等。

(1)诚信内涵及其在传统道德体系中的地位

《礼记·中庸》说“诚者，天之道也”，所以诚被看作是道或性，是世界的本原及其真实性、善性的体现。在孔子看来，信首先是讲信用、守承诺，所谓“信近于义，言可复也”(《论语·学而》)。孟子将信与诚、善相结合，所谓“善人也，信人也”(《孟子·尽心章句下》)。荀子则首次将诚与信连用，并赋予诚信以真正的道德意义。在儒家先贤看来，诚信在安身立命、交朋结友、治国安邦等方面具有特殊意义。

诚信的基本内涵包括诚、信两个方面。在中国传统道德体系中，诚与信虽然联系密切，实际上却是两个分离的道德范畴。诚是信的内心态度，信是诚的外在表现。朱熹曾区分诚与信：“诚是自然底实，信是人做底实。”“诚是个自然之实，信是个人所为之实。”(宋·黎靖德编《朱子语类》卷六)朱熹的意思是说，诚是天道，信则是人道，诚是自然法则，信则是说出来和毫厘不差地践行自然法则。诚和信在中国传统道德价值体系中占有非常重要的地位。

首先是诚。中国传统道德有“三达德”“四端”“五常”“八德”“百行”之说，诚贯穿于整个中国传统道德价值体系中，是“三达德”“五常”等的依据。对此，《礼记·中庸》说：“知、仁、勇三者，天下之达德也，所以行之者一也。”所谓“一”，就是指诚。周敦颐也说：“诚，五常之本，百行之源也。”(《通书·诚下》)在先贤们看来，宇宙万物演化开始时，诚也就开始了；事物长成后，诚也被确立。诚大致有三个层面的意思：其一是本体之义，其二是德性之义，其三是认识论层面的“真”。在本体之义层面，诚被看作是道或性，是世界的本原及其真实性、善性的体现，如《礼记·中庸》说“诚者，天之道也”。在德性之义层面，诚被看作是一个人的基本德性和精神状态，如王阳明《传习录》说“率性是诚者事”，朱熹在《中庸章句》中曾解释“诚”为：“诚者，真实无妄之谓。”所谓“真实无妄”就是指至诚之心，诚是指“真心”。在认识论层面，诚被解释为客观真实或客观之真理，朱熹曾说：“诚，实理也。”(《朱子语类》卷九十四)这里的“理”既指

“天理”，也有客观之真理的意思，对此，唐君毅解释得非常清楚：“我们说诚即真实，此真实可以是指一客观的真实，如客观的事实真理。”[①]

其次是信。当代新儒家代表人物杜维明认为，信处于道德金字塔的最底层。“五常”，即仁、义、礼、智、信是我国传统道德体系的支柱，“信”虽位于“五常”的最后，但并不意味着信不重要，信被当作是“道德底线”，一旦没有了信，仁、义、礼、智等道德准则很快崩溃。实际上，信是孔子教育思想的主要内容，《论语·述而》说：“子以四教：文、行、忠、信。”孔子以信育人，并将信作为行为的准则，强调为人处世应“谨而信”。在孔子看来，“信”更应当体现在行动上。朱熹释“信”说：“信是言行相顾之谓。”（《朱子语类》卷二十一）也就是说，在与人交往中，所说的话与行动的结果要一致，否则就不是诚信之人。

正是基于上述认识，诚信一直被先贤们当作个人道德修养的基石。既然伦理道德体系是内在于人的本性，那么，道德修养就需要向内探索。《礼记·大学》言：“古之欲明明德于天下者，先治其国；欲治其国者，先齐其家；欲齐其家者，先修其身；欲修其身者，先正其心；欲正其心者，先诚其意。”朱熹也说：“诚其意者，自修之道也。”（宋·朱熹《四书集注·大学章句》六章）这就是将“诚”作为修德的前提，认为只有做到心灵、理性、情感、意志的内在合一，修德才算有了基础，否则，修德就无从谈起。而且，“诚”所达到的高度决定了修德所能达到的高度。因此，《礼记·中庸》说：“唯天下至诚，为能尽其性。”但达到至诚的境界只是修德过程中较为重要的第一步，要养成理想的道德人格还离不开社会中人与人之间的言行交往。人与人之间的言行交往需要始于以诚为内在依据的信，否则就会出现“人而无信，不知其可也”（《论语·为政》）的局面。

需要特别指出的是，诚信的内涵不是绝对的，有时它要由更高的价值来统率。当诚信与更高的价值相冲突时，诚信就要服从于更高的价值。例如，当诚信与爱国冲突时，诚信就要服从爱国这一更高的价值；反之，则是非常愚蠢的行为。

（2）诚信是培育大学生道德主体意识的基石

道德主体意识就是在道德实践中充分发挥能动性和主动性对道德理想进行体认和养成自觉，包括道德人格至上意识，道德实践中对自己主体地位（能

① 唐君毅于1969年应新亚书院同学的邀请，作了释新亚校训“诚明”的演讲。以《略释“诚”“明”》为题，原载于1969年6月2日的《新亚学生报》第31期，后转载于《新亚生活》双周刊第12卷，收录于《唐君毅全集》第7卷。（转引自何仁富：《唐君毅人文人生思想研究》，中国文史出版社2005年版，第278页）

动性和主动性)的自觉,对道德理想追求的动力、情感、意志,以及在道德理想支配下在道德实践中所获得的道德自由和尊严等。古代先贤们认为诚信是修德的前提,实际上就是一个道德主体意识培育的过程。当代大学生是培育和践行社会主义核心价值观的重要主体。然而,受社会转型期道德滑坡现象的影响,当代大学生在道德价值观方面存在一定问题;同时,部分大学生主体意识比较差,不同程度地存在着价值观迷失、社会责任意识缺乏、诚信观念淡薄等问题。由此,培育当代大学生道德主体意识成为高校思想政治教育工作的重要任务。高校思想政治教育工作者要借鉴先贤们的德育经验,将诚信作为培育当代大学生道德主体意识的基石,以促进他们提高修养、完善人格、全面成长成才。

首先,诚信作为人之本性的预设,使大学生道德主体意识的产生和提升成为可能。《礼记·中庸》说:"诚者,天之道也;思诚者,人之道也。"按照先贤们的认识,诚信特别是诚乃是天道,是人之本性,这就不仅预设了人之诚信的道德本能,而且预设了道德修养的终极目标。就培育大学生的道德主体意识而言,诚信的道德本能,一方面是大学生进行道德修养、培育道德主体意识的基础性前提,另一方面也是大学生进行道德修养、培育道德主体意识的强劲动力。而诚信修养的终极目标则转化为道德意志和道德情感,成为大学生能够持续不断地进行道德主体意识培育的内驱力。今天,在市场经济的喧嚣背后,我们依然能够看到闪耀着人性光辉的诚信典范:晚上不慎擦伤路边轿车,给车主留下道歉字条和联系电话的"诚信哥"卢立新,边打工边学习、辛苦积攒提前还上助学贷款的河南中医学院硕士研究生王一硕等,都是大学生学习的道德榜样。当代大学生应通过反思诚信价值观中的自我,意识到自身道德修养的不足之处,进而成为有强烈主体意识的人,并在实践中不断修正和完善自我,最终达到道德的最高境界,即成为马克思所说的"全面而自由发展的人"。

其次,诚信从心理上促进了大学生道德主体意识的生发。从心理学上讲,诚信是得到社会认知和肯定的行为规则,是人们对自己和他人行为、对所处的组织和制度以及对人类自身生存的自然秩序、道德和社会秩序的期待状态。人的德性修养首先建立在心理需要基础之上,建立在日常对诚信的心理体验之上。在中国传统道德伦理思想中,"诚信"是人之本性,天生之德,是人与生俱来的心理需要。孟子说:"反身而诚,乐莫大焉。"(《孟子·尽心上》)意思是说,人只有做到真诚无欺,内心才能坦然宁静,最大程度地体会到精神的快乐。因此,在道德修养中,人的心理发展过程也就是道德主体意识生发的过程,个体心理的成长与道德的日益完善紧密联系在一起。因此，大学生个人对“诚信”的心理体验源于人的诚信道德本能。诚信的道德本能会在大学生内心深处对诚信产生一种无可抗拒的心理需要，对诚信的心理需要则会促使大学生产生满足它的冲动，并转化为道德的实践行动，如对周围不幸之人的同情、与人交往中言行一致等。不过，对诚信心理需要的满足并不止于一次道德实践，而是一个不断反复的循环过程，即大学生在用言行一致或同情之心满足诚信冲动的同时，也在内心体验着各种情感——享受诚信带来的快乐，忍受不道德的苦痛，反思自身的品行，并将这些心理体验提升，内化为对道德规范自觉执行的强大动力，从而达到提高大学生道德修养的目的。

再次，诚信可以为培育大学生道德主体意识提供深厚的思想文化基础。随着中国社会的飞速发展和社会环境的深刻变革，诚信经常会受到市场化功利主义的诱惑，中国传统的诚信道德观出现危机。但诚信观念作为两千多年的道德文化，毕竟是我们中华民族一个十分厚重的文化传统，诚信观念不仅产生于我们民族的历代生活，成长于我们民族的重复实践，而且更早已内化为中华民族的集体无意识，支配着人们的思维方法，控制着人们的价值取向，已成为我们民族特有的存在方式。对此，有学者说：“我们都具有作为道德基础的本能情感甚至道德直觉，这些本能情感和道德直觉就是我们常说的道德本能或善端，这些道德本能或善端并非纯粹的自然之性，而是历史文化演绎中积累起来或遗传下来的道德本能和潜力，它既有心理的基础，又是长期文化熏陶的结果。”①实际上，中国传统诚信思想的核心就是建构和谐的道德主体和培育人的道德主体意识。无疑，中国传统诚信道德观为当今高校培育大学生道德主体意识，发展大学生的道德认知、道德情感、道德行为等方面提供了丰富的思想性资源。

总之，诚如南京大学倪梁康教授所言，无论是中国哲学还是西方哲学，都把诚信视为道德主体意识的最基本和第一性的来源。因此，我们将诚信作为培育大学生道德主体意识的基石也是毋庸置疑的。

3. 养成友爱观念

仁爱思想是儒家思想的核心，主张仁者爱人，而友善是今天社会主义核心价值观之一。友善是社会交往的基本道德规范，是和谐、团结与合作的重要基础。有位哲人说过：“友善是道德中最大的秘密。”友善表现在平等、宽容、博

① 高德胜：《道德学习在生活中是如何发生的》，《新华文摘》2004 年第 18 期。

爱，体现在家庭友善、社会友善、天下友善和自然友善。可以说，友善观念与儒家的仁爱思想一脉相承。儒家仁爱思想在人际“友善”方面的具体运用：《论语·卫灵公》说：“己所不欲，勿施于人。”凡是自己不想要的东西或不愿意做的事情，不要强加给别人，应充分考虑到别人的感受，要进行换位思考。《论语·雍也》记载，孔子答子贡问仁曰：“夫仁者，己欲立而立人，己欲达而达人，能近取譬，可谓仁之方也已。”仁德的人，凡事能就近以自己作比，而推己及人，可以说就是实行仁的方法了。

友爱观念的养成在当前社会尤为重要。今天市场经济的负面效应之一，就是一些企业和个人产生了拜金主义思想，为了追求利润最大化，坑蒙拐骗，不顾消费者的健康和生命。当代大学生是积聚社会正能量的中坚力量，而调查数据显示，部分大学生在处理人际关系方面，友善价值观表现不足。我校可以通过诵读儒家文化经典名句，开展“儒家文化齐鲁行”等具有曲阜地域特色的社会实践活动，把儒家仁爱思想落实到“珍爱西行”“小草课堂”“陪留守儿童过暑假”等具体行动上，正是践行友善主体意识的生动体现。与此同时，构建社会主义和谐社会，实现“中国梦”，形成人与人之间和谐的人际关系和社会氛围是我们的愿景。针对大学生日趋显现的功利取向，以及处理人伦关系时带有的浓烈自我中心色彩，大学生道德教育过程中可吸收仁爱思想的合理内核，将仁爱作为实现伦理和谐的基本价值取向，以“立己达人”作为实现伦理和谐的基本准则，以礼作为实现伦理和谐的基本形式，在自己求得生存发展的同时，也积极帮助别人获得生存和发展的机会，这也将会是对自我中心价值取向的最好抵制。“立己达人”也启示我国大学生道德教育要加强以“泛爱众”为价值取向的道德实践，建立和谐人际关系，以期有功于和谐社会建设。正是因为孔子仁爱思想与大学生道德教育有诸多契合，我们完全可以利用孔子仁爱思想的合理内核，充分发挥其对大学生道德教育的价值引导，开创大学生道德教育的新境界。

首先，克服教育者主导意志与受教育者自由意志的抵牾。孔子仁爱思想在教育上不只是抽象地肯定人的价值，而是要充分尊重每一个生命个体的差异和主观能动性，肯定个体的主体意识。“仁者人也”，也就是说只有具备了仁才能称其为人。仁爱思想体现在教育中就是要注意因材施教和启发式教育。因材施教就是以学生为中心，教师在尊重学生个性基础上引导帮助学生。而今天的大学生道德教育的主流还是采用一种权威教育模式，严重忽视了学生个体的主体地位和个性差异，导致道德教育者的主导意志与受教育者的自由意志相抵牾。因此,大学生的道德教育必须以尊重和肯定受教者的主体人格和主体意志为前提,尊重他们的主体地位。

其次,激发主体意识促使大学生不断完善自我和超越自我。根据马斯洛需要层次理论,一个人不同层次需要的被满足的程度决定了他生存的努力方向和精神境界,而生命的存在与延续需要我们不懈努力突破与自我超越。大学生的道德教育是意识形态领域的问题,它所规定的思想观念体系作为一种精神力量可以发挥出巨大的能量。大学生道德教育应当充分发挥利用孔子"仁爱"思想中"立己达人"的精义,激发大学生主体意识,激励大学生修身自律并不断完善自我和超越自我;以期有助于大学生抵御功利主义价值浪潮的侵蚀,提高道德认知能力;增强大学生的道德自律和社会承担意识,充分发挥个体主体意识并积极创造社会价值;真正发挥出道德教育作为一种精神力量的现实能量。

最后,奉行"立己达人"的道德准则建立和谐人际关系。儒家仁爱思想的核心是"爱人",具体表现是"忠恕",这为当代大学生处理人际关系提供了道德原则和规范。爱人,一是要"爱亲"。血缘关系是人最早产生的社会关系。亲情是人类最天然、最本质的情感体验,一个人如果连自己的父母亲人都不爱,更何谈去爱他人?二是要"爱众"。人是社会中的人,人在社会活动中必然要与他人交往,去关心、帮助和爱护别人。从"爱亲"到"爱众",儒家"爱人"的思想在当今社会,仍是当代大学生不可或缺的优良品质,通过爱人而学会感恩父母、尊敬师长、关心朋友、体贴他人,从而培养一种无私的利他精神,形成一种处理人际关系的和谐意识。"忠恕"是实施"仁爱"的方法,其中"己所不欲,勿施于人"(《论语·卫灵公》)是消极的"爱人"方式,表明只有不强求别人,才能尊重别人,才可以保证人与人之间平等相处;"己欲立而立人,己欲达而达人"(《论语·雍也》)则是积极的"爱人"的方式,表明只有换角度思考问题,才能体谅别人,才能建立一种和谐友爱的人际关系。以"忠恕"的方式去践行儒家仁爱思想,要求推己及人,时刻站在对方的角度上设身处地为对方思考问题,以爱己之心爱别人,从而达到爱所有人,以此来调节人与人之间关系的和谐。

人的生存和发展离不开社会,正如马克思所说:"人是最名副其实的政治动物,不仅是一种合群的动物,而且是只有在社会中才能独立的动物。"[①]社会属性是人的根本属性。因此,儒家"仁爱"思想不仅包括对父母亲人的爱、对他

① 《马克思恩格斯选集》第2卷,人民出版社2012年版,第684页。

人的爱，还包括对集体的爱、对社会的爱和对祖国的爱，这种博爱正体现出儒家“天下为公”的奉献精神，“爱”的终极就是以国家、民族的利益为重，这也是孕育和激励古代许多志士仁人精忠报国的精神和行为的动因所在。当代大学生要自觉地继承这种大爱精神，实现个人的存在和发展与集体、国家利益的统一，自觉地为集体利益的实现、国家的强盛和民族的兴旺发达做出自己的贡献，在个人利益与集体利益发生冲突时，首先想到的应该是集体利益和国家利益，而不是一己之私利，从而培养自身的集体主义精神，增强社会责任感和迫切使命感。

二、儒家至善之境对培养大学生主体意识的借鉴意义

（一）儒家“知行合一”的主张有利于培养当代大学生正确知行观

知行问题，是中国哲学史上一个古老而又常新的课题。孔子曾说：“君子名之必可言也，言之必可行也。”（《论语・子路》）孔子希望人们少说多做，而不要只说不做或多说少做。王阳明明确提出“知行合一”的命题，并把行解释为“体究践履”“实地用功”。“凡谓之行，只是着实去做这件事。”（《王阳明先生全集》卷六《答友人问》）总体来看，我国古代圣贤大都重视实实在在的践行对于个人道德修养、事物发展的价值和作用。

从理论上讲，任何主体的道德活动是以其德性为内在本体的，德性可以内在地保证普遍行为规范的有效结果。但从道德实践及其具体道德情境来看，在行为主体知其善、有其德与行其善之间还存在着某种现实距离：德行可以是情境性的，也可以是倾向性的。正是因为规范、德性与德行之间存在的关联和差异，人类道德生活也相应表现出多样性、差异性。社会主义核心价值观是中华民族的共有精神家园，积极培育和践行社会主义核心价值观，是实现中国梦的价值观建设基础工程。大学生是国家的未来、民族振兴的希望，理应成为践行社会主义核心价值观的先行者和排头兵。因此，在大学生中开展社会主义核心价值观的教育，培养大学生树立并自觉践行核心价值观，做到“知行合一”就十分必要。

1.“知行合一”：道德实践理论的多维度解读

“知行合一”是由大哲学家王阳明提出来的。对于“知行合一”的理解，有认识论角度，也有道德修养的角度。从认识论角度来看知行关系，“知行合一”是荒谬的，知行关系必然是有先有后的。从认识本源来看，认识来源于实践，行先知后；从改造世界的实践来看，实践则往往建立在一定认识基础之上，先

知后行。而道德修养意义上的“知行合一”，指的是道德知识、道德品质和道德行为的联通一致。因此，文章所言的“知行合一”，非一般意义上的认识和实践的关系，而是指道德意识和道德践履的关系。

按照王阳明的观点，知行一定可以统一，而且也应该统一。他说：“知之真切笃实处，即是行；行知明觉精察处，即是知，知行功夫本不可离。”“真知即所以为行，不行不足谓知。”（明·王阳明《传习录·答顾东桥书》）王阳明认为，人的心理是一个非常复杂的系统，这个心理系统中包含的内容诸如善良、仁爱、正义等，是人在长期的生活实践中从心外摄取并与人的个人经验、习惯、性格、素养、情感、信仰等因素融合在一起、积淀在头脑中，内化而形成的一种秉性（良知）。这种秉性使个体成为不必思虑、举措自然的纯粹的主体。对于这种纯粹的主体来说，“知行合一”是没有问题的，从心理学的角度看也是合理的、站得住脚的。王阳明特别举例说明，当人遇到“孺子入井之类的”紧急意外事故时，大多会奋不顾身地扑上去，把生的希望让给别人，把死的危险留给自己。王阳明认为，虽然在此过程中，“知”固然在先，“行”固然在后，但是知行的间隙小得可以忽略，以至人们产生知行有同时发生之感。从人的欲行之念到行为发生之间没有任何中间环节，完全是一个自然的、冲动的过程。由于意念必然导致行动，所以从总体上看，意念与行动可归结为一个过程。意念是这一过程的开始，所以王阳明说：“知是行之始。”（明·王阳明《传习录上》）反过来说，如果没有行动，此意念就得不到实现，得不到实现就不会消失，上述过程就没有完成。因此，王阳明又说：“行是知之成。”（明·王阳明《传习录上》）

从上面的事例可以推测阳明“知行合一”的形成机制：“知”（良知）是道德观念、意识，是人们判断是否善恶的标准；“行”是知的具体化，是道德观念外化为道德行为。“知行合一”就是行为主体在知其善与行其善之间达到完全的、精准的一致。然而在实践的道德生活中，知善行善并不是必然存在着统一关系，知善不意味着一定就会行善。因此，“知行合一”必然内在地包含了一个将外在的道德规范内化为个体德性的问题，个体只有具有了德性、较高的道德品质，知善行善才会统一起来。故“知行合一”是人们道德生活中的理想状态，是个体修养水平较高的一种道德境界。阳明提出“知行合一”，一方面强调道德意识的自觉性，要求人在内在精神上下工夫；另一方面也重视道德的实践性，指出人要在事上磨炼，要言行一致，表里一致。从这个角度看，“知行合一”绝非人类道德发展的必然规律，它只是人类道德水平的较高层次，只有在个体加强道德修养与道德磨炼之后才可能成为现实。

"知行合一"的大学生社会主义核心价值观践行机制，从其字面的理解来说，就是大学生既要把握核心价值观的基本内涵，又要把核心价值观内化于心，还要把核心价值观外化于行。从道德意识与行为方面来理解，就是要让学生在知其善、有其德与行其善之间达到协调、一致。为了更好开展后面的论述，在此有必要对"知行合一"的大学生社会主义核心价值观践行机制中的"知行合一"做出必要的界定。

所谓的"知"，即对道德的认知，是对道德意识领域的理性因素，包括道德意识、道德原则和道德规范等方面的认知。这里有两点需要特别说明：第一，知是道德领域的知，知的对象是道德原则、道德规范，即对什么是善、什么是恶，该做什么、不该做什么的一种明确认知。并且，此处的知并非理学家所说的"德性之知"（先验的道德知识），而是带有很强经验色彩的道德行为规范。第二，知是对道德原则与规范的正确认识。检验这种正确性主要有两个标准：其一，是在逻辑上自洽的、而不是矛盾的知，它必须与基本的、普遍的道德理论相一致；其二，是与当时的社会经济发展水平相适应、与社会主流价值观基本一致基础上的知。比如，社会主义核心价值观就是对社会主义道德的核心和本质的认识，对它的掌握和理解就是正确的道德认知。可见，知是对道德的理性认识，是人们对道德原则、道德规范有了深刻领悟之后达成的认知状态。

所谓"行"，就是现实的道德实践活动，是人们在道德生活中所所言、所行。首先，行是道德实践活动。人类的活动有多种，如政治的、经济的等方面，但此处的行特指道德活动领域，而非指所有的人类活动。其次，行是指已经实现的、而不是潜在的活动。行是主体基于一定道德意识而做出的显性行为，不包括作为思想活动的意念。虽然意念可以理解为潜在的行，但潜在的行不等于实现的行。因此，行是个人在一定道德认识、道德情感和道德意志的指引和激励下，表现出对他人或对社会所履行的具有道德意义的一系列具体行动。任何道德品质最终都要以道德行为来确证和表现，也只有见诸道德行为的品德才具有社会价值。

综上所述，"知行合一"就是道德领域的知与行的统一，亦即人们通常理解和提倡的知行统一。它要求人们在道德生活中，能够做到心口如一、言行一致、表里如一。"知行合一"的道德实践机制议题的提出，在于它抓住了道德生活中的核心问题。需要提出的是："知行合一"不是王阳明所说的"消行于知"，也不是"消知于行"，而是"知中有行，行中有知"，知与行相一致、不矛盾。

2.“知行不一”:大学生核心价值观实践的主要难题

考察当代大学生的道德生活实践,需要用辩证唯物主义和历史唯物主义的基本观点为指导,坚持一分为二、全面客观公正的态度。总体来说,目前多数大学生道德观念正确、道德品质好,道德行为举止得体、符合规范,能够做到“知行合一”。但是,也有相当数量的大学生道德生活不尽如人意:有人对社会主流的价值观缺乏认同,甚至反其道而行之;有人对之不以为然,我行我素;也有人对之采取事不关己的态度,随心所欲。总括起来,有如下几方面的表现:

首先是道德冷漠。道德冷漠是对本应该属于自己的道德义务表现出不关心,漠视或逃避个人的道德责任。这是当代大学生道德生活中的一个带有普遍性的问题。应该说大学生对什么是善、什么是恶,该做什么、不该做什么,单凭接受过十几年的学校教育来说,也不是什么难事,大道理他们都懂。然而,在现实生活中许多人对道德原则、规范仅仅停留在认知层面,明明知道该如何做却就是不这样去做。这在道德生活中往往表现为道德冷漠,对不道德的人与事物视而不见,对道德义务采取“事不关己高高挂起”的态度。如:在公交车上为老弱病残孕让座,并非每个人都可以做到;对于歹徒伤人、盗窃财物,并非每个人都能见义勇为;诸如此类,不一而足。

其次是“行而不愿”。“行而不愿”指的是某些学生虽然表面上能够做出一些合符道德规范的行为,但就其内心而言他是不情愿这么做的;之所以他做了,主要是出于某些压力、或者是为了某些功利目的。比如,慈善捐款这个事情,不一定都出于行为者的意愿。但是学校老师有要求,不捐有违道德;特别是对希望加入党组织的青年学生而言,这是入党积极分子思想上先进与否、觉悟高低的一个重要考察指标,不捐可能会受到负面评价、影响自己入党。与行而不愿相关联的另一个问题是“行而不久”,指的是某些学生在践行道德行为上缺少持久性,往往是三分热情。要么心情好的时候就按道德规则行事,心情坏时就不按照规则行事;要么在道德活动初期能够积极表现,越往后越表现得消极。比如对于校园学雷锋活动,现在社会上流行的口号是“雷锋三月来,四月走”,再如对孤寡老人的帮助也表现为上午来、下午去;更有甚者,对自己的一次性助人行为大肆吹捧,表现出明显的“道德作秀”倾向,与社会主义核心价值观的要求相去甚远。

最后是“反其道而行之”的道德败行。这是大学生中道德践行中最为极端的表现,指的是某些学生的行为有意与社会基本的道德规范背道而驰,即俗话所言:“知其不可而为之。”与知而不行、行而不愿、行而不久等行为相比,其性质更加恶劣，社会危害程度更加严重，因而对其进行教育、改造的任务也更为艰巨。如考试舞弊是连幼儿园小朋友都懂的道理，但是大学生考试舞弊的人数却不在少数；这是一种典型的道德败行，是比道德冷漠、道德作秀行为更为恶劣的道德现象。

综上所述，无论是道德冷漠、道德作秀，还是道德败行都会对大学生的品德形成造成巨大的负面影响，是大学生践行社会主义核心价值观不可回避、必须解决的课题。究其原因，大学生道德生活中知行不一是有其理论与现实依据的：从道德行为产生的理论角度来看，主要是某些大学生的道德认知片面、道德情感脆弱、道德意志不坚定以及道德信仰模糊所致，它是知行不一现象产生的内因。从知行不一产生的外部原因看，既有全球化背景下价值观念多元化引起的价值观冲突，个人主义、拜金主义和享乐主义充斥人们的脑海，也有传统中国社会腐朽落后思想与现实社会中不良现象遗毒太深造成的后遗症，使得学生的人格分裂、无所适从，还与学校道德教育手段单一、道德赏罚机制不健全有关。

当今我国以改革创新为核心的时代精神可称为“知”，调动广大人民群众参与改革、推动改革和创新思维、创新实践可称之为“行”。当代大学生是践行“改革与创新”时代精神的主体力量，让他们了解我国古代圣贤对“行”的高度重视，能够提升当代大学生对“实践出真知”命题的认识，从而推动高校逐步建立突出实践的教育和教学体系，激励他们深入广大人民群众了解国情民意，从而提高当代大学生道德实践、学习实践和社会实践的质量，确保他们践行“改革和创新”时代精神的效果。

（二）儒家“天人合一”文化有利于提升当代大学生的生态文明意识

生态文明建设是一项系统工程，需要社会各方面的共同努力。生态文明教育既给大学生思想政治教育注入了新的内涵，又为大学生综合文明素质的提高给予了有力的支撑。

在儒家文化中，“天”究竟指什么呢？孔子理解，“天”是自然界，“天道”是自然规律。他说：“天言何哉，四时行焉，百物生焉，天何言哉！”这里的“天”就是指自然界。董仲舒《春秋繁露·深察名号》讲过“天人感应”“天人之际，合而为一”。儒家“天人合一”观的主旨是，人源于自然，最终又归于自然，人与自然同在；在关系处理上，人要以自然为依托，尊重自然规律，与自然和谐相处，自然则成为人生存与发展的美好家园。

1. 借鉴儒家“尊重自然”的思想，培养大学生树立和谐的“发展观”

目前多数大学生都为独生子女的家庭，从小没有兄弟姐妹的陪伴，有些人性格孤僻任性，以自我为中心，完全不顾及他人的感受，一旦与同学发生冲突和矛盾，很难调控自己的行为，进而爆发更为严重的恶劣举动。同学之间缺乏包容和理解，性格扭曲，严重制约着人际关系的和谐发展。

儒家“天人合一”的发展观，认为人与自然界是和谐统一的，人类应当遵循自然发展的客观规律，认识自然、尊重自然、保护自然，并且充分发挥人的主观能动性，合理开发和利用自然。高校的生态道德教育，应当充分借鉴儒家思想中具有现实价值的和谐发展理念，充分挖掘其所蕴含的教育思想，为大学生开展和谐人生教育提供了丰富的理论资源和方法论指导，对大学生和谐发展观的确立具有重要的指导意义。大学生要不断加强自我修养，建立和谐的人际关系。“纸上得来终觉浅，绝知此事要躬行。”(宋陆游《冬夜读书示子聿》)良好道德修养的养成，贵在行动在日常生活中，要时时自省自警，自珍自爱，同时对他人多一些隐忍和宽容，不断发展和完善自己的人格。

2. 汲取儒家“仁爱万物”的思想，教育大学生树立科学的“生命观”

随着市场经济的发展，拜金主义、享乐主义、个人主义盛行，一部分大学生受错误社会思潮的影响，人生观、价值观出现了偏离。而且长期以来我国一直重视科学教育而忽视了大学生人文素养的培育，致使大学生抗压能力、抗挫折能力较差、责任意识淡薄，当面临困难和问题的时候，无法灵活地应对，甚至轻易放弃生命。在现实生活中，面对学业、就业、情感等问题带来的压力，一部分大学生消极沮丧，抑郁的情绪无法得到有效的释放和排解，导致大学校园里出现了大学生自杀的，伤害他人等诸多漠视生命的行为。

儒家“仁爱万物”的生态思想强调人类要尊重生命，爱护宇宙万物，实现人与自然的和谐共生，人类首次将伦理关爱投向大自然。高校的生态道德教育，应当合理汲取“仁爱万物”的思想养分，教育大学生尊重生命，关爱生命，要心怀感恩之心面对生命，认识生命的伟大和不朽，从而有助于大学生树立积极向上的“生命观”，促进大学生的全面发展。而借鉴以孔子为代表的儒家生态思想，进而延伸到教育大学生珍爱生命，敬畏生命，树立正确的生死观，追求崇高的人生价值。只有大学生真正领悟了生命的真谛，才能拥有珍惜生命的意识，才能增强大学生的责任感和使命感。儒家的自然生命观还启示大学生要正视困难和挫折，保持乐观向上的生活态度。人的一生不可能是一帆风顺的，要经历各种痛苦、磨难，也要面对来自各个方面的压力，关键就在于我们必须要树立积极进取的人生态度。而青年大学生从小就在父母的溺爱下长大，独立性自主性较差，很容易被一些消极和不良的情绪困扰，进而影响到大学生的身心健康发展。因此，高校应进一步加强生命观教育，让学生去领会儒家的生命智慧，学会去面对人生的逆境，以乐观坦然的态度面对人生的每一次挑战，努力去实现自己的人生目标。

3. 提倡儒家“崇尚节俭”的思想，帮助大学生树立正确的“节约观”

当代大学生的消费观念也受到了很大的冲击。近年来，大学生高消费之风愈演愈烈，已经成为严重的社会问题。在日常生活中，大学生非理性的消费方式日益突出。某些大学生铺张浪费的现象比较普遍，讲排场，穿名牌，使用高档手机、化妆品，花钱大手大脚，过分追求优越感和虚荣心。甚至有些爱面子的大学生为了攀比，不顾自己家庭的经济条件，把父母的血汗钱用来挥霍，不仅影响了学习，还给家庭带来了沉重的负担。此外，大学生的消费结构也是非常不合理的，消费的支出主要是为了满足自身的物质享受，而忽略了精神生活的提高。物质的追求是无穷无尽的，而寻求精神层面的提高和满足才能使人的心灵更加纯净和振奋。

勤俭节约是中华民族的传统美德，儒家“天人合一”的生态思想告诫人类要有忧患意识，合理地利用和开采自然资源，对其取之有度、用之有节，实现人与自然的和谐发展。这种“崇俭黜奢”的生态思想对高校大学生生态道德的培养具有重要的借鉴意义。近代工业革命以来，人们盲目地追求物质利益，无节制地对大自然进行索取，地球的破坏程度已经远远超过了人类自己的预期。而这种破坏具有不可逆转性，人类最终也会自食恶果，遭受大自然的惩罚。因此，为了实现人与自然的和谐共生，我们必须转变观念，珍惜自然资源，保护生态环境，提倡节用的生活方式和消费方式。当代大学生作为实现中华民族伟大复兴的中坚力量，更应该大力倡导和弘扬勤俭节约的传统美德，养成良好的行为习惯，形成节约光荣、浪费可耻的良好道德风尚。

第二节　儒家文化与大学生主体意识养成的路径

大学生主体意识的培养和养成，是一个多层次、全方位的过程，而如何选择一个切实可行、高效便捷的养成路径，就成了培养大学生主体意识的一个非常重要的环节。大学是广大青年踏入社会的桥头站，是半个社会。在大学里，大学生们不仅要学会各类科学文化知识，更重要的是了解更多的社会经验，形成更加健康积极向上的思想体系，即健康合理的大学生主体意识。而鉴于大学生作为年满 18 岁的成年人，同时又是尚未步入社会的学生，没有脱离父母而独立生活，也还需要在学校进一步得到教育。因此，对于这一时期的主体意识养成，即大学生主体意识养成，我们主要从个人修养、家庭教育、学校教育和社会教化等四个方面进行着手。

一、个人修养是大学生主体意识养成的根本

提高个人修养是培养大学生主体意识的根本。《礼记·大学》说："自天子以至于庶人，一是皆以修身为本。"上至天子，下到百姓，都需要以提高自身的修养为根本。"自我教育是一切教育的起点和条件，没有自我教育作基础，再好的他人教育也是外部因素，缺乏转变成个人认同的内在条件。"①这句话是说大学生的自我教育才是教育能够发挥作用的根本和前提。大学生主体意识的养成是和自我教育、个体修养密不可分的。

我们常常会以愤青自居，抱怨生活、学习中的一些烦心事。其实，如果深究起来，所谓的不如意事，十有八九都是和我们的自我修养程度不够有关。正像在第一章里面对当代大学生学习生活现状分析得出的结论一样，目前大学生普遍存在诚信意识淡薄、团队协作能力差、身体素质和心理素质低下等问题。造成这些问题的原因有来自家庭的，来自学校的，来自社会的，但是归根到底，还是因为大学生个体修养不达标，面对新的环境，新的压力，不能够及时调整好状态，适应这个大环境。因此，大学生要使自己尽快融入新的环境，就必须提高自身的修养，好好修炼内心。只有不断修身，才能从根本上解决遇到的种种问题，这也是培养大学生主体意识的根本。

在现代生活中，一个人的修养可以体现在很多方面，"它可以指人们在思想、政治、道德、学术、技艺等方面的勤奋学习和自觉锻炼，以及经过长期努力所取得的能力、思想品质、学术见解，还包括一个人在待人处世过程中的风度、仪表、言行、举止等方面的特征和丰富的文化内涵"②。这些都是大学生比较欠缺的，也是大学生在真正进入社会之前需要准备的必要条件。可以把这段话分成三个层面的意思，作为大学生在提高自我修养方面的三个步骤。

① [苏]苏霍姆林斯基：《给教师的一百条建议》，周蕖、王义高等译，天津人民出版社 1981 年版，第 129 页。

② 胡德海：《教育理念的沉思与言说》，人民教育出版社 2005 年版，第 362 页。

第一步，就是需要大学生做好作为一个学生的本职工作——学习。打铁还需自身硬，只有不断丰富自己的知识库，掌握专业知识，才算是一个合格的大学生，对于以后的工作也都是十分必要的。

第二步，是培养优秀的思想道德素质。掌握再多的知识，没有良好的品德，没有出色的待人接物的素质，也不能够称之为一个成功者。在现实中，不乏一些学习成绩优异的大学生，但是每每与机会失之交臂。总结起来，并非其掌握的文化知识不够，而是其为人处世的能力欠佳。现代社会，不仅是一个知识型的社会，更是一个需要良好人脉的社会。缺乏诚信、道德缺失、人际关系差都不应该是一个现代大学生应该所要体现的。因此，应该在丰富自身学识的基础上，将自己的文化素养体现出来，在言谈举止、待人接物和为人处世方面显得彬彬有礼。

第三步，是培养坚定的品格。传统教育，往往重视人的文化教育、道德教育，但疏忽了人的心理教育。现代社会，随着经济、文化各领域的迅速发展，现代人的心理迷茫日趋严重。心理疾病患者暴增，自杀率持续攀升，抑郁症、寡趣症成为困扰现代人的重大问题问题。大学生也不例外，甚至更为严重。由于大学生刚刚从纯粹的学生时代，进入到半社会的过渡期，所面临的挑战更多，所以心理问题也就更加突出。学习压力、就业压力、交往压力、感情挫折、家庭困扰等问题显著，故尤其强调需要培养大学生坚定的品格。

(一)树立格物致知的科学观念

儒家治学，其目的是孔子所言的“士志于道”，即是对于客观真理的不懈追求，讲求的则是格物致知之法，具体而言就是“博学、审问、慎思、明辨、笃行”。其取自于《礼记·中庸》，成为儒家治学的基本内容。简而概之，就是以诚意正心之法来行格物致知之事，以探寻天道伦常，实践修己安人，从而最终实现“内圣外王”的目标，突出对于客观真理的孜孜不倦的追求和准确的把握，与现代教育以及科学研究有着异曲同工之妙。

大学的本质所在，乃是承担知识的神圣殿堂，是对客观真理的不懈追求者们的演习之所。而大学生的主要任务，正如前文所言，乃是学习，即了解前人客观实践的经验，从而在日后的生活实践中更好地追寻真理、把握客观现实。从这一点上来说，大学生的本质任务，决定了大学生必须具备诚实的治学态度。所谓诚，是对于科学知识追求的虔诚和热爱，对于客观真理追寻的虔诚和热爱。所谓实，就是踏踏实实，认认真真，不弄虚作假，不应付了事。只有做到这一点，才是真正的学习，才是做真的科研。

传统儒家提倡格物致知，虽然借助于现代科技，我们已经不需要像古人那样，通过一些苦修的方式来切身的感悟客观真理，达到顿悟的效果，但格物致知的精神却不能丢。而对于如何树立格物致知的科学观念，则要从这样几个方面来进行。

首先，要明确学习的目的。儒家治学的目的，在于求真悟道，而我们现在学习的目的，虽然五花八门，包括就业、升职等，但归根结底，还是升华自己，还是追求客观真理。了解这一点，那么学习就不是能够应付了事的琐碎之事，而是真正实现自我的重大之事情。按照马斯洛的需求层次理论来说，人最高的需求，即自我实现的需求。现实中，我们通过学习，其实就是在完成这一类的需求。对于大学生来说，往往不缺吃喝，也不缺乏社交友谊。因此，真正的需求所在，就是目的所在，就是学习，也就是自我实现。因此，一旦明确了学习目的，那么在之后的过程中，每每与此目的相违背之时，也就能够克制懈怠，避免谬误了。

其次，是把握正确的学习方法。儒家治学中的格物致知，并不是要去格具体的物，了解具体的事。前文讲到的王阳明格竹的故事中，我们已经说明了对于格物致知应该如何正确把握。而放之现代，就是要掌握正确的学习方法。在现实中，我们往往会遇到这样的事情，即一个班级中，一些每天都在发愤图强的大学生，反而无论是考试成绩，还是其他方面的成果，都不能够称之为理想。反而是一些平时看似经常玩耍的学生，各方面成绩要更好一些。这种怪现象的原因，固然有学校考试制度的弊端等客观因素，下文中我们还将着重分析和建议，但不得不说的是，与学习方法的掌握是有密不可分的关系的。在大学里，大学生们所面临的知识，与高中时期的完全不同。高中的知识特点是广博但浅显，文理工各类学科都要涉及，但涉及的都非常浅薄，可以说只是各学科的皮毛所在。而在大学里，知识学习就变得极其专精。一个学科的知识学习，往往涉及这一领域最为前沿的东西，所以需要某一个点的学习极其专精，这就需要掌握一个正确的学习方法，否则将很难理解高深的学科知识。

最后，是积极利用现代科技。很多人奉行“两耳不闻窗外事，一心只读圣贤书”的信条，在学校里，真的做到只读书。但这也就往往变成了读死书，最后不能达到学习的目的。学习不仅仅是来自于课堂和课本，更是来自于社会实践、校园生活等。要让学习全面发展，要让自身综合性提高，不能只看课本，只听课堂。有时候一次有意义的社会实践，将比看一整本书和听很多节课都更有价值。这就涉及一个如何利用的问题，而解决这一问题的关键，则在于现代的科学技术。通过网络，我们可以很快地了解外部的咨询；通过多媒体，我们可以感受到很多我们从课本上得不到的东西；通过信息交流，无论是即时通信手段还是电子邮件等等，都可以让我们和更多的人交流沟通。因此，对于网络、多媒体电子设备等，我们所需要做的是积极利用，通过手段的革新来达到更好的学习目的。但同时，也需要注意不可玩物丧志，不可过度沉迷。

（二）完善诚意正心的自我修养

所谓诚意正心的自我修养，其本质乃是知识涵养的外在转化。当我们学习了足够多的科学文化知识的时候，不是局限于课本和理论之中，做心中自明，而是应当明在其外，体现在我们自身的个人修养上。而这一点，古人总结为诚意正心。

诚意在前文中作了详细的解释，即所谓慎独之道。当今社会，大多数人都做不到慎独，往往表面一套，背后一套。大学生作为刚刚步入社会的一类群体，社会习气沾染尚轻，可以说慎独做的还有可取之处，但也应当积极加强。慎独所在，不仅是自我修养的一种体现，也是个人品质，如诚信的一种体现。前后不一、言行不一、表里不一，固然可以取得某些小便宜，但终究是获不得大成绩。因此，朱熹在《大学》中，着力强调慎独，即是如此意义。

而对于正心来说，则涉及心理素质的内容，这在下文中我们还要着力探讨。但就当今大学生说表现的问题来说，正心问题是必须得到重视的。古人讲正心认为是自我性情的一种调养，范仲淹在《岳阳楼记》中说道宠辱不惊，即是如此——坚持本心，抵御诱惑，坚持真理和道义。但在现实中，我们可以看到不乏一系列不好的现象。例如，在各个大学，都存在这样的现象：很多大学生实践活动，社团工作，甚至科研工作不能够积极参加，但在奖学金评定，荣誉评定的时候却无比积极。这样的行为，不仅违背了正心的心理涵养，更是在自我道德上存在着问题。因而，解决正心的问题，是提高大学生主体意识不可不做的一个方面。

（三）坚定自强不息的不屈意志

“天将降大任于斯人也，必先苦其心志，劳其筋骨，饿其体肤，空乏其身，行拂乱其所为。”（《孟子·告子下》）这句话讲的是个体修养所要经历的一个过程，这个过程无疑是艰难的，不仅需要在身体上忍受常人所不能忍，还需要具备百折不挠的意志和持之以恒的毅力。前文中讲到儒家的气节观念，虽然当今的大学生大部分都是九零后。作为独生子女，他们从小生活优越，因为成长过程顺风顺水，所以当他们处在大学这个新的环境，面对各种各样的诱惑和压力时，很容易随波逐流，失去本心。因此，我们看到现在大学当中，不乏这样的一些人——空虚迷茫，每天在贪睡、贪玩中度过。更有甚者，做出违反乱纪之事。从某种程度上来说，这与学校教育有着一定的联系，但是与个人的素质转化也有着密不可分的关系。

"天行健，君子以自强不息。"(《周易·乾卦之一》)"地势坤，君子以厚德载物。"(《周易·坤卦之二》)大学生要提高自我修养，必须要做到"自强不息"和"厚德载物"。自强不息就是奋斗不止、锐意进取、昂扬向上、奋发有为，这不仅仅是一时的行动，更是一种生命的状态。现代科技的发展瞬息万变，如果安于现状，不能够与时俱进，开拓创新，就会很容易被社会淘汰。因此，提高个人修养的过程也是一个永无止境的过程，正所谓"活到老，学到老"，说的就是这个道理。另一方面，是否拥有厚实的品德和宽广的胸怀，也是衡量大学生的人文主体意识的重要标准。"人无信而不利"，即使在当今的经济时代，诚信道德也是一个人得以立足于社会的重要品质。只有拥有了高尚的品德，才算一个真正的人，这也是大学教育培养人才的根本目的。

二、家庭教育是大学生主体意识养成的关键

世界著名哲学家杜兰特曾经说过："家庭是文明的核心。"[①]这句话不难理解，特别是对于中国的家庭来说，家庭的重要性就更加明显了。在我国五千年悠久文明长河中，小农经济占据了其中的绝大部分，而自给自足的小农经济的基本生产单位就是家庭。不仅如此，家庭还是我国宗法体系的最小单位，有家，才有族，才有国。中国人一直都有安土重迁的传统，这正说明了家对于每个社会成员的重要意义。家是维系家庭成员的纽带，是爱的温馨港湾。

家庭教育决定了一个人的基本素养。如此强调家庭对个人基本素养的重要性一点也不为过。关于家庭教育的重要性主要是从两方面来考虑：一是家庭成员间纽带关系，二是父母对孩子的榜样性教育。

(一)家庭成员间的纽带力量

家庭对于每个成员的影响力和约束力都是不可小觑的。家是成员之间联系的纽带，家里的每一个决定、每一个行动都与每个成员的生活密切相关；而且，家是每个成员的精神寄托，不论走到哪里，家都是最最牵挂的地方。明末清初的理学家张履祥有句名言："家庭之间，一言一动，当思为子弟足法。"[②]这

① 转引自左言东：《〈易经〉人学简明读本》，知识产权出版社2014年版，第354页。

② 转引自李振澜等主编：《中外名言大辞典》，四川辞书出版社1991年版，第475页。

种纽带力量与中国古代血缘宗法制和儒家家庭伦理道德有着密不可分的关系，成为维系中国社会稳定和发展的重要力量，也是个人发展的重要力量。在中国古代战争中，一直信奉着上阵父子兵的说法。明末清初，明军著名将领卢象昇利用这种家族伦理约束缔造了天雄军，曾以千人步兵击败高迎祥数万重装骑兵，创造了军事史上的传奇，成为当时明朝军队中最强大的军事力量之一。而在清末太平天国起义时期，曾国藩也同样利用这种家族、乡里的伦理道德约束，创建了湘军，成为镇压太平天国起义的重要力量。由此可见家庭纽带的强大所在。具体到现在，我们可以毫不夸张地说，任何一个失败者的背后，都不会有一个成功的家庭——往往那些最终走向不归路的人，他们的家庭环境也是恶化的。而那些成功的人士，无论他们的家庭背景出身多么低下，但是一个温暖的家庭，或者某个能够给他以启迪的家庭成员，则是他能够走向成功的重要条件。

(二)父母的榜样教育力量

从家庭教育来说，父母是孩子最好的老师。每个人从出生开始，最先了解到的知识就是从父母那里来的，父母的一言一行都会影响到孩子以后的世界观、人生观和价值观。如果一个人从小就接受良好的家教，往往可以具备较高的个人修养。前苏联教育学家克鲁普斯卡娅说过："对双亲来说，家庭教育首先是自我教育。"[①]在培养大学生主主体意识的过程中，父母首先要进行自我教育，及时发现子女在生活和学习上出现的问题，反思一下子女出现这些问题的原因，对子女的教育方式也要得当，可以通过言传身教的方式循循善诱。具体来说，父母教育应当从三个方面着手：

首先，父母要检查一下自身的德行，如果自己本身有很多不良的习惯，就很难要求子女拥有好的习惯。在孩子还没有明确是非能力的时候，父母的一言一行都会成为孩子模仿的对象。"其身正，不令而行；其身不正，虽令不从。"(《论语·子路》)家庭教育的关键就在于父母怎么做。俗话说："有什么样子的父母，就有什么样子的子女。"说的就是父母对子女教育的重要性。

其次，父母要注重子女的全面发展。通常来说，父母都希望子女有大出息，能够出人头地，成为人中龙凤。因此，在孩子还没出生的时候就进行各种所谓的胎教，孩子刚懂事就被送去了各种助学班，生怕孩子输在起跑线。父母对孩子的这种殷切希望可以理解，但是这样做就真的对吗？我们可以看一看

① 转引自[德]老卡尔·威特、小卡尔·威特：《卡尔·威特家训全书》，吴莉莉等编译，北京出版社2007年版，第269页。

苏轼的育儿观，苏轼有一首诗《洗儿》是这样写的："人皆养子望聪明，我被聪明误一生。惟愿孩儿愚且鲁，无灾无难到公卿。"在苏轼看来，不一定要大富大贵，孩子的幸福快乐才是最重要的。这一点是中国式家庭教育需要深思的。

最后，父母教育孩子的方式要科学。在对子女的教育问题上，父母应该扮演的角色是引导者和朋友，尊重子女的想法，引导他们往正确的道路上发展；切忌成为子女成长道路上的独裁者，打着"为孩子好"的旗号，把自己的意志强加在孩子身上。家庭教育最理想的状态就是，父母为孩子创造一个相对宽松的成长环境，允许孩子的个性自由发展，引导孩子更多地朝着德育的方向发展。父母只有在家庭教育中注重孩子德育的发展，才能为以后孩子主体意识的养成奠定坚实的基础。

三、学校教育是大学生主体意识养成的重点

中国古代的教育十分注重个人品德的培养。孟子曾提出："设为庠序学校以教之。庠者，养也；校者，教也；序者，射也。夏曰校，殷曰序，周曰庠，学则三代共之，皆所以明人伦也。"(《孟子·滕文公上》)"谨庠序之教，申之以孝悌之义。"(《孟子·梁惠王上》)孟子认为，办学校的目的是进行孝悌教育，明之以人伦。中国古代的学校教育是道德教化的主要途径，从蒙学、基层的书院，到州县学、太学，都是把道德教化作为学校教育的主要内容。

德国著名哲学家雅斯贝斯在《什么是教育》中说："教育是人的灵魂的教育，而非理智、知识和认识的堆集。"[①]苏霍姆林斯基在《给教师的建议》中也说过："能够激发学生进行自我教育的教育，才是真正的教育。"[②]从这里可以看出，教育的真正目的不是为了培养知识工具，而是对个人价值的培养，让学生明白自己的价值所在，并培养学生拥有追求我价值的能力，因为大学生的学习和生活基本都是在大学里完成。因此，大学生主体意识的养成与大学教育也是息息相关的。

"如果从汉武帝设立太学算起，那么我国在公元前124年便无可置疑地有了真正的大学。"[③]何为大学，简单来说就是大人之学。朱熹在《大学章句序》中说："及其十有五年，则自天子之元子、众子，以至公卿大夫、元士之适子，与凡民之俊秀，皆入大学，而教之以穷理、正心、修己、治人之道。"从这里可以看出，

① [德]雅斯贝尔斯：《什么是教育》，邹进译，生活·读书·新知三联书店1991年版，第4页。

② [苏]苏霍姆林斯基：《给教师的建议》，杜殿坤译，教育科学出版社1981年版，第208页。

③ 熊明安：《中国高等教育史》，重庆出版社1983年版，第1页。

我国古代的大学主要是以德育教化、提高个人修养为目的。辛亥革命以后，1912年颁布的《大学令》，取消了经学科，并且不再号召忠孝教育，中国这一时期的大学主要是学习德国的学制。从20世纪20年代初到40年代末，中国的大学又转而学习美国的高等教育。而到了20世纪50年代，我国的大学院系调整，开始向苏联学习，这一时期大学教育的主要内容是培养工业人才和教育师资力量，重点发展专门性的学院。可以说，中国的大学教育从晚清教育改革以来就一直向着实用主义的方向发展，而传统大学重点发展的人文学科大大减少。这种情况至今仍然存在，所以当代大学生的人文素养普遍有待提升。鉴于此，当代的大学教育在提高大学生人文素养、培养大学生的主体意识方面有着重大责任。

（一）品德教育的引导

正如前文所言，大学教育要培养人的价值，而一个有价值的人，其品德修养也就是高尚的。鉴于此，在当代大学生主体意识培养的过程中，大学教育的内容应该向以下几个方面倾斜。

首先，在大学的政治教育课程中要加强对儒家传统道德思想的学习。比如，孔子仁、智、勇的思想，孟子的舍生取义、先义后利的“义利观”和“修身、齐家、治国、平天下”的个人修身方法，等等。从中国优秀传统文化中汲取培养大学生主体意识的思想资源，使之内化成为大学生行动的指南，指导学习和生活。具体来说，可以通过这样几个途径：一是设立正规的读经学儒课程，如部分大学设置的论语课程，国学班等，用儒家文化的修身之道，引领大学生的品德教育。二是组织课下兴趣社团、学习沙龙、读书会，通过个人兴趣培养，来加强大家的思想品德教育。三是积极组织在校学生参观体验，组织9月28日孔子诞辰日的祭祀活动等，来增强儒家文化的氛围，进而以儒家文化的道德力量来引导大学生主体意识的养成。

其次，将社会主义核心价值观、社会主义荣辱观、“八荣八耻”等现代思想，与儒家文化结合，作为大学生主体意识提升的关键引导。通过社会主义荣辱观、“八荣八耻”等内容的学习，引导当代大学生树立正确的人生观、世界观和价值观，自觉抵制各种不良诱惑，培养大学生的爱国主义精神和民族自豪感。

最后，对于负责传道授业解惑的大学老师们来说，也要做好大学生主体意识培养道路上的领路人，通过言传身教，谆谆教诲，实现教书和育人的结合。

（二）学校环境的熏陶

大学是大学生主要生活和学校的场所，所以大学的环境与大学生主体意识的培养有着极为密切的关系。所谓大学的环境，并非是说这个学校的高楼如何，绿化如何。曾任清华大学校长的梅贻琦先生说过："大学者，非有大楼之谓也，有大师之谓也。"[①]可见，一所大学的环境，其决定因素，并非那些砖块石头，而是人。抗日战争时期的西南联大，以危难之际，迁西南半壁，学习所用校舍，皆为残垣，但却大师云集，精英荟萃，民国和之后新中国的不少精英都求学于此，是为中国教育史上最牛大学。反观现在，很多大学一味追求所谓"亚洲第一大校区""全球最大的大学大门"等虚衔，而真正有几个一流学科、几个一流专家？是为本末倒置。因此，作为大学，应当着力培养、引进一流的专家人才，把资金用到师资力量的培养上，由名师指导，才能够真正提高学校的教育水平，从而给学生以好的教育和引导。

此外，大师云集，精英荟萃，固然会使一个大学声名远播，传道授业不绝，但同时，仅仅依靠名师也是远远不够的，还需要一系列有效的规章制度加以保障。例如，目前国内绝大多数大学都有着丰厚的奖学金奖励体系，评奖评优是每个大学生都非常关心的问题。而在这一方面，则完全由学校行政部门来掌握，这就需要一整套严格的规则制度加以保障。要把评奖评优变成鼓励学生，激发学子动力的有效手段，而不是简单地依靠成绩，甚至其他一些不正当不光彩的手段。这样反而会使严重影响很多大学生的意识形成。一次坏的榜样将足以摧毁很多年良好环境的熏陶，而这应当是每个大学在教育中应当避免的。

最后，则是学校的教学工作要着力改进，不断创新。例如，在考试方面，国内的大学普遍存在着考试前突击的状况，即平时教学工作比较松散，考试前老师划划重点以突击考试。很显然，这样的情况是极不公正而且危害极大的。其不公正之处在于，这让许多平时疏于学业的学生，仅仅依靠考前的记忆复习，就可以取得与日常努力学习的同学类似的成绩，而加之成绩与评奖评优挂钩，就会导致很多同学平时的学习动力缺乏。其危害性则更为严重，会使很多开设的科目成为虚设，学习成为假象，长此以往，大学教育也就不再有意义。

（三）同学友谊的滋润

"软暴力"这个词汇在当代中国尚不为人所共识，但在国外已经风靡了很久，不过换个词汇"大众暴力"的话，也许就不会太陌生了。"大众暴力"最近饱受诟病，一些公众人物迫于一些网络上无端的指责和谩骂，只能以删除微博关闭网络为途径，来一个耳根清净。即便是这样，对他们自身的伤害也是极其严重的，因为一个公众人物一旦离开个公众的视野，哪怕是某个小方面的视野，那么

① 转引自郑文阳编著：《北大清华给我们的 24 堂人生课》，广东经济出版社 2014 年版，第 96 页。

对他们而言损失将是极其巨大的，尤其是那些依靠公众支持的艺人们更甚。所以某种程度上来说，公众的关注成就了他们，但也毁掉了他们的自由、隐私等。

作为大学生，大众暴力距离我们似乎很远，但软暴力却更加隐晦和无情地遍布在我们周围。软暴力是一种极度的隐性暴力，它不以肉体上的痛苦而存在，但精神上的折磨则极其巨大。著名侦探小说家阿加莎·克里斯蒂娜在他的《大侦探波罗》的最后一集中，以波罗之手杀死了一个看似无辜的人——这个人确实没有明确的罪证，但无疑他的挑唆，他的诽谤，他的污蔑，让很多人深受伤害，最后要么自杀辞世，要么走上杀戮的不归之路。而在那个背景下，对于阿加莎来说，那个年代没有法律，甚至没有人关注这种软暴力。作为一个小说家，一个社会活动家，她关注到了这一切，但只能通过小说来给读者做一种心灵的暗示。而在现代，这种情况越来越多。林森浩，这个名字被当今大多数中国人所熟知，不是因为杰出的成就，而是因为作为复旦大学的高材生所犯下的罪行——投毒致人死亡。究竟是什么原因导致了他需要下手杀死他的同学，他的舍友，我们往往只关注到了他的罪行以及此后对他的审判，但没有关注到的是，他说生活的环境是不是被软暴力所充斥着，以及他的心灵是不是已经被无数次的软暴力侵害得遍体鳞伤。在大学生群体中，由于大学生群体的知识化更多，但是相比之下，各种不成熟的因素也很多，即所谓成熟缺失。因而，学生群体中，施加这种暴力的人会非常之多。他们有能力，有计谋去做，同时又缺少很多世故的约束，缺少很多社会道德的谴责。因此，如果仅仅是考虑林确实杀人了，这其实是片面的。为什么杀人？以及杀人前都发生了什么，很多人忽略了隐性暴力。但是某种程度上，隐性暴力的长期压制，足够让一个人非常愤怒。而这种愤怒一旦爆发，已经不是用一个导火索似的事件可以解释的了。

因此，我们在大学生主体意识的培养研究中，决不能仅仅关注教育和制度，对于大学生群体本身所造成的环节因素也需要关注。儒家文化强调人与人之间的和睦，其一部分意图就是防止这种软暴力的蔓延。人与人之间的信任、忠诚、谦和、中正都会使这种软暴力得以遏制，而这往往是很多制度性的东西都难以做到的。

四、社会教化是大学生主体意识养成的保障

每个人都是社会的一分子，个人与社会的关系是相互的，一方面我们的一言一行都会或多或少地对这个社会产生影响，另一方面社会的整体大环境也在时刻对我们产生着潜移默化的影响。所以说，在当代大学生自觉提升个人

修养的同时，如果社会能够提供一个道德教化的大环境，对大学生主体意识的养成一定会达到事半功倍的效果。

（一）社会舆论的引领导向

社会教化应该从什么地方着手呢？首先要加强宣传教育。现代社会经济飞速发展的同时，社会化和信息化的程度也在飞速提高，网络是把双刃剑，我们每天都会接收到来自网络的大量信息，稍不注意，就会迷失在信息的海洋。网络上还有一些不法分子借机宣传暴力色情内容和不利于国家团结稳定的言论，对社会道德风尚产生了非常恶劣的影响，如果我们长期浸泡在这样的信息流中，很容易迷失自我，不利于身心发展。因此，就需要加强思想道德的宣传教育。这不仅是确保大学生主体意识顺利养成的需要，也是时代的需要。

同时，也可以通过大众媒体的途径进行宣传，创造一个积极健康的社会环境。像中央电视台举办的“感动中国十大人物”节目，褒奖社会道德模范，就是一个很好的宣传社会正能量的方式。还可以通过社会教化的方式来提高公民的思想道德素质。在社会教化方面可以借鉴一下古人的做法，像我们熟悉的蒙学读物《三字经》《千字文》等，把德育的故事融进简单明了、朗朗上口的启蒙读物中，妇孺皆知，这样就达到了社会教化的目的。近几年来，网络技术日新月异，不断创造出新的形式，如最近流行的直播平台。对于这类技术，要积极合理的利用，以打造一个更加亲民便捷的传播平台。

（二）具体社会实践的践行

社会教化的引导，仅仅依靠舆论宣传是不够的，还需要有更加具体的社会实践行动。近几年来，各地区都加大相关社会实践的践行，积极开展各类活动。例如，优秀道德品质的评比活动，评出各地区乃至全国的道德模范。社区间的优秀家庭、优秀邻里的评比活动，以及各类社区送温暖、困难援助活动，都极大地促进了社会和睦。

儒家一直倡导“老吾老，以及人之老；幼吾幼，以及人之幼”（《孟子·梁惠王上》）。当前，各大高校也积极组织大学生在节假日进入养老院、敬老院，为孤寡老人提供帮助，或者组织大学生通过捐款、捐物等方式来对有困难的个人或群体施以帮助。在暑期，很多学校还组织了去西部的援教活动，不仅可以促进很多西部教育不发达地区的教育发展，同时也可以让大学生切实体会到援助他人的乐趣。这样的活动，是真正的践行了儒家所提倡的道德准则和行为规范，同时对于大学生主体意识的养成，也有着最为深刻和直接的促进作用，值得更多的学校坚持和提倡。

第四章
高等院校实施儒家优秀传统文化教育理论及实践

第一节　高等院校实施儒家优秀传统文化教育的理论研究

加强中华优秀传统文化教育，是国家和社会的需要和时代的要求，是推进社会主义核心价值体系建设的重要和关键环节，对于引导青少年学生坚定走中国特色社会主义道路、实现中华民族伟大复兴中国梦的理想信念，具有重大而深远的历史意义。改革开放后，尤其是进入 21 世纪，特别是十八大以后，高等院校不断加大中华优秀传统文化教育力度，成效显著，在提升大学生的传统文化素养和综合素质、增强文化自信等方面发挥了重要作用。但是，面对新常态、新要求，高等院校中华优秀传统文化教育还需要进一步加强，对高校存在的认识问题、教育内容不适应问题、教育教学方法问题和教师传统文化素养问题等还需要进一步厘清和提升等。如何有效解决这些问题，迫切需要进一步提升和完善高等院校中华优秀传统文化教育。

2014 年 4 月，教育部制定印发了《完善中华优秀传统文化教育指导纲要》，适时地为高校中华优秀传统文化教育提供了思想指导和政策基础。2014 年 11 月，中共山东省委高校工委组织山东 20 多所高校中从事传统文化教育的专家学者聚首济南，集中会诊高校优秀传统文化教育，破解传统文化教育难题。专家们认为，新常态下，山东高校开展传统文化教育面临重大机遇，同时也面临信息飞速传播、信息获取碎片化、人心浮躁、传统文化教育纷杂等问题。如何让90后大学生理解并接受古老的传统文化？让大多出生于20世纪60～70年代，传统文化损毁严重时期的教师提高传统文化素养？如何纠正不接触原著和经典，文化快餐影响严重，深受“戏说”“大话”影响，对传统有很多误解的大学生的思想认识？专家们呼吁教育界重视和研讨。从世界范围看，大的文化类型都有文化经典，中国古代文化经典以四书五经为代表，《四书》成为公认的中华文化核心经典。《大学》作为《四书》的首篇，成为儒家重要的思想和实践指南。《大学》确定的“三纲领八条目”明确提出了儒学的宗旨和纲领。它是从根本上是教人如何做人，做人如何有尊严，如何保持人格力量，并实现人生价值与意义的。它的以内制外、以德教化的做法一直是历代统治者治国之准则，也已成为中国人的文化心理追求，成为中国人潜在的文化习惯与生存方式，也是新时期大学生优秀传统文化教育中所需要继承和弘扬的重要内容。

以高校大学生优秀传统文化建设为抓手，提升大学生文化自信，完善中华优秀传统文化教育，建设优秀传统文化传承体系，使高校成为先进文化建设的参与者和引领者，成为优秀传统文化建设的示范区，是当前中国思想政治工作的重中之重。只有政府、社会和高校联手互动，才能充分利用山东省传统文化资源优势，发挥高校间协同创新能力，提升山东省大学生对中华优秀传统文化的学习、研究和践行能力。

山东高校优秀传统文化教育起步较早，经过几十年的发展，已取得了较大成绩，但目前仍处于“各自为战”阶段，且存在较明显的功利性。许多高校在实施过程中随意性较强，没有建立起长效机制。在研究中既缺乏系统的理论研究，又缺乏深入的实证研究，相关研究队伍没有建立起来。因此，在研究高校优秀传统文化教育在不同地区和高校实施过程中遇到的困难及其解决措施，并从中总结出具有共性的内容，从而深化山东文化软实力提升的相关理论，形成山东省高校优秀传统文化教育应对策略，在理论和实践方面形成较为完整的体系，以期形成具有全局性的指导意见。

一、高校实施儒家优秀传统文化教育的意义

（一）儒家优秀传统文化是社会主义核心价值观的重要来源

价值观是人们对于价值的看法和认识，学者黄凯峰将价值观定义为“人们

关于生活中基本价值的信念、信仰、理想等思想观念的总和"①。毫无疑问，价值观对人生有深远影响。具体表现在：它关乎人们对美丑、好坏、利弊等标准的判断。从长远角度看，它影响到人们理想信念的确定、人生道路的选择。拓展来讲，价值观的选择深刻影响到个人乃至社会、国家的未来。

核心价值观，具体来说就是价值观系统中处于统摄和决定地位的少数几个价值观。它往往反映着国家和社会的本质特征，在国家和社会生活中发挥着导向作用，而且具有引领社会风尚、凝聚民众思想的作用。作为反映社会意识形态本质的价值观，核心价值观对一般的价值观具有协调、整合作用，它既是统治阶级意志的反映，也是社会普遍认同的价值准则、信念与理想的反映。核心价值观既是引领人们进行价值实践和追求的价值目标和理想，同时也能为人们提供持久的精神动力与价值支撑。

社会主义核心价值观，坚持马克思主义指导思想和中国特色社会主义共同理想，坚持以爱国主义为核心的民族精神和以改革创新为核心的时代精神，坚持社会主义荣辱观。党的十八大将社会主义核心价值观概括为"倡导富强、民主、文明、和谐，倡导自由、平等、公正、法治，倡导爱国、敬业、诚信、友善，积极培育社会主义核心价值观"，分别从国家层面、社会层面、个人层面三个角度对社会主义核心价值观加以概括。

五千多年的中华文明，绵延不断，形成了独特的价值体系，已经成为中华民族共有的精神家园，传统文化的基因已经深深植根在中国人的内心，深刻地影响着历代中国人的思维方式、行为方式和情感动态。《大学》所倡导的"格物致知""诚意正心""修身齐家""治国平天下"为中国历代所注重，成为国家、社会和个人追寻的理想。可以这样理解，"格物致知"和"诚意正心"是个人层面的追求，"修身齐家"是社会层面的要求，"治国平天下"是国家层面的要求，这是一个层次性和完整性相统一的内涵丰富的传统价值体系。当今社会，把涉及公民、社会、国家的价值要求融为一体的社会主义核心价值观，就充分体现了对儒家优秀传统文化的传承和升华。也可以说，我们今天提倡和弘扬的社会主义核心价值观，就是优秀传统价值基因的延续，就是中华民族优秀传统文化的继承和弘扬。

（二）儒家优秀传统文化教育对文化软实力建设与提升具有重要作用

传统文化是文化中最具稳定性和影响力的因素，它是一个国家的重要印

① 黄凯峰：《当代中国价值观研究新取向》，学林出版社2007年版，第2页。

记和标识，是一个国家文化软实力的基础。2013 年 12 月，中央政治局第十二次集体学习时习近平总书记强调："提升国家文化软实力，要努力展示中华文化独特魅力。"①对儒家优秀传统文化与软实力的关系进行了阐述。2014 年两会期间，习近平总书记在参加贵州代表团审议时说："体现一个国家综合实力最核心的、最高层的，还是文化软实力，我们要坚持道路自信、理论自信、制度自信，最根本的还有一个文化自信。中华民族历来对自己的文化有着强烈的认同感和自豪感。"②习总书记的讲话表明，文化软实力是综合实力的核心，提升文化软实力需要中华文化，进行优秀传统文化教育对提升文化软实力具有极其重要的作用。

孔子创立的儒家文化作为中华传统文化的主流，具有巨大的教育意义和社会价值，进行优秀传统文化教育对增强民族文化自信和更好地建设中华民族共有的精神家园有着重要意义，在国家文化软实力中占据特殊地位。儒家学说中蕴含着丰富的文化软实力思想：儒家"仁爱"的政治价值观充分体现了"人文教化天下"的文化软实力思想；"礼"为核心的制度设计理念能够使组织内的人们和谐相处而不生怨恨，从而产生极强的社会组织力和凝聚力，显现出"礼"是儒家文化软实力的重要资源；儒家的"教化"思想更是充分体现了文化软实力精神影响力的作用。除此以外，儒家传统文化中的"和合""中庸""诚信"等思想都是文化软实力的宝贵素材，对现代文化软实力建设仍具有重要启示价值。

我们对中华优秀传统文化的继承、保护和弘扬，其实质就是对中国文化软实力的保护、提升和强化。新形势下，培育和弘扬儒家优秀传统文化并赋予其新的时代内涵和现代价值，将有助于提升中华民族的向心力和凝聚力，有助于提升我们的文化自信，也必将提升中华文明对外的感染力和影响力，进而提升我国的文化软实力。同时，我们"中国制造"的话语体系和价值观体系也将会逐步走向世界，最终达到以文化软实力提升综合国力的目的。

（三）深化优秀传统文化教育是高等教育转型升级的需要

中国目前正处于社会的转型期，发达的社会经济与落后的社会经济同时并存，传统与现代两种体制相互交织，经济发展水平与社会结构方面呈现明显的二元特征。社会的转型与高校经历的粗放型外延式发展形成激烈的碰撞，

① 《习近平谈治国理政》，第 161 页。

② 《"改革的集结号已经吹响"——习近平总书记同人大代表、政协委员共商国是纪实》，见 2014 年 3 月 3 日新华网。

随着现代高等教育理念的变革与人才竞争的趋势日益严峻，迫切需要高校对人才培养模式做出切合实际的调整。目前，我国大学教育作为国民教育的最高层次已经从精英教育转化为大众教育，大学教育在继承和发扬儒家优秀传统文化方面负有不可推卸的责任，如何将中华优秀的传统文化切实融入当代大学教育实践之中，以优秀的文化精神濡染和塑造青年学子的心灵与人格，是中国高等教育面临的重大课题，并已引起党和国家的高度重视。一方面，高校作为引领和传播先进文化的高地，责无旁贷地担当着研究、开发和弘扬传统文化的历史重任；另一方面，高校大学生是青年和知识分子两个文化群体的交集，大学生文化价值观的选择与实践最容易形成对社会青年群体的精神引领和行为示范。因此，提高大学生的人文素养是高校人才培养的重要使命，挖掘民族文化中的优良传统、砥砺学生优秀人格是大学的基本责任。加快高等院校的转型升级，既是进行传统文化教育的需要，也是高校升级发展的需要和社会的要求。

（四）儒家优秀传统文化教育是引领大学生完善人格和形成正确价值观的重要手段

大学生要学会对自己和对亲人负责，对周围的人和更多的人负责，进而对民族、祖国、社会和人类负责，做一个有价值、负责任的人。青年人的价值取向影响和决定着整个社会未来的价值取向，大学生正处在人生观和价值观的形成和确立时期，优秀传统文化对培养大学生的正确价值观具有不可替代的作用，抓好这一时期的传统文化教育对青年人价值观的养成十分重要。大学生传统文化的教育是一个潜移默化、耳濡目染的长期过程，它需要良好的环境和氛围，而从我国高校的育人目标和育人环境来看，并未覆盖传统文化的主要方面。加强儒家优秀传统文化教育，培养大学生优良道德品质，提高大学生自身综合素质，形成正确的人生观、价值观和世界观，对引导青少年学生坚定走中国特色社会主义道路，实现中华民族伟大复兴中国梦的理想信念，具有重大而深远的历史意义。

（五）儒家优秀传统文化教育是增强大学生文化自信的前提

“文化自信，是一个国家、一个民族、一个政党对自身文化价值的充分肯定和践行，对自身文化生命力的坚定信念。”①对于我们大学生来讲，文化自信首要的就是对中华五千多年文明的自信，是对中国传统智慧和优秀文化的自信。

① 柴焰、王萌：《文化自信从何而来》，《理论学习》2012年第2期。

大学生作为国家的栋梁、未来的社会主义建设者，他们能否树立文化自信，对于国家文化的传承和发展，对于文化软实力的提升，对于国家的进步，对于国家在国际社会中的地位都有着重要影响。同时，文化自信是建立在对优秀传统文化的认同和文化学习的基础上的，也是社会主义核心价值观的的重要组成和精神动力。在多元文化背景下，加大优秀传统文化教育力度，提升大学生的文化自信，是新时期高校育人的必然选择。

二、高等院校实施优秀传统文化教育的动因

（一）社会现实的需求

中华民族传统文化教育，历史悠久，源远流长。中华民族“自强不息”的人生哲学，“发愤忘食”的奋斗精神，“先天下之忧而忧，后天下之乐而乐”的高尚情操，“天下兴亡，匹夫有责”的爱国情怀，“天下为公”的大同思想等，逐步形成了古代社会志士仁人的共同理念和追求目标，对中华民族的形成、繁衍、稳定、统一和屹立于世界民族之林，发展成为举世闻名的“礼仪之邦、文明古国”有着巨大的作用。儒家优秀传统文化的精华，不仅在几千年的历史中光辉灿烂，在当代也已经和正在受到全世界的重视。

毋庸讳言，一个时期以来，人们急功近利、好高骛远，造成了教育失误、社会道德失范、精神文明滑坡等现象，出现道无根、德无痕、教无范、育无力的局面。这些与缺乏中华民族优秀传统文化教育弘扬密切相关。因此，加强优秀传统文化教育，已成为中国当前义不容辞、刻不容缓的文化建设大事。

只有民族的才是世界的。在现实生活中，我国的大中小学生多在麦当劳、冰淇淋、可口可乐、奥特曼、迪斯尼的熏染下长大，对中华民族的传统精华知之不多，对中华传统美德的认识十分肤浅。外来文化的泛滥，各种思潮在意识形态领域的渗透，一定程度上造成青少年思想混乱，因此对大学生进行优秀传统文化教育，是高校思想道德教育的有机组成，有利于传承中华传统美德和发展社会主义先进文化，对构建社会主义和谐社会和增强文化安全意识有着不可替代的积极作用。

“己所不欲勿施于人”和“己欲立而立人，己欲达而达人”在人类新千年之际被联合国列为人类生存应该遵循的永恒法则之一，共同昭示出中国传统文化这种将心比心、推己及人、大家共赢、共同发展的智慧哲学。在当今竞争如此激烈、博弈无处不在的现实社会，优秀的社会道德和法则是每个社会人的现实需求，这是优秀传统文化教育的职责所在，学习和弘扬优秀传统文化是社会

对教育界的殷殷期盼。

(二)高校的历史责任

一个时期以来,分数至上、专业至上的校园氛围,轻人文重科学的社会环境以及应试教育体系,是导致我国高等教育功利化倾向的直接原因。在校大学生无暇顾及或不愿顾及对个人情操和理想信念等自我精神世界的追求,这也就影响了他们优秀传统道德的提升,一定程度上造成高校大学生思想迷茫、人文意识缺失和道德素养下降,他们虽收获了知识却迷失了做人的根本和生活的目标。著名教育学家孟宪承认为:"现代大学理想包括三个方面的内容,即智慧的创获、品性的陶熔、民族社会的发展。"[①]当前,大学中品性的陶熔、民族社会发展的缺失正是我国高等教育发展的短板,是不尽如人意的关键所在。实践证明,当代大学生不仅要学习知识,培养提出问题和解决问题的能力,增强就业的能力,更重要的是践行现代大学教育理念,真正解决如何做人、做什么样的人的问题。中国传统文化是一种道德文化,涵盖了许多为人处世的生存智慧和道德规范,它是崇尚人际和合、社会和谐、天下太平的社会伦理文化,其中蕴含着中华民族的理想信念、生存法则和传统美德。如何让当代大学生在学习和体验中国传统文化的过程中,思考自己国家的文化传统,如何以中华传统文化主人翁的态度对传统文化进行深层次的探索与反思,来唤醒文化自觉、增强文化自信、提升大学生传统文化的群体效应,这是高校优秀传统文化教育的义务和历史责任,也应该成为高校传统文化教育的核心目标。新形势下,高校优秀传统文化教育必须立足中国特色、立足当代社会,高举民族性和时代性两面旗帜,以培养、塑造具有社会主义核心价值观的"当代中国人"为己任。

(三)个人发展的需要

学习儒家优秀传统文化有助于提升个人道德素质,利于高尚人格的塑造和正确的人生观、价值观的形成。儒家优秀传统文化不仅是中国几千年悠久历史的积淀和升华,也是中华民族实现伟大复兴的精神动力。大学毕业生是社会主义建设的主力军,是实现中华民族伟大复兴的希望和中坚力量,只有全面精准地把握中华民族的优秀传统文化,个人美丽的"中国梦"才会分外明亮。

传统文化注重"仁智统一""知行合一",追求"德""善""和"的统一,这具体地体现了传统文化的行为规范和道德要求的统一。"厚德载物,包容会通""刚

① 孟宪承:《现代大学的理想》,《大学教育》,商务印书馆 1934 年版,第 8 页。

健有为，自强不息”“见利思义，诚信为本”“克己奉公，修身慎独”“勤俭廉政，精忠爱国”“仁爱孝悌，谦和好礼”等中华民族优秀的传统品德，应当成为现代大学生的追寻目标和内在要求。“苟日新，日日新，又日新”“为天地立心，为生民立命，为往圣继绝学，为万世开太平”的人生追求，“亲亲而仁民，仁民而爱物”所展示的仁者襟怀，“士可杀不可辱”的英雄气节，“富贵不能淫，贫贱不能移，威武不能屈”“三军可夺帅，匹夫不可夺志”的大丈夫精神，都是我们当代大学生精神世界的不竭源泉和个人发展成长中不可缺少的文化基因。

三、高等院校实施儒家优秀传统文化教育载体研究

（一）儒家优秀文化活动载体的内涵与外延

1.儒家优秀文化活动载体的内涵

儒家优秀文化活动载体的内涵可以从三个方面来探讨。首先，什么是“载体”。从广义来说，一切可以承载其他物质的介质都是载体，举个简单的例子，人是衣服的载体，水杯是水的载体，语言是思想的载体。本书探讨的儒家优秀文化教育活动的载体是指活动主体所运用的，能够通过一系列的活动把中华优秀传统文化传承推广，与活动客体进行互动，并进而对活动客体产生影响的一种媒介。其次，什么是“儒家优秀文化载体”。文化教育传播的过程就是文化传播主体通过具体的活动形式来向文化传播客体进行的传输，最终目标是让文化传播的客体可以接受到优秀文化的教育与熏陶。历史上看，儒家优秀文化的教育传播和推广总是需要一定的载体才能实现，载体在儒家优秀文化的传播过程中起到了非常重要的作用。最后，什么是“儒家优秀文化活动载体”。“活动载体”简单来说就是载体以活动的形式表现出来，是为了达到宣传儒家文化而进行的一系列有目的有计划的活动，将儒家文化的内容融进具体而生动的活动中，从而提高活动参与者的传统文化道德修养。活动载体的范围比较广泛，就儒家优秀文化活动载体来说，并不单单指现在学校开设的一些传统文化的公共课程和举办的一些相关活动，这些只是活动载体很小的一部分。需要注意的是，活动载体和大学生自发进行的个体活动也不尽相同，活动载体具有更大的组织性和教育意义。现在高校开展的一系列儒家优秀文化教育与实践活动对当代大学生文化素养和道德修养的提升具有重大意义。

2.高校儒家优秀文化活动载体的类型

活动载体的类型多种多样，根据不同的标准划分，可以把活动载体划分成以下几个类型。按照活动载体的内容划分，可以分为教育类载体、文体类载体

和实践类载体三种。教育类的活动载体就是为了达到教育学生的目的而开展的各种教育活动，推广儒家优秀文化的活动，在内容上都是属于教育类的活动载体；文体类的活动载体，就是文化体育类的活动，比如说大学生的传统礼仪展演、六艺表演等等；实践类的活动载体，就是各种社会实践活动，比如说乡村儒学实践活动、到中小学进行传统文化宣讲等等。

按照活动载体的组织者来划分，可以分为党团类活动载体、社团类活动载体和学校部门类的活动载体。党团类的活动载体就是由高校的党委部门和群团组织开展的活动，比如说马列主义毛泽东思想和优秀传统文化双经典学习、社会主义核心价值观教育等等。社团类的活动载体是由大学生社团自发组织的一系列活动，比如论语研修活动、传统乐器展演等等。部门类的活动载体，是学校的相关部门所进行的一系列活动，比如说创业培训、征文比赛等等。

按照活动载体的开展场所划分，可以分为校内活动载体和校外活动载体两种。按照活动载体的开展时间和周期来划分，可以分为常规性的活动载体和非常规性的活动载体。常规性的活动载体就是经常举行的有相对固定的活动时间和活动周期。非常规性的活动载体，大多是因形势的需要，临时组织进行的活动。

儒家优秀文化活动载体在实际操作中并不是单一地使用某一种活动载体的类型，而往往是以某一种活动载体的类型为主要表现形式，同时综合其他几种类型，充分发挥多种文化活动载体的优势，来达到活动的目的。采取不同形式的活动载体，也通常和教育的内容、对象和目标是相联系的。总之，文化活动载体类型的选择，必然是综合了多方面的因素而达成的一个结果。

（二）儒家优秀传统文化活动载体的价值和作用

儒家优秀文化活动载体在儒家优秀文化的传播与弘扬和大学生的素养提升过程中具有不可替代的重要作用，发挥着重要功能。

1.儒家优秀文化活动载体的教育功能

教育功能是指可以通过活动载体，让大学生受到潜移默化的影响，达到提高大学生传统文化修养的目的。在这一过程中，活动的组织者把儒家优秀文化很好地融入到活动之中，寓教于乐，广泛地吸引大学生参与到活动之中，并在与文化活动的互动中，领会传统文化的精髓，提高自身的文化素养。儒家优秀文化活动载体的教育功能，不仅仅是活动载体对于大学生的教育，同时也是大学生在活动中进行自我教育的一个过程。任何一种活动载体的时间和内容都是有限的，能否让大学生在活动载体之中，培养起对于儒家文化的兴趣，即使在活动结束之后，也能够通过自我反省和主动学习，来提高自身文化修养，这才是活动载体的真正教育功能所在，也是衡量活动载体是否成功的一个重要标准。

2.儒家优秀文化活动载体的激励功能

激励功能是指通过活动载体帮助大学生树立正确的人生观、世界观和价值观，发挥大学生的主动性和主人翁意识，提高大学生参与活动的积极性。激发学生对学习生活的热爱，激励学生积极进取，追求更高的人生目标。在儒家文化的发展历程中，产生了大量的儒学经典，出现了许许多多的儒学大师，影响了历代中国无数的志士仁人，在儒家优秀文化活动载体中，就可以宣传这些儒学大师和志士仁人的事迹，树立道德榜样，影响和激励大学生。同时，儒家优秀文化活动能够激发大学生对于传统文化的热爱，进而培养他们的民族自豪感和对国家的热爱，强化大学生的爱国情感和文化自信。

3.儒家优秀文化活动载体的凝聚功能

儒家优秀文化活动载体的凝聚功能是指通过文化活动的开展，提高参与活动的大学生的凝聚力和向心力。参与文化活动的大学生，不仅仅限于本年级和本专业，还有别的专业甚至外校的大学生参加。来自不同专业不同地方的大学生，因为共同的兴趣爱好凝聚在一起，在享受到活动带来乐趣的同时，增进大学生之间的相互了解，形成了文化共识，也为大学生社会主义核心价值观的形成和巩固起到凝神聚力的作用。

4.儒家优秀文化活动载体的沟通功能

文化活动是需要所有的参与者共同努力才能完成的，所以参与文化活动的大学生，在活动的组织策划开展过程中，就需要提前做好各项准备工作。在这个过程中，他们之间需要很多交流协商。这个交流协商的过程，也是具有不同文化背景和不同文化程度的大学生进行磨合的过程。通过语言上的交流和情感上的沟通，最终达成共同的行动指南和行动目标，大学生与人沟通的能力也会得到大幅度的提升。

(三)儒家优秀传统文化活动载体运用时需要考虑的因素

1.学生情况分析

大学生的自我意识强烈。当代大学生生长在相对宽松、自由度较高的社会环境中，网络的普遍应用促使信息传递十分便捷，信息获取渠道多样化趋势明显。大学生视野开阔，了解的事情较多，对事情往往有着自己的认识和见解。大学生正值青春年少，有着旺盛的精力、活跃的思维，有着较强的进取心和竞争意识，个性张扬、喜欢表现自己，强调个人意识。作为“90后”当代大学生多是独生子女，他们往往具有生活方式多样化、个性化的特点。在学校、家庭和社会中，他们要求被关注、被重视。他们作为新一代年轻人，有着很多新鲜的想法，他们追求创新，重视实际，乐于接受新鲜事物。同时，对流于形式、陈旧老套的东西往往心怀排斥态度，体现着鲜明的时代特点和社会因素。儒家传统文化在过去的弘扬宣传过程中，存在诸多流弊，很多活动往往因缺乏新意、缺乏对现实生活的反映而显得“顽固不化”“老态龙钟”，因而不被有些大学生所接受。在弘扬宣传儒家传统文化过程中，应该有创新弘扬儒家传统文化的活动形式，注意贴近实际、贴近生活，增加儒家传统文化的亲和感，充分考虑到学生的主体感受，寻求他们的合理建议，努力调动他们的积极主动性，使他们积极投入其中。

2.新时代特点分析

首先是文化的多元化。当前的时代是个文化多元的时代。在今天这个时代里，传统文化与现代文化、中国文化与西方文化、先进文化与落后文化、精英文化与大众及草根文化在社会上并行不悖，文化的多元性造成的是社会文化环境的复杂性。可以讲，社会上存在的这些多元文化，在文化环境系统中不断进行着冲突和融合，其间的先进文化和落后文化体现了文化要素的不同性质，二者的对立统一成为促进社会文化环境运行的基本动力。社会文化环境中所体现的文化多元性决定了不同文化间竞争的剧烈性。

文化多元化的背景下，对儒家传统文化的弘扬应该努力突出其自身特色，以增强儒家传统文化的辨识度。《论语·述而》讲：“三人行必有我师焉，择其善者而从之，其不善者而改之。”弘扬传统文化的过程中，要充分发扬这一儒家精神，注意吸收其他文化在弘扬过程中的有效活动方法和途径。在此基础上，则是充分挖掘儒家文化中的特有内涵加以展现，以“人无我有，人有我精”的理念，完善优化儒家传统文化传播弘扬的活动方法，增强儒家文化在弘扬过程的竞争力。同时，扎根现实生活，为社会现实服务的文化，才真正具有市场，有竞争力。为此，要在儒家丰富的思想宝库中，充分挖掘其中贴近现实、有着强大生命力的文化，以儒家传统文化的弘扬带动民族精神的振奋和民族凝聚力的增强。

其次是考虑网络等新兴媒体的深入影响。大众传播媒介是宣传、弘扬文化的重要载体。伴随着当前科技进步、经济发展，现代传媒获得迅速发展，并在人们获取知识，形成思想观念的过程中，发挥中越来越重要的作用。特别是在20世纪后期形成的新媒体，以其信息传播量巨大、传播信息迅速、传播方式丰富，而与传统媒体呈现出迥然不同的特点。20世纪90年代以来，互联网以惊人的速度在全球范围内拓展，深刻改变着人们的生活，同时也对文化传播的形式造成了深远影响。新媒体几乎涵盖了人类传播中的所有类型，既有人际间传播，又有大众传播，既有点对点的传播，又有点对面、面对点的传播。

可以讲，新的数字媒体将会是今后人们生产、生活、社会交往的中介，人们可以借助其更好地参与社会生活。网络、新数字媒体等新兴媒体的出现，为中华优秀传统文化的传播提供了崭新的途径和活动方式。弘扬中华优秀传统文化，应该充分利用新兴媒体的平台作用，利用互联网上用户资源多的优势，积极开动脑筋，构思适应新兴媒体趋势的儒家文化弘扬方式，探索形成可以在网络上开展的儒家文化活动方式。

(四)儒家优秀传统文化活动载体运用经验借鉴

采用恰当的活动、方式进行教育，是儒家优秀传统文化得以有效宣传、弘扬所必需的。儒家文化源远流长，在中国历史上产生过巨大的影响力，而且漂洋过海对东亚、东南亚的国家地区都曾产生过重要的影响。在这样的背景下，中国古代产生了具有鲜明特点的教育活动、方式。所谓“他山之石可以攻玉”，曾经深受儒家文化影响的韩国、新加坡等国在国民教育过程中，积极吸收儒家文化的优秀成果，创造性地开展了一些有新意、有效果的教育活动。这些活动对于我们今天在大学生中教育弘扬儒家优秀传统文化，潜移默化地促进大学生主体意识的养成，毫无疑问有着积极的借鉴作用。

1.中国历史上的经验——传统书院的祭祀活动

书院是在宋代开始盛行的中国古代地方上的教育教学组织，以“藏书”“供祭”“讲学”为主要职能。书院对儒家文化的弘扬、优秀人才的培养起到过巨大的积极作用。中国历史上的应天府书院、岳麓书院、嵩阳书院、白鹿洞书院等中国书院有着鲜明的教育教学特色，曾经培养了很多优秀的人才。以岳麓书院为例，在近代史上培养过曾国藩、左宗棠、魏源等一大批对中国社会产生过深远影响的优秀人才。可以讲，这些人都是深受儒家优秀传统文化熏陶、影响的，他们的共有特点是在“内圣外王”理想人格的追求中，经世致用、扶国家社稷于将倾。书院在弘扬传统文化和人才培养上的成功经验对我们今天有所启示。

书院的祭祀活动是延续的过去学校释奠礼、释菜礼的传统，这在当时是书院里极为重要仪式，往往是在开学日在书院里举行。祭祀活动一般包括祭祀孔子、先贤先儒、祭祀本院及附近乡里所处的一些先贤。书院在祭祀活动过程中有俯伏、官拜、行献礼、诵读祝文等仪式，此外还有准备祭品、布置祭祀场所、礼器陈设等环节。在过程繁复的祭祀仪节背后是厚重的精神和情感依托。规范化、程式化的仪式动作使得祭祀过程显得十分神圣。祭祀仪式的目的是“示以敬道”，庄严的祭祀过程会让书院学生获得精神上的洗礼，在心怀虔诚中使他们油然生出对先贤们的崇敬、敬仰之情。“虽不能至，心向往之。”(《诗经·小雅》)面对眼前的孔子及先贤们的神主，他们伟岸的形象、崇高的精神品格、所建立的丰功伟绩都变成了自我期许的目标，“内圣外王”的精神追求以潜移默化地方式影响到他们身上，让他们也产生成圣成贤的追求。儒家的精神文化在书院的祭祀仪式中为学生所认同，凝结在被祭祀先贤们身上的“孝、悌、忠、信”等儒家倡导的精神品质以“现身说法”的方式也在产生着潜移默化的宣传效果。

2.儒家文化圈内的其他国家的经验借鉴

(1)韩国的经验

作为深受儒家传统文化熏染的韩国，在现代化进程中很好地处理了继承传统与实现现代化的关系，充分发挥了儒家传统文化对国民道德素养的教化作用。在现实中，韩国对继承儒家传统文化的重视以及所采用的弘扬儒家优秀传统文化的活动方式，对今天的我们很有启发。主要有以下几点：

一是充分利用节庆活动。韩国对儒家传统文化弘扬的一个重要途径是积极开展一些节庆活动。韩国人对传统节日远比对西方节日重视，学生对本国的传统节日及其内容都铭记在心。每年的春节、中秋期间人们都要回到家乡，祭祀祖先，此时的韩国也常会出现如同中国春运一般的交通紧张局面。传统节日期间一般是国家安排的法定节假日，在这段时间里学生们也从课堂中走出来，欢度节庆日，感受传统文化氛围。在每年的清明节、端午节等大型的节庆活动中，学生都被安排参与其中。通过在节日里对一些传统习俗的亲身经历，学生会对传统文化有一份直观体验，加深对国家传统节目的了解和重视。此外，在节庆期间，学校也会积极开展相关宣传活动，对传统节日的来历、文化背景和文化意蕴进行宣传介绍。例如，免费向社会开放蕴含历史文化的博物馆、图书馆、美术馆、纪念馆、展览馆、烈士陵园等爱国主义教育基地，组织学生参观，以庆祝传统节日为契机向学生们进行爱国主义、传统文化的宣传教育。

二是开展礼仪教育。在韩国的学校中，在潜移默化中处处体现着儒家传统文化的影子。礼仪是道德水平、文化修养、交际能力的外在表现，体现了社会的文明程度和道德风尚。韩国十分注意加强礼仪教育,韩国从幼儿阶段便开设了不少常规礼仪课程。韩国的教室里都设有礼仪教室和相关课程。在礼仪教室里有体现韩国传统特色的民族服装、家具、民族乐器等。礼仪课上,老师与学生一起穿上民族服装,教师教导学生如何倒茶、敬茶等日常礼节。在这些礼节中教导学生学习待人接物的道理和方法,所教导的内容与现实生活密切联系,而且操作性很强。此外,在全社会范围内,韩国也开展了各种各样的教育活动。例如,在韩国的电视上会有一些介绍办公室礼仪、介绍现代商务礼仪知识等的公益节目。

韩国所开展的礼仪教育存在于诸多领域,而且在现实工作生活中切实践行。在家庭生活中晚辈刚到家都要给长辈恭恭敬敬地问好,出门时都会打好招呼再走;在学校校园里,学生见到老师打扮的人都会恭敬地鞠躬行礼;在公司单位中,下级对上级,同事们彼此之间也要表现出恭敬有礼的状态。因此,在韩国社会里有着学习礼、践行礼的良好风尚。正是在这学礼、行礼的具体活动实践中,儒家所重视的礼得到很好的践行。同时,行礼背后的"孝、悌、忠、义"等儒家伦理规范得到较好的传承。

(2)新加坡的经验

新加坡的立国时间相对较短,但是华人在新加坡的主体地位,以及儒家传统文化的巨大影响力,使得儒家文化在新加坡的教育中占有较高比重,儒学教育也由此在新加坡逐渐受到重视并成为传统。新加坡在弘扬、传播儒家传统文化过程中,探索出很多较有特色的活动方式值得我们来借鉴。

一是漫画教学。2004 年新加坡教育部开展了一项措施,发布了史、文化、寓言等诸多类型的漫画推荐目录,用以作为新加坡教师的教学配套教材,以增加华文课课堂教学的趣味性。在漫画书推荐目录里历史类的有《漫画中国历史》;文学类的有《水浒传》《孙悟空》《桃花扇》《窦娥冤》;文化类有《中国手工艺故事》;寓言类有《寓言动画廊:孔子篇》《中国古代寓言》等书目。为了使教学得以妥善落实,新加坡政府专门为华文教师开办了一系列课程。此过程中,儒家伦理教学取得了显著的成效,儒家的优秀传统文化也得以很好的传播。

二是国民教育计划。20 世纪 60 年代,新加坡为了增强民众对本国的认同感和归属感,开展了公民教育。在此基础上,1998 年新加坡正式宣布实施国民教育。在学校教育中通过正规课程和非正规课程进行。正规课程的内容主要包括国家意识、国家认同和共同价值观,其中共同价值观点的主要内容为:国家至上,社会为先;家庭为根,社会为本;关怀扶持,尊重个人;求同存异,协商共识;种族和谐,宗教宽容。在此共同价值观中不难发现儒家文化的影子。关于非正规课程,学生被要求必须参加一定的课外活动,这些活动与正规课程相配套,体现了儒家的传统价值观。政府和学校经常举办“礼貌周”“睦邻周”“国民意识周”等活动,在此类活动中学生得到实践和锻炼机会,培养了学生的文明礼貌习惯、团结邻里友善观念和爱国精神等素养。此外,还有“关爱与分享”计划、“好朋友”计划、清洁环境计划、到福利院献爱心等活动。诸如此类的活动均是为了强化共同价值观而进行的,也很明显地体现出儒家文化的价值传统和精神追求。在这里,儒家所倡导的社会责任意识、人道精神得到充分的挖掘。与此相配合,新加坡南洋孔教会自 2012 年以来开展了一系列儒家传统文化的讲座及课程活动,向广大学生宣传孝道的思想,弘扬儒家传统价值观。

(五)有效运用儒家优秀传统文化活动载体的构想

1. 指导原则

第一,在活动载体设计上要着眼整体,对儒家优秀传统文化的弘扬要注意由点及面、逐步深入。活动设计要有长远打算,制定总体目标和各个阶段规划,所开展的活动既相对独立,又要有衔接性。彼此间有所兼顾、协调发展,形成效果上的合力。活动内容应该与儒家优秀传统文化的内容相一致,密切贴近其主题。

第二,活动载体要注意层次性的原则,对儒家优秀传统文化的弘扬应该有计划有步骤地展开。根据活动对象基本情况,活动组织者应该有计划地组织一系列活动,在大学生受到情绪感染时要不失时机地将活动引向深入,触及他们的灵魂深处。同时,针对与传统文化接触程度有明显区别的学生群体,要设计不同的活动载体。

第三,活动设计要具有实效性。弘扬儒家传统文化,所要开展的活动要注意保证实际效果。坚持实事求是的原则,充分考虑主客观因素,不要夸大表现某种活动形式,避免人力、物力、财力的损失造成铺张浪费。在开展弘扬儒家传统文化的活动时,开展活动的出发点应该端正而不能只是虚荣心的满足或是从众心理的驱使,也不是活动带来的轰动效应和短期效果,也不应该简单地将使用不同类型活动载体的频率视为对开展活动的重视程度。活动应该达到怎样的教育、宣传目的,产生怎样的活动影响,怎样提高活动参加者的参与感等诸如此类的问题都应该充分考虑到。要将文化的弘扬的主题融入到活动中,注意分析活动参与者、观望者、潜在参与者的参与动机和实际需要,了解掌握学生在活动中被激发的新动力,并结合出现的新问题对活动及时调整。

第四，活动设计要常态化运行。常态化运行的教育活动载体常常具有固定的活动主题、较为定型的活动类型、较为鲜明的活动特点、较为一致的价值追求。教育活动载体的常态化运行能够影响到活动参加者对活动举办目的的认知，影响到受教育者对活动的参与程度。比如，政府层面倡导的“三下乡”等活动，将群众性精神文明创建活动切实贯彻、落实到基层。此外，像两年举办一次的全国道德模范评选表彰活动，全方面地发动了广大人民群众投入到评选活动中。在此过程中，民众广泛参与，每两年一次按时举行，全国道德模范评选表彰活动的影响力得以增强。弘扬儒家优秀传统文化过程中，要注意打造有创新性、优秀活动载体的品牌效应，在坚持不懈地长期开展中，增加活动载体的吸引力和影响力，充分发挥其在宣传、弘扬儒家优秀传统文化过程中的影响力和推动作用。

第五，活动设计要优化运用环境。活动的开展是为了影响人们思想，进而促进外在环境的改善。与此同时，活动形式的运行需要一定的环境支持。环境的优化和改善与活动载体的创新、影响可以说息息相关。没有良好的外在环境的支持，活动载体很难正常运行。当活动载体不能很好地融入运行环境中时，活动载体的效果就会受到消耗，甚至产生超期的负面影响。这会对活动及其组织者的参与感降低，导致活动载体运用的失败。开展弘扬儒家优秀文化的活动过程中，应该注意在校园内营造良好的运行环境。在活动开展中，一是应该充分考虑当前校园里的文化包容情况。在不同的背景中，平时活动的彩排和开展就应该注意场合、注意相关方式，减轻活动参与者参与活动时内在的心理压力和包袱。二是积极协调校宣传部、校广播站，引导校内的舆论，在全校范围内培养欢迎传统文化、欣赏传统文化的风气。三是在活动参加者中间，要进行积极地舆论引导，设置奖励机制，对积极参加、态度端正认真或是进步较大的参与者积极及时鼓励，在参与者内部营造一个积极向上、具有凝聚力、富含正能量的环境氛围。

第六，活动设计要整合各类载体优势。活动载体与其他载体之间有着明显不同，可以讲，与其他载体相比，活动载体的优势在于：突出的实践性、可参与性和直观性。但是，不同的载体也都有其不可替代的重要作用。文化载体可以通过多方面的渗透，持续地对广大群众施加影响。管理载体可以消除活动开展过程中的随意性，可以通过制定相关规则和计划推进活动的开展效率。传媒载体则可以全面地吸引广大群众对活动的参与，通过广播、电视、手机、网络等传播媒介增强对活动的宣传力度。充分考虑其他的载体的作用，在活动展开的不同时期、不同范围，有选择地将其他载体有机地融入进所开展的活动中去，保证活动得以顺利开展、进行。例如，弘扬儒家优秀传统文化活动的宣传动员期，应该充分利用传媒载体，以增强宣传效果和宣传影响。在相关活动的开展过程中，则要充分通过管理载体有序组织活动。通过充分整合各类载体资源，促使活动得以顺利开展并得以取得预期效果。

2.活动载体的确定及落实步骤

首先是活动载体运用的准备环节。以活动为载体开展儒家优秀传统文化的弘扬，首要环节就是要明确目的，然后以此为方向规范活动载体的运用过程，发挥活动载体在弘扬儒家优秀传统文化上的优势和特色作用。所开展的弘扬儒家优秀传统文化活动，最终追求的目的是使大学生在了解儒家宝贵思想财产的过程中，感受儒家文化中特有的家国情怀、自强精神和担当意识，激励大学生在学习儒家优秀传统文化的过程中，以儒家先贤们为榜样，树立崇高的人生志向，自觉追求更高的精神境界，培养自强不息、积极进取、勇于担当的优良品质。弘扬儒家优秀传统文化活动载体的运用目的，就是将其予以具体化和情景化，通过调动广大参与者的积极性和主动性，实现理想信念教育和思想道德教育。同时，在开展某项有具体主题的活动时，则要在大目标的指导下，明确指定具体的小目标。制定具体小目标之时，要充分考虑参与其中的大学生们的实际情况和现实需要，并明确的加以说明。

其次制定活动载体的具体运用方案。只有预先制定好合理的活动方案，明确活动的开展过程，对活动开展过程中可能出现的问题提前有所考虑并准备好相应的应对措施，才能保证传统文化的弘扬活动有序顺利地开展。一是要考虑具体的活动参与对象。充分考虑参与对象的兴趣点所在，思考活动方案如何能够有效地在参与者心中产生积极影响，尽可能地调动受教育者参与活动的积极性。二是要考虑具体的活动时机和活动地点。兵法上讲“天时、地利、人和”，在开展活动时应该注意把握时机，不失时机地对儒家传统文化进行巧妙的宣传教育。例如，在传统节庆日、某些纪念日前后，开展与此相关的一些活动，一方面使学生对具体传统的由来等知识性细节有所了解，同时在参与某些传统仪式过程中，也会使学生潜移默化地接受传统文化的熏陶。此外，要根据活动参与的人数和活动内容选择恰当的活动地点。三是要考虑到经费预算。在活动方案设计时充分考虑到各个环节的花费情况，有取舍、有权衡地进行安排，切实保证活动开展的可行性。

再次是活动载体运用的实施环节。在确定活动载体时应该充分考虑诸多方面的因素，如活动所要体现的儒家传统文化的内容、所开展活动想要达到的具体目标、参与活动的大学生过去对传统文化的了解和掌握情况等。用以弘扬儒家优秀传统文化的具体活动，要以介绍普及一些儒学常识、宣传儒学的精神理念、提升大学生精神文化素养为目标。将特定的儒家精神文化内涵在特定的时机和场合下通过特定的活动方式传输给受教育者，使他们受到精神的感染和熏陶，并将其作为自己的精神追求并在现实行动中有所落实。上述诸多因素是在确定选用何种活动载体时所应该慎重考虑的。其中大学生群体间的不同情况，所要宣扬的儒家传统文化内容的不同，是选择活动载体时所要考虑的重点。此外，在选择和确定活动载体的过程中，要充分考虑不同的活动载体在实际开展中可能遇到的实际问题，充分权衡众多活动载体的现实可行性。要注意选择其中可行性最高、运行阻力最小的活动载体为最佳选项。同时避免活动载体在使用过程中从一而终，贻误可以利用其他活动载体发挥自身优势进行有些教育的良机。因此，在这个过程中，要注意因势利导，在充分考虑受教育者兴趣、知识背景、思想态度的基础上开展活动，灵活恰当地应用不同活动载体，切实保障在弘扬儒家优秀传统文化过程中，选择活动载体的准确性。

最后是活动载体运用的反馈环节。对反馈信息的搜集、整理能帮助评估活动开展的实际效果，并可以为接下来的活动开展做参考。活动开展情况的反馈信息可以通过多种渠道获取：其一，教育者自身在活动的组织开展过程中，以其亲身经历会获得大量一手信息。教育者可以根据自己的实际观察，对活动开展的组织形式、活动规模以及受教育者的参与状态、活动效果等要素进行评述。在活动组织者彼此的交流沟通中收集反馈信息。其二，在活动结束后，专门对活动参与者们进行了解，设计调查问卷，向参与活动的大学生了解：对活动的预期和实际结果的差距，在活动过程中的参与情况，活动的效率情况，活动环节设计上、实践上存在的问题，进一步完善活动形式的建议等。对收集到的反馈信息进行分类，可以先将信息分为正面肯定的反馈信息和批评建议的反馈信息。对正面肯定的反馈信息有所分析，明确得到肯定的地方在哪里，讨论此类成功经验的更广阔的应用范围，对成功经验进行推广。对于批评建议的反馈信息，进行认真反思、明确失误所在，在以后的活动开展中有所调整，在吸取经验教训的基础上，不断完善活动开展的组织形式，真正发挥活动载体在弘扬儒家优秀传统文化进而增强大学生主体意识方面的积极作用。

第二节　山东高校优秀传统文化教育现状调研及实践分析

儒家优秀传统文化的教育传承需要依托高校作为基地。山东省素有“孔孟之乡，礼仪之邦”的美誉，拥有良好的传统文化氛围和众多高等院校。新常态下山东省文化资源教育优势和山东高校儒家优秀传统文化教育的现状如何，二者的结合度怎样，我们进行了调研分析。

改革开放以来，关于高校儒家优秀传统文化教育，概括起来主要包括以下内容：

第一，政策层面。国家和各级政府从宏观和整体层面制定了一些纲领性文件和指导意见。从1993年中共中央、国务院印发《中国教育改革和发展纲要》中提出“要重视对学生进行中国优秀传统文化教育”，到1994年的《爱国主义教育实施纲要》，再到十六大、十七大、十八大中屡次提出要重视儒家优秀传统文化教育，到国家“十一五”“十二五”的文化发展规划纲要，体现出党和国家对传统文化教育越来越重视。2014年3月教育部下发《完善中华优秀传统文化教育指导纲要》，2014年3月山东省下发了《关于推进全省高校中华优秀传统文化教育工作的意见》，2015年1月山东省文化厅印发了关于《山东省文化厅传承弘扬优秀传统文化十大行动》的通知文件等。

第二，理论层面。从目前发表的论文来看，大致可分为四类：一是中华优秀传统文化教育的意义研究，二是中华优秀传统文化教育的内容研究，三是现行传统文化教育的现状和存在的问题及成因研究，四是中华优秀传统文化教育的对策和建议。总的来看，研究者虽进行了分门别类的研究，但缺乏具体的实证分析，尤其是缺乏在调研基础上对能统领全局的运行体系的研究，未能从体制和运行机制上提出科学的建议。具体到山东，针对山东省优秀传统文化教育的研究论文较少。

第三，实践层面。目前，山东省建立了一些传统文化培训学校和培训体验基地，编写了传统文化教材，进行了传统文化教育和实践平台建设。许多全日制学校还开设了传统文化课程，举办了大量的弘扬传统文化的活动。但是，仍存在一些问题，主要体现在以下几点：一是缺少总体性系统性的顶层设计；二是传统文化教育实践“不接地气”，存在脱节现象；三是对于学生接受传统文化的现状不明晰;四是未充分认识和发挥山东省优秀传统文化教育资源特色和优势。

一、山东高校优秀传统文化教育政策"顶层设计"

中华优秀传统文化教育的发展离不开国家和地方政府的政策引导与现实支持,需要国家与地方层面相互协作、共同引导。为贯彻执行中共中央《关于培育和践行社会主义核心价值观的意见》和习近平总书记关于弘扬中华优秀传统文化系列讲话精神,2014 年 3 月,教育部出台《完善中华优秀传统文化教育指导纲要》(以下简称《指导纲要》)。《指导纲要》对中国高校开展传统文化教育做出了科学指导和系统筹划,对充分发挥中华优秀传统文化在学校培养优秀人才、推进高校内涵建设和创新性发展起了重要作用。2015 年 1 月,中共中央办公厅和国务院办公厅印发了《关于进一步加强和改进新形势下高校宣传思想工作的意见》,从意识形态的高度对高校继承和弘扬优秀传统文化进一步提出明确的要求。

早在 2011 年,山东省人民政府出台了《义务教育地方课程传统文化课程实施指导意见》,就传统文化课程的设置提出了科学的指导和规划。2013 年 11 月 26 日,习近平总书记到曲阜视察并发表重要讲话,就中华优秀传统文化的传承与弘扬做出了重要指示。以此为契机,山东从传承弘扬中华优秀传统文化着眼,积极利用齐鲁文化资源富集优势,贯彻习总书记讲话精神,坚持"创造性转化、创新性发展"的方针,坚持中华优秀传统文化与社会主义核心价值观相结合,深入开展传统文化的研究与教育。2014 年 3 月,山东省委高校工委研究下发了《关于推进全省高校中华优秀传统文化教育工作的意见》,这是山东为贯彻落实中共中央文件和习近平总书记关于弘扬中华优秀传统文化系列讲话精神的法规性文件。该意见进一步对山东中华优秀传统文化的传承与弘扬提出了明确的指示和建议,在指导思想、基本原则、主要内容、方法途径和组织保障等方面提出明确要求,并进行了统筹安排和顶层设计。2015 年 1 月,山东省文化厅印发了关于《山东省文化厅传承弘扬优秀传统文化十大行动》的通知文件,从不同的角度和渠道对中华优秀传统文化的传承弘扬和活动开展提出了明确的建议和要求。根据上级文件精神,山东省高校根据各自情况制订了本校关于中华优秀传统文化教育的计划。

二、山东高校大学生传统文化教育"接受度"调研与分析

高校优秀传统文化教育是大学生思想政治教育的重要内容和抓手,也是

高校大学生素质拓展和社会文化服务的重要组成部分。高校优秀传统文化教育的受众对象是在校大学生，其对中华传统文化教育接受程度是山东高校中华传统文化教育研究的重要内容。大学生作为开展教育的行为主体，他们的学习态度是否端正，他们的传统文化底蕴是否厚重，他们的文化诉求是否合理，他们对高校传统文化教育是否满意等，对高校优秀传统文化教育的顺利开展起着决定作用。为了深入了解和分析山东大学生优秀传统文化教育现状，课题组分别在山东省的几所高校开展了问卷调查和访谈，主要包括山东大学、山东理工大学、青岛大学、山东农业大学、曲阜师范大学、山东职业学院等六所高等院校。调查过程中，问卷采取专人负责，根据不同专业集中发放和单独回收等措施，确保了问卷调查的准确性和可信度。本次调研我们共发放调查问卷 1200 份，回收有效问卷 1112 份，回收率为 92.67%。访谈不同专业、不同层面的老师和学生共计 80 名。调查对象的基本信息详见表 4-1。

表 4-1　　山东省高校学生在专业和层面上的分布情况

调查对象的基本情况		所占人数	所占比例(%)	总人数
性别	男	652	58.6	1112
	女	460	1.4	
政治面貌	中共党员	211	19	
	团员	865	77.8	
	群众	36	3.2	
年级	大一、大二	716	64.4	
	大三、大四	396	35.6	
学科类型	文史哲类	553	49.7	
	理工类	559	50.3	

（资料来源：根据《山东省高校中华优秀传统文化教育现状》调研问卷数据整理而得）

(一)大学生对传统文化的认知程度

关于对传统文化的认知度的调查，从问卷调查的统计结果来看，绝大多数学生对中华优秀传统文化的认识是主流的、理性的，较为客观。在“对传统文化的了解程度”问题(如下图 1)中，70%的大学生选择“基本不了解”，22%的大学生选择“一般了解”，8%的大学生选择“比较了解”，然而几乎没有人选择“清楚”这一选项。这在一定程度上说明高校学生多数认为自己对传统文化的了解度并不高，侧面反映了大学生希望自己的传统文化水平提升的愿望。通过对问卷进行分析，发现高校大学生对传统文化的认知程度存在明显的科别差异。文科专业的高校学生认为自己的传统文化知识积累优于理科专业学生。就原因而言，通过问卷了解到，他们认为一方面在于自己中学文理分科造成的，另一方面是由于高校开设的课程在传统文化方面对文科专业明显的偏斜造成的。由此可见，山东省高校学生对于中华优秀传统文化的自我认知度还是比较科学和全面的。

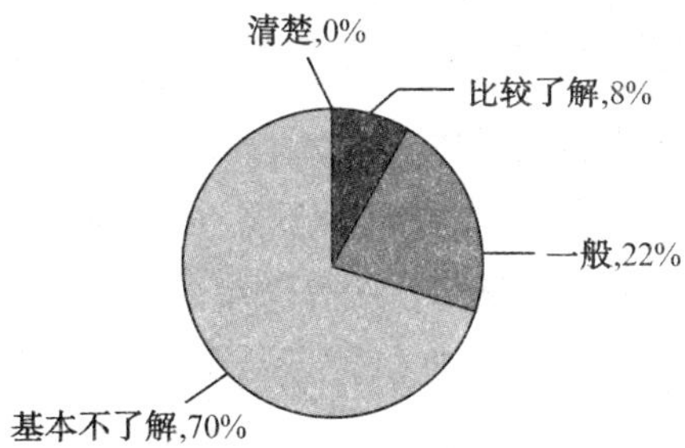

图 4-1　山东省高校学生对传统文化的了解程度

（资料来源：根据《山东省高校中华优秀传统文化教育现状》调研问卷数据整理而得）

（二）大学生了解传统文化的方式

在“了解传统文化的方式”一题（如图 4-2）中，21％的大学生选择“传统媒体”（如电视、杂志、报纸等），37％的大学生选择“新媒体”（如网络、微信、QQ、微博等），26％的大学生选择通过“课堂”的教育获得，13％的大学生认为其了解传统文化主要是通过身边的长辈们“口耳相传”的方式获得的，3％的大学生通过“其他方式”获得。从问卷调查的统计结果来看，同学们通过媒体和课堂的方式共占了 84％，成为大学生了解传统文化的主要方式。其中，58％的大学生选择通过“媒体”的方式并且在这之中通过“新媒体”的方式就占据了 37％，不仅反映了媒体在高校中华优秀传统文化教育中的重要作用，新媒体的力量更是不容忽视。山东省高校在进行中华优秀传统文化教育时可因势利导，充分利用新媒体和课堂教学的方式对大学生进行有效的中华优秀传统文化教育。

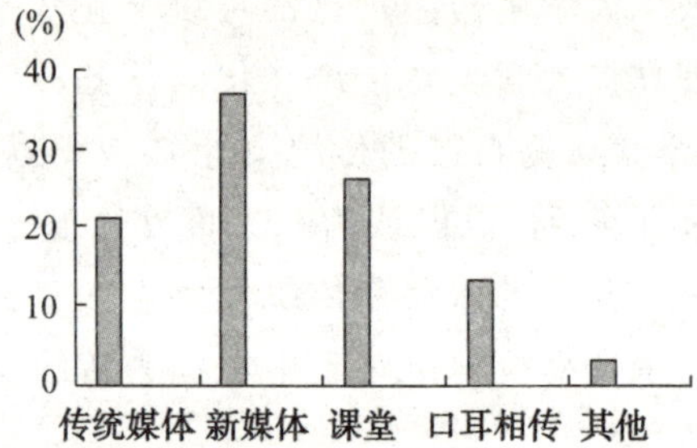

图 4-2　山东省高校学生了解传统文化的方式

(资料来源:根据《山东省高校中华优秀传统文化教育现状》调研问卷数据整理而得)

(三)大学生对高校传统文化教育的认同度

在“你对高校中华优秀传统文化教育的态度”一题(如图 4-3)中,65%的大学生表示非常“支持”,24.1%的大学生选择“无所谓”,认为与自己无关,10%的大学生选择“不看好”,有 9%的人选择“抵制”。通过调查数据发现,多数大学生对高校中华优秀传统文化教育的态度是赞成和支持的,对高校中华优秀传统文化教育持肯定态度。但是,35%的高校学生对于中华优秀传统文化教育并不完全认可,其选择“无所谓”“不看好”甚至是“抵制”。大学生对于传统文化教育的态度很大程度上决定了高校优秀传统文化教育的成功与否,需要相关学校和部门对其进行正确的引导和教育。

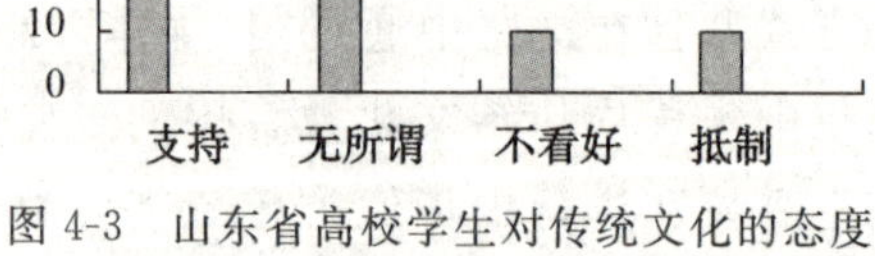

图 4-3　山东省高校学生对传统文化的态度

(资料来源:根据《山东省高校中华优秀传统文化教育现状》调研问卷数据整理而得)

(四)大学生对高校传统文化教育开展的满意度

关于“高校是否有必要开设中华优秀传统文化教育课程”一题(如图 4-4)中,有 60%的大学生选择“有必要”,25%的大学生认为“有必要但要改变传统课堂方式”,10%的大学生选择“无所谓”,5%学生选择“没有必要”。从数据和图示可以看出,接近 85%的大学生对在高校开设传统文化教育课程持肯定和支持的态度。另外,“在现有传统文化课堂中,你认为是哪些原因导致传统文化课的效果不好”的调查(见图 4-5)中,30%的大学生认为“教学内容与现实生活衔接度不够”,26%的大学生认为“教学方式老套,吸引力不够”,25%的大学生认为“教师只顾完成教学任务,不考虑学生的感受”,19%的大学生认为“教学媒介、教具不够先进”。根据统计数据发现,高校在优秀传统文化课堂教学中,存在硬件和软件并不能满足大学生需要的现状,具体体现在课程设置、教学内容、教学方式、教学用具、教学方法等方面。这表明山东省高校中华优秀传统文化教育的课堂教学需要加大资金投入、资源投入与人力投入。

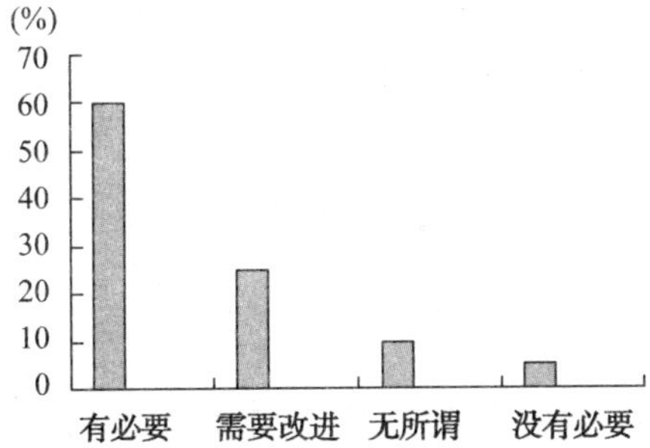

图 4-4　山东省高校学生对是否有必要开设传统文化教育课程的看法

(资料来源:根据《山东省高校中华优秀传统文化教育现状》调研问卷数据整理而得)

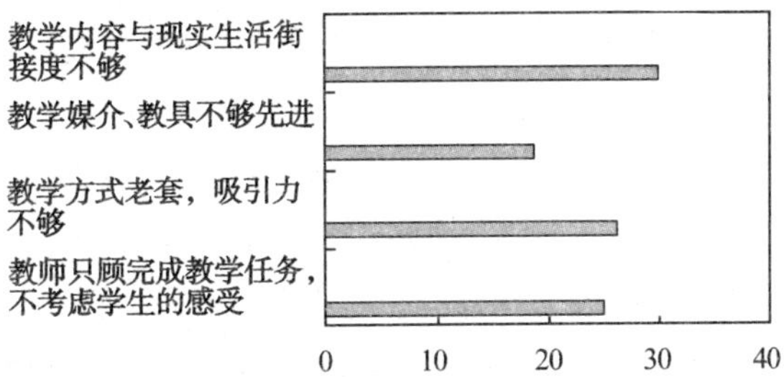

图 4-5　导致传统文化课效率平平的原因分析

(资料来源:根据《山东省高校中华优秀传统文化教育现状》调研问卷数据整理而得)

通过对山东省几个具有代表性的高校进行问卷调研,将“大学生对高校中华优秀传统文化教育接受度”的数据进行统计分析,可以发现:大学生“对于传统文化的自我认知”比较客观,侧面反映了大学生希望加强自身传统文化素养的愿望;而多种多样的“传统文化的了解方式”为高校对大学生进行优秀传统文化教育方式提供了有效的参考;通过“大学生对高校传统文化教育开展的满意度和认同度”的调查,我们可以清晰地了解大学生对传统文化教育的态度以及对高校传统文化课堂的看法和建议。由此可见，多数大学生对高校中华优秀传统文化教育持接受的态度，尽管一部分学生持观望甚至是反对的态度，但是他们仅仅希望通过表达自己的一些不满，透露出希望缩小现实与自己对高校传统文化教育的要求之间的差距这一愿望。这也在一定程度上说明山东省高校中华优秀传统文化教育存在一定的问题，需要进一步改善、加强和提升。

三、山东高校传统文化教育“教育实践”调查分析

传统文化教育尤其是在高校进行传统文化教育，可以说目前仍处于探索阶段。虽然有20世纪二三十年代前贤的筚路蓝缕，也有当前一些名校的实验探索，但是对于高校而言，必须立足自身实际，发挥自身优势，走出各具特色的大学传统文化教育之路。新常态下，如何让大学生理解并接受历史悠久的中华优秀传统文化，对于山东高校来说是一个具有挑战性的难题。通过对山东省高校进行访谈调研，了解到山东省各高校对传统文化教育的理论研究、科研平台建设、课堂教学、校园文化活动等做了大量有针对性的尝试。但是，高校传统文化教育是个宏大的系统工程，需要科学规划，不能也不会一蹴而就、一劳永逸，应对其做好指导，做好研讨和论证，有序推进，实现可持续发展。

（一）山东高校传统文化教育优势

1.政策支持

2014年3月，山东省政府研究下发了《关于推进全省高校中华优秀传统文化教育工作的意见》，提出推进中华优秀传统文化“三进”工作，并将其融入思想政治理论课和形势与政策课教育教学过程。《意见》要求在管理考核上，要把中华优秀传统文化课堂教学作为必修内容进行考核和管理。2015年1月，山东省文化厅印发了《山东省文化厅传承弘扬优秀传统文化十大行动》的通知等。2014年起，山东省委高校工委依托山东省高校思想政治理论课教师培训基地，将山东高校中华优秀传统文化教育骨干教师培训班举办列入长期规划。

2.文化资源

山东是儒家文化的发源地，儒家文化是中华传统文化的主流，作为文化大省的山东，历史文化资源相当丰富。历史悠久的鲁文化和齐文化是山东优秀文化的代表。鲁文化有重礼、崇仁、尚德、贵和的传统。齐文化重开放、崇务实，农商并举，义利并重，礼法兼顾。鲁文化与齐文化的优势互补、兼容并蓄，丰富和完善了山东古文化。曲阜“三孔”和泰山是我国最早被联合国教科文组织列入世界文化遗产名录的。2014年大运河也申遗成功，成为中国第46个世

界遗产项目。曲阜“三孔”、泰山、泉城、梁山、蓬莱阁、刘公岛、银雀山汉墓，孙子、王羲之、孟母、梁祝等大家耳熟能详，“一山、一水、一圣人”“孔孟之乡，礼仪之邦”，齐鲁美誉响彻神州大地。2015年8月，在济南召开的第22届国际历史科学大会，在济南、青岛、淄博、济宁、泰安、聊城六市增设了卫星会议，探讨内容包括龙山文化及早期文明、蹴鞠与齐文化、儒家文明与当代世界、运河文化、泰山文化等，凸显了中国元素，展现了齐鲁底蕴，显示了山东丰厚的历史文化资源优势，进一步展示出齐鲁大地的文化底蕴和当代形象。

3.研究资源

山东省高校从事传统文化研究者非常多。2001年3月，山东师范大学齐鲁文化研究中心被教育部正式批准为省属高校人文社会科学重点研究基地。2012年1月，山东大学整合成立儒学高等研究院。2014年5月，曲阜师范大学设立山东首家国学院，孔子第79代嫡孙孔垂长任名誉院长，在孔子儒学研究领域形成了自己的特色和优势。2014年6月，山东省孔子与山东文化强省战略协同创新中心在曲阜师范大学揭牌，该中心协同北京大学、山东大学、孔子研究院等知名专家100多人从事传统文化相关研究。2015年4月，山东省高校优秀传统文化与人才培养研究基地在山东理工大学揭牌。据不完全统计，全省高校设立与传统文化相关的研究机构60多个。山东各高校承担国家社科基金项目与传统文化相关的有200多项，2014年度全省艺术科学重点课题立项443项，其中传统文化研究立项196项，涌现出一大批传统文化研究者。国际孔子文化节、世界儒学大会、尼山世界文明论坛等已成为世界瞩目的传统文化经典活动，每年参加人员近万人。

(二)山东高校优秀传统文化教育理论研究

改革开放后，特别是新世纪以来，大批学者对传统文化教育开展了研究。部分高校对优秀传统文化教育进行了理论研究，取得了一定成绩。以地处孔子故里的曲阜师范大学为例，学校学者先后撰写《曲阜师大孔子文化学院“大经学”研究与教学》《试论大学国学教育面临的困境》《微孔子，我们将无家可归》《传统的“成人礼”与学校人文教育》《人文传统与儒家教化学说》等多篇论文并予发表。教学理论成果《高校国学通识教育的研究与实践》获2014年第七届山东省高校教学成果奖二等奖。这些成果一方面总结了学校在孔子儒学、经学、国学教育方面的已有成果与经验，另一方面又分析了当前大学传统文化教育所面临的困境与挑战，提出一些反思性意见与建议，同时还对儒家文化当中的教化思想、礼乐传统的现代意义进行了认真梳理与揭示。这些成果对高校优秀传统文化教育有一定的借鉴意义。但总的来看，研究者虽进行了分门别类的研究，却缺乏具体的实证研究，尤其是缺乏在调研基础上对能统领全局的运行体系进行研究，未能从体制和运行机制上提出科学的建议。具体到山东，从事传统文化的研究者很多，成果丰硕。从高校整体上看，专门从事优秀传统文化教育的研究者较少，没有形成科研团队，研究成果比较零散，缺乏指导性和系统性。

（三）山东高校优秀传统文化教育科研平台建设情况

据调查，山东部分高校依托国家和山东省人文社科基地、特色学科等建立了传统文化教育科研机构，如山东大学、山东理工大学、曲阜师范大学、济宁学院、滨州学院等分别成立了儒学高等研究院和中华传统文化研究与体验基地、齐文化研究所、国学院、孔子文化研究所和孙子研究院等，结合科研进行传统文化教育。山东大部分高校基本没有建立专门的高校优秀传统文化教育科研平台。

（四）山东高校优秀传统文化教育教学活动

在 2014 年 11 月召开的山东省高校传统文化教育座谈会上，与会专家认为，在目前的传统文化教育中，传统课堂教学仍是主渠道和主阵地，如何把优秀传统文化转化成大学生能接受的东西，较好地融入到日常的教育教学中去，达到优良的教学效果，进而形成常态化的教学机制是目前高校传统文化教育的重要工作面向，山东师范大学正在做有益的尝试并取得良好效果。而地处孔子故乡，有着天然地缘优势的曲阜师范大学则在开展第一课堂教学的基础上，与曲阜“三孔”、中国孔子研究院、曲阜市文物局、鲁故城遗址公园、孔子六艺城、太阳部落景区等文物部门和文化景点设立大学生传统文化教育基地，寓教化于实践，效果良好，成效显著。

从学科设置方面，许多高校开设有与传统文化相关的必修课和公选课。当前，山东高校依托思想政治理论课和形势政策课开设优秀传统文化教育公选课的高校已有 140 多所。2014 年，省委高校工委组织编写了《中国传统文化读本》，作为传统文化的通识课教材和思想政治理论课辅助教材使用。部分高校自己组织编写教材，如曲阜师范大学在 2008 年编写了《孔子与儒家文化》校本课程教材，有近 10 所高校使用。职业院校教材《山东传统文化》正在紧锣密鼓地编写和出版。

在山东，作为传统文化教育的主干和核心的孔子儒学及经学一直为高校开展传统文化的重心。以曲阜师范大学为例，学校建设了“国学修养”公共必修课程模块和"传统文化类"公共选修课程模块,依托两大课程模块,开设了"中国传统文化概论""儒家人生与道家智慧"等近30门校本课程。仅一个学期,选修传统文化类课程的大学生超过3000人。

(五)山东高校优秀传统文化教育师资调研

依据调研,山东高校优秀传统文化教育师资主要存在以下问题:

首先,各高校基本没有设置传统文化教育教研室,传统文化教育教师均为兼职,都是"临时工"性质,没有形成传统文化教育骨干团队。

其次,整体上看,高校从事传统文化教育教学师资的传统文化素养和教学能力与当前传统文化教育教学的要求不大适应,不能满足教学需求。

最后,师资培训以短期培训为主,系统性不强,效果有待验证。

(六)山东高校大学生传统文化实践活动

山东高校重视加强传统文化载体建设,开展了丰富多彩的主题教育实践活动。在全省范围相继开展"孝行齐鲁""山东省中华传统美德进校园""感恩校园"等活动。2014年,山东举办了第一届"齐鲁学子国学盛典展演活动"和"国学达人"挑战赛,覆盖大学生超过30万人。2015年9月,第二届山东省青少年"国学达人"挑战赛决赛在曲阜师范大学举行,这是第一届中华学子青春国学荟的一项重要省级活动,本次活动有40余万名青少年学生参与"国学达人"网络挑战赛,以"班班都有国学达人"为目标,采取"层层挑战,层级选拔"的方式,分别在班级、校级、市级多个层面进行,17个市和54所高校均举办了相应层级的赛事,在全省青少年中形成了弘扬中华优秀传统文化的新热潮。山东大学开展的"山东大学中华传统文化研习营",通过学习、体验中华优秀传统文化,培养学员的历史使命感和社会责任感,增强学员"国际视野,中国表达"的民族情怀和"国家立场,文化展示"的创新意识,成为大学生活动经典;曲阜师范大学因开展"儒家文化齐鲁行"而连续两年荣获全国大学生社会实践优秀团队。但是,整体来讲,大部分高校实践活动开展没形成常态,以临时开展为主,大多注重活动本身的开展,为活动而活动,对活动的效果总结重视不够。

(七)山东高校优秀传统文化教育存在的主要问题

1.传统文化教育缺乏系统性、科学性

大部分高校的"顶层设计"不能满足传统文化教育需求。尤其是理工科院校,学校资源存在明显不足。同时,在一些开设相关课程和举办传统文化活动的高校,系统性不强,课程的衔接性较差,教师队伍和教学组织、教学时间等存在较多问题,传统文化教育的时效性和可持续性很难更上层楼,在广度和深度上亟须加强。

2. 传统文化教育缺乏良好的文化氛围和有效途径

当前,大部分高校缺乏传统文化教育的良好氛围和有效途径,教学办法不多,效果一般。高校的传统文化教育中存在着软硬件设施不完善,学校文化底蕴不浓厚等问题。相关学生社团、社会实践活动、文化建设平台等缺乏长效机制。即便被冠以传统文化教育之名的通识课程等,也只侧重了传统知识传授,其真实精神内涵和践行弘扬并没有真正提炼提升。

3. 传统文化教育面临市场经济的挑战

市场经济的加速发展,导致社会过分追求利益而忽视道德的养成,一些大学生对传统文化敬而远之。优秀传统文化教育的经典内容,如温良恭俭让、仁义礼智信等,与新时期一些大学生的自身社会价值的追求有较大差距,道德与利益的炙烤对高校的传统文化教育提出挑战。

(八)山东高校传统文化教育存在问题的主要原因

1. 高校功利主义教育培养模式阻碍了优秀传统文化教育的拓展

近年来,个人利益和经济利益为重心的模式导向和高等教育的大众化,造成高校教育教学中的实用化、短视化趋势明显,实用主义和功利主义在教育教学中影响越来越大,高校的教育模式和工作重心也逐渐发生变化,引起系列连锁反应。例如,在学科建设上,高校对自然学科类的重视普遍要强于人文社会科学。在师资建设中,理工科的人才引进和培养占有学校大部分资源。在人才培养目标上,大都忽视了对学生人文素养和政治品德的教化,较为注重对学生专业知识的传授、考核和监督。在对学习时间的分配上,学生把更多的精力放在了专业知识学习和计算机、外语以及各种资格证的考试上面。在学业和专业评价上,高校、家庭和社会更加注重的是毕业生就业率这个硬性标杆,不重视对学生人文修养和政治品德的考评。

2. 高等院校对优秀传统文化教育的思想内涵和教育功能缺乏全面科学的认识

许多学校领导、部门院系负责人乃至业务教师和思政工作人员,传统文化知识素养参差不齐,对优秀传统文化重要性的认识也不到位,认为进行优秀传统文化教育是走形式的、是虚的、没有用的,工作开展只是应景之作,当不得真。大学生只有努力学习专业知识和专业技能,找到一个满意的工作,才是上大学的意义所在。更有甚者,有部分教育工作者错误地将中国优秀传统文化与“三从四德”“三纲五常”、君主专制乃至某些封建迷信等混为一谈,反感和抵制传统文化。他们对中国优秀传统文化中的陶冶情操、修身养性、启思益智、催人上进的积极教育意义认识不够。从决策层面和实施层面看，很多高校未将优秀传统文化教育纳入到学校正常的教育教学之中。正如有学者指出："我国高校对传统文化的理解，多限于文艺活动、文艺表演、书法、艺术、乐器表演等，在这些活动上冠以传统文化之名。"[①]许多传统文化教学实践过程中，注重对某些知识、技巧和形式上的讲授，缺乏对优秀传统文化教育整体资源的整合和提炼，忽视了精神理念上的渗透和升华，重形式轻内涵，为文化而搞文化，为活动而搞活动。大学生对传统文化的精髓和内涵理解不深，重知识，轻实践，没有形成自身的文化认识，对优秀传统文化教育的功能认识不清。教育方式重视不够，难以形成专业化、制度化、系统化的教学机制。

3. 当前大学生受教育的基本状况不容乐观

首先是大学生传统文化底蕴严重不足，这体现在：一是优秀传统文化知识储备量低，学习主动性较差；二是大学生对传统文化的精髓和功能理解得不透彻，认同度较低；三是优秀传统文化应用能力和践行意识不强。这些现状反映出现今教育体系中指导思想的不到位、课程设置的不合理、实践活动开展的不理想等；从小学到高中，较为重视学生古诗词和文学名著的学习和古器乐、书法等的教学，不注重对学生进行传统文化思想内涵和个体道德文化素养方面的熏陶和培养。强化大学生优秀传统文化教育的目的是提升传统文化学习和践行的能力，让大学生汲取传统文化中的精髓和本质，由外化于自身的学习和生活中，自然而然地内化于自身的不断提升，成为一个合格的优秀大学生。

其次是高校开展优秀传统文化教育的力度与大学生的需求不相适应。当前，许多学生大学期间所掌握的新的传统文化知识水平处于停滞不前状态，他们所掌握的传统文化知识大多还是在中小学时期掌握的内容。大学生传统文化的提升，急需高校采取一系列有效措施，从深度和广度上加大传统文化教育力度。但是目前，高校传统文化教育过程中，教育培养部门计划性不强，采取措施不力，管理考核不严格，教师授课随意性强，学生学习主动性差，很多是被动应付为主，效果不好。

最后是学生对高校优秀传统文化教育现状满意度低。大学生对高校开展传统文化教育现状的满意度调查中，调查问卷显示，只有 17%的同学表示满意，其余 51%的同学表示不太满意，32%的同学不满意。很多同学表示，教师

① 高琼、刘茹：《我国高校传统文化教育的现状及对策分析》，《教育研究》2008 年第 8 期。

授课效果不好，考核不认真，教务部门管理不善，学校没有提供良好有效的传统文化学习环境和实践途径，是导致大学生对传统文化学习不力、教育效果不好的重要原因。

4.高校开展大学生优秀传统文化教育教学工作尚不规范

首先是高校优秀传统文化教育领导机制不健全。中央和省里一再下发文件强调传统文化教育的重要性，但是，很多高校领导层面缺少对传统文化教育的全面科学认识。高校在执行文件时，大都没有进行系统规划，只是作一般性的号召和原则性的要求，以会议贯彻会议，以文件贯彻文件，缺少总体上的教育定位和切实可靠的执行方案，基本没有建立名正言顺的有执行力的校级和部门院系领导结构和督查落实制度。

其次是大学生优秀传统文化教育课程设置不合理。一方面，与传统文化相关的选修课课时有限，学生受众面过小，多数高校开设的选修课课时数一般为36课时，要在课堂中达到既让教学过程充满感染力又能让学生建立起传统文化的理论体系的双重效果，通过这有限的教学时间是远远不够的。另外，选修课资源少，必修课开的针对性又太强，很难满足更多学生学习传统文化课的需求。另一方面，在教学活动中，因为种种原因，传统文化教育的课程教学缺乏严谨性和严肃性，随意性较强。作为选修课，在授课质量、教材选择、师资实力、学生重视程度、结业考试严格规范上都缺乏相应的保障。

再者是教师的传统文化素养和教学要求有待提高。一方面，传统文化课教师队伍较为杂乱，兼职为主，专业素质参差不齐，教学管理较为松懈。目前，因为没有统一的教学大纲，多数高校有关传统文化教育教学的内容安排、教学资源的选择、教学方法的应用、教学考核的方式等大多由授课教师自己决定。这就容易形成授课教师各自为政、互不沟通的教学局面，整个教学环节缺乏规范，缺乏管理。而且，大部分传统文化授课教师没有经过专业的传统文化知识、理论学习和文化实践就被学校指定为授课人，课堂讲授不专业、不严肃，学生不认可，使得学生听课质量和授课效果大打折扣。

另一方面，作为大学生传统文化教育主力军的高校政工队伍和思政课教师，管理任务和公共课任务很重，精力分散并且有限，很难高质量完成教学任务。而且，大部分人对传统文化的学习不够深入，未充分意识到学习传统文化对于自身道德修养素质的提高，对课堂教学质量的提升，以及对于开展学生思想政治教育工作的重要意义，这也是导致目前高校政工队伍和思政课教师的传统文化功底不深，缺少深刻内涵和人文情怀的主要原因，也就造成了教学效果不佳、学生不满意这一结果。

此外，对传统文化教育师资培训不够。师资培训对当前传统文化教育的重要性不言而喻，但是高校传统文化教育培训面临着“应时性”和“贵族化”的不正常发展趋势，正规系统的专业培训很少，针对普通高校教职工开设的传统文化教育课程或专题讲座更是少之又少。有的培训则是为了完成上级任务所做的应对性培训，效果不好。

5.高校优秀传统文化育人环境和措施不完善

近些年，随着高校的扩张，新校区、大学城成为时尚，校园建设的速成化、模式化、商业化成为潮流。从教育环境来讲，高校物质环境建设是大学教育理念的一种物质上的外在表现，对人才培养起着重要作用。比如，欧洲许多著名高校，校园建筑的厚重、沧桑和历史感，整体环境的肃穆、静谧和有序，都是对传统文化的续写和传承。而中国高校中，历史上遗留下来的文化遗址、历史名人故居、古建筑遗址等展示了中国古代文化的杰秀、真朴和底蕴。在高校的扩建和翻新中，许多高校一方面对原有体现传统文化的经典建筑保护不力，将已有的古老的文化建筑肆意拆毁，使学校的传统气质破坏殆尽，传承断层；另一方面，相当一部分高校在扩大校园场地规模时，任性地将商业性的设计模式和国外模式照搬到学校中，华而不实，校园建设日益模式化，缺乏历史感和人文情怀。

此外，高校开展传统文化教育活动的深度和广度有待加强。当前，山东在逐渐加大优秀传统文化教育活动的开展力度，活动开展有全省层面的，有高校层面的，有高校内部层面的，有多方组合开展的等，活动取得了一定的效果。但总体上看，这些活动仍然是零散的、孤立的、不成体系的。调研发现，许多高校开展的共性活动主要包括春节、元宵节、端午节、中秋节、七夕节、重阳节等传统节日期间的活动，以及书法绘画、诗词写作、民族音乐舞蹈、传统武术等活动。但总体来看，活动重复性高，学生参与热情不高，人数不多，且多局限在校园内部，范围较小，时间较短，与社会、民间传统文化机构以及其他高校联合开展教育活动的力度不够，活动投入不够，办法不多，教育的目的没有得以较好实现。造成这种情况的原因主要是，在传统文化教育实践中，高校在传统文化教育活动中就为何开展、如何开展以及在开展目的和引导方向上不是很明确，多数活动只是在简单的文化知识层面上传送，重形式，轻内容，为了活动而活动，看似热闹，但达不到教育的本质要求，有待进一步深化和加强。

第三节　山东高校优秀传统文化教育提升路径探讨

中华优秀传统文化教育，最基本的两个问题是：一是学什么。这实际上就是《中共中央关于深化文化体制改革，推动社会主义文化大发展大繁荣若干重大问题的决定》中指出的"加强对优秀传统文化思想价值的挖掘和阐发，维护民族文化基本元素"和教育部《完善中华优秀传统文化教育指导纲要》中提出的"以弘扬爱国主义精神为核心，从修身、处世、爱国三个层次概括凝练中华优秀传统文化教育的主要内容"。二是怎么教。这实际上是优秀传统文化教育的渠道、方法、载体与方式的问题。

一、学什么：优秀传统文化教育的内容

（一）重新审视中华优秀传统文化的时代内涵

中国传统文化历史悠久，博大精深，内容广泛，涵盖文、史、哲、医、艺术等诸多领域，涉及修身、齐家、治国、平天下等各个层面。当前，高校的职责和育人目标决定了当前传统文化教育不可能面面俱到，不能回归四书五经的教育传统，也不能完全以传统价值标准来塑造当代大学生的思想品德和价值追求。而且，传统文化在几千年的历史积淀和形成中，也不可避免地存在一定糟粕。因此，应采取历史唯物主义和辩证唯物主义的指导思想，正确把握中国传统文化的基本要义，以发展的眼光来看待传统文化。传统文化的学习首先应当注重内容的知识性、思想性和时代性相统一，采取扬弃的原则，坚持古为今用、推陈出新，以中华民族主人翁的态度，将继承弘扬传统文化和发扬时代精神相结合，来研习中华优秀传统文化。

改革开放以来，特别是进入 21 世纪，我国出现了被称为"文化热""国学热""读经热"的现代文化运动，传统文化教育和实践活动在部分地区开展得轰轰烈烈。在此背景下，有关中国传统文化的再认识再估价、文化的冲突和融合、文化走出去、读经运动是否过热等讨论，开始走出学术研究的范畴和专家的行为，成为全社会所思考和议论的话题。这一方面体现了我们国家对文化事业的重视，也体现了我国社会主义文化的发展和繁荣，更体现了国家进行社会变革的深度和广度。在这一文化发展和变革的过程中，高校大学生对传统文化现代价值的理解和评价也是异议纷生，众口纷纭，不一而足，甚至出现不

满的情绪和排斥的现象。这种情况下，要对中国传统文化的现代价值和教育面向达成某种程度的共识，应该首先解决什么是我们的优秀传统文化、如何进行科学评价以及如何与时代相结合等问题，这是更好地对大学生进行传统文化教育的基础。当今时代，对中国几千年的传统文化的发展进行整体上的梳理和探讨，合理、客观、科学地认识和评价中国传统文化，应该站在时代的维度和发展的角度重新审视中国传统文化的现代价值。当前，在传统文化教育领域，这些问题在学术界和官方已基本达成共识。首先，中国传统文化存在多样性与统一性。春秋战国时期，百家争鸣，各流派争芳斗艳。秦汉时期，中国传统文化出现大一统，汉武帝采纳儒者董仲舒倡导的“独尊儒术”思想，儒家文化开始在中国文化中居于崇高的地位，但这并不是说中国传统文化只有单一内容了，文化的多样性仍是中国传统文化的重要现象。从内容上看，传统文化丰富多彩，有关于人文、政治、社会、经济、科学技术等方面的思考，既包含着主观人文的社会理念和思想，也包含着科学理性的认识。从流派上看，先秦时期流传较广、影响较大、较为著名的有几十家，后人又在此基础上不断发展、创新，形成诸多学术流派和文化现象。从传承上看，中国传统文化是革命性与连续性的对立统一，是独立性与融合性的统一。在世界文化发展史上，中国传统文化的无间断性和传承性是独一无二的，虽然经过各朝代的分分合合和战火的洗礼，整个中国传统文化仍表现为一个不断创新、不断积累、不断修正、不断融合的延续性发展历程。如何辩证客观地理解和看待这几千年形成的中华文明，需要正确的认识论和方法论。杜维明先生在北大讲《大学》时说：“美国有美国的问题，中国有中国的问题，不能把中国的糟粕和西方的精华比，比的结果是什么？我们的民族自信没有了，自尊也没有了，最糟糕的就是我们跟传统完全断裂了。”[①]这说明我们在重新审视传统文化现代价值的过程中，必须站在继承和弘扬的角度对本土文化进行扬弃，同时吸收世界文化的优秀成果，还要注重意识形态的指导。全球化影响下，作为知识分子云集的高校，更要用科学理性的态度对待中国传统文化。一方面，我们必须要依赖中华优秀传统文化，提升广大教师和高校大学生的传统文化素养，增强他们践行社会主义核心价值观的能力和信念，以此推进社会主义核心价值体系建设，提高中国文化软实力。另一方面，我们也要看到，在传统文化大繁荣的同时，在对传统文化的研究和践行上，还存在诸多的问题。比如，存在重研究轻实践，学理研究和教育

① 杜维明：《北大学生哪怕念一遍〈大学〉》，2011年12月31日凤凰网。

教学实践结合不密切等问题。更有甚者,高校和社会上出现以“国学专家”“传统文化大家”等称谓来牟取不正当利益的现象,出现打着传统文化培训、国学培训等招牌招摇撞骗的事情,也出现了有关传统文化的出版物、电影、电视剧“戏说”过度引发社会争议现象等。这些是在现实和实践中出现的问题,这就要求我们回过头来从实践中对传统文化教育重新进行审视,去挖掘传统文化的真实意义,并在此基础上真正地采取辩证扬弃、弘扬践行的态度去对待优秀传统文化。总之,在学习、研究传统文化之时,应站在时代发展的角度审视传统文化,在继承的基础上与时代相结合,不断发展创新。

(二)认真领会和执行国家和山东省对传统文化教育内容的要求

很多人印象中,提起传统文化不外乎就是古诗、书法、京剧、旗袍等,这是很片面和浅层次的。教育部《完善中华优秀传统文化教育指导纲要》指出:大学阶段,以提高学生对中华优秀传统文化的自主学习和探究能力为重点,深入学习中国古代思想文化的重要典籍,理解中华优秀传统文化的精髓,培养学生的文化主体意识和文化创新意识,增强学生学习弘扬优秀传统文化的使命感和责任感;开展以天下兴亡、匹夫有责为重点的家国情怀教育;开展以仁爱共济、立己达人为重点的社会关爱教育;开展以正心笃志、崇德弘毅为重点的人格修养教育。也就是说,在高校开展优秀传统文化教育,绝不是在故纸堆里讲经,而是发掘优秀传统文化中的当代价值,提高大学生的传统文化修养,以优秀文化铸魂,为大学生的人生之路奠基。2014 年,山东省研究制定了《关于推进全省高校中华优秀传统文化教育工作的意见》,就优秀传统文化教育的指导思想、主要内容等进行了顶层设计和统筹安排。同时,山东省委高校工委在充分吸收近几年各高校传统文化教育经验的基础上,组织专家编写了《中国传统文化读本》,作为全省高校师生传统文化的通识课教材或者思想政治理论课辅助教材使用。

二、怎么教与学:优秀传统文化教育的方法

本课题组认为,当前山东省高校的优秀传统文化教育工作应依托学校传统文化培养方案,以选修课、必修课为基本途径,从师资建设、科学制订教学计划、规范课堂教学、选用合适教材、完善监督考核机制等出发,加强对在校大学生传统文化的正规化教育,提升大学生的传统文化素养和践行社会主义核心价值观的能力,以此推动优秀传统文化教育教学改革,科学合理的创新传统文化教育模式,对当前开展的“师资、教材、课程、实践”建设一体化的优秀传统文化教育教学改革发展模式进行充实提高和推广。

(一)建设长效机制

1. 建立高校优秀传统文化教育长效机制

第一,建立健全高校优秀传统文化教育领导机制。高校应当充分认识开展中华优秀传统文化教育工作的重要性和紧迫性,应将此项工作纳入学校发展总体规划和年度工作要点,完善领导体制和运行机制,加强统筹协调,抓好组织实施,将工作落实到教育教学和管理服务各环节。高校要建立健全优秀传统文化教育学术与管理组织,一是要整合学校相关专家和优秀师资,成立类似"优秀传统文化教育专家委员会"的优秀传统文化教育学术组织,就大学生优秀传统文化教育教学与学术发展等重大问题进行指导、评估、审议和决策。二是成立由高校党委宣传部、教务处、学生工作处、校团委等部门组成的大学生优秀传统文化教育日常管理机构,来规划、统筹、协调、服务传统文化教育教学工作。学校教务部门负责制定教学计划,规划教学课程、建章立制,完善教学和考核机制,保障学校层面的传统文化教育工作有序开展。学生工作处和校团委以及学校二级学院团委、团总支、学生会等负责大学生优秀传统文化第二课堂文化活动的策划、宣传、组织、动员和实施等工作。三是充分发挥即有的教职工代表大会、工会、学术委员会、教学委员会、教授委员会、学生会、社团等组织在传统文化教育过程中的作用。

第二,建立高校优秀传统文化教育激励机制。教育部要求,必须把中华优秀传统文化教育纳入国民教育体系之中,使之成为各级教育行政部门和各级各类学校工作考核的范围。激励包括奖励与惩罚。学校要针对性地制定相应的传统文化教育奖惩机制,依托学校教学督导委员会开展工作,对传统文化教育工作开展得好的单位与个人进行适当的精神鼓励和物质鼓励,对执行能力差、效果不好的单位与个人进行一定的惩戒,并纳入年度考核体系,从而在激励机制下形成良好的传统文化教育环境。

第三,建立高校优秀传统文化教育保障机制。没有政策保障、物质保障和制度保障,高校传统文化教育很难顺利进行。高校应建立并完善高校传统文化教育管理制度、队伍培训制度、评估考核制度等,同时建立以课堂教学体系的评价和课外活动组织实施的质量监督和评价考核体系等为主要内容的传统文化教育质量监控和评价体系。学校要在政策和物质保障方面进行倾斜,在人员、资金、场所等方面给予足够的支持,创造出良好的教育环境,促进高校传统文化教育与科研工作有序进行。

2.提升教师的传统文化素养,加强高校优秀传统文化教育队伍建设

在大学生优秀传统文化教育中,教师传统文化素养的高低决定了教学的质量和实效性。优质的师资力量是工作开展的先决保障条件,决定着高校传统文化教育的质量。由于历史上的原因,中国传统文化的教育传承一度出现了断层,以至于从事这项工作的优秀教学研究人员也同样缺乏。培养一批专门从事优秀传统文化教育的青年学术骨干,建设一支高学历、高水平、高传统文化素养的稳定的大学传统文化教师队伍,是当前工作的重中之重。这需要在以下方面予以努力:

第一,通过培训、轮训、外出学习等方式提高各科教师的传统文化素养。教师承担着传道、授业、解惑的职责,对学生的言传身教无时不在,他们的传统文化素养对学生具有强烈的示范性,他们身上所体现出来的文化素养对学生起着耳濡目染、潜移默化的作用。这就要求各科教师自身就具备较高的传统文化素养。比如,高校音乐教师不仅要对音乐的技艺有着精湛的掌握和运用,而且应当熟知我国古代音乐史和音乐典故,并对古代音乐有着较高的认知度和审美观。达到这种程度,音乐学这门课程才能讲授得更加深入和生动,也才能更好地吸引学生,达到更好的音乐教学效果和传统文化认知效果。

第二,从学校发展的战略高度,建立一支结构合理、人员充足的专家型传统文化教育科研队伍,他们在从事专门的传统文化课程教学的同时,又能开展科学研究,对传统文化资源进行充足的整合和提升,并将研究成果运用到日常的教学中去。

第三,在职称评定、岗位设置、评奖评优等方面对传统文化教育教师给予政策支持,对队伍建设起到稳定、充实、提高的积极作用。

3.注重传统文化课程体系建设

高校应成立专门的传统文化教研组织,根据上级精神和要求,依据自身条件和特色建设适应本校的课程体系,以课程和教材建设为重点,面向全体学生加大中华优秀传统文化教育比重。在教材的编写和选用上,一是注重选修课教材的通用性和专业课教材的特色性,二是要处理好国家和省市统编教材和学校自编教材在应用中的关系。以课堂教学为主线,以传统文化教育系列活动为辅助,以课外传统文化阅读和学术讲座为拓展,形成课内课外相辅相成、互为补充的传统文化教学体系。课堂教学应注重必修课程和公选课程两部分的协同建设,适应“大学分制”环境下的课堂教学。传统文化教育应体现因材施教,实行分类教学。根据文、理、工、农、医、艺、体等不同学科专业特点在教

学内容、教学方法、教学考核上有所侧重。

4.从思想引导和行为规范方面，增强大学生传统文化学习意识，提升其传统文化素养的“自觉性”

开展传统文化教育的根本目的是要通过教育，使学生正确认识和对待传统文化，让传统文化优秀的精髓要义内化为学生自身的行为规范和道德准则，进而形成自己的理想和信念，实现自身综合素质的全面发展。因此，一方面要从思想上引领和教育大学生要不断加强自身的传统文化学习，提升传统文化学习的“自觉性”，让传统文化学习成为自己的一种学习常态。另一方面，对学生参与传统文化教育活动进行课程化管理，全程记录学生参加传统文化教育活动的过程和效果，包括理论知识学习、实践活动参与等，对其进行监督和考察，最后进行相应的考核和评价，并记录在学生的综合考评内。

(二)规范课堂教学

1.开设中国优秀传统文化课程，规范课堂教学

目前，山东很多高校开设了与中国传统文化相关的课程，但整体上看，课程开设不科学、不规范，随意性较强，而且还没有达到普及的程度，这和传统文化教育现状很不适应，高校应该倡导开设中国传统文化的选修课程与必修课程，将其纳入学校课程体系，列入教学大纲，计算学分。同时，为切实保证传统文化教育的效果落到实处，要规范和严格传统文化学习的考试。学校要创造条件鼓励业务教师从事中国传统文化的研究与教学，从教学工作量核算、教学项目立项、教学科研论文奖励等方面对其进行倾斜。

2.应当发挥高校思想政治理论课教学的关键作用

应当明确，高校思想政治理论课教学是高校传统文化教育的主渠道之一。中国传统文化作为中国特色的政治伦理型文化，可以说肩负着培养大学生正确的人生观和价值观的重大历史使命，当前形势下，传统文化教育有能力完成这一重大使命。日常教学中，必须把中国优秀传统文化教育与思想政治理论课教学有机结合起来，通过充实教学内容、更新教学方法、组织实践教学等有效途径，有效挖掘和利用中华优秀传统文化中丰富的思想政治教育资源，来促进中华优秀传统文化教育与高校思想政治教育的有机结合，将中华优秀传统文化有机融入到思想政治理论课和形势与政策课教育教学中去，达到事半功倍的效果。

3.注重挖掘利用高校人文社会科学类课程中的传统文化资源

高校人文社会科学类课程中蕴含着丰富的传统文化资源，要充分利用高

校人文社会科学课程，促使学生在这类课程中融会贯通传统文化思想。同时，在课程教学中，应辩证地用本学科的视角对其中的传统文化资源进行时代性的、创新性的凝练和提升，并将其成果运用到本学科和其他学科课程教学和传统文化教学中去。

4.多方位进行传统文化的专业知识讲座和宣传

讲座的形式灵活多样，很适合高校大学生的教育教学，特别是著名的专家学者有着较高的人格魅力、学术魅力和名人效应，其影响力不容小觑。近年来，省内许多高校都推出相关的系列讲座，不同程度地开阔了大学生们的眼界，产生了很好效果。近年来，曲阜师范大学进行的洙泗讲堂、明德讲堂、国学小课堂等系列讲座，根据受众对象，邀请不同专家和民间非物质文化遗产传承人等分门别类开讲，取得了良好效果和广泛影响。但就全省来看，传统文化类讲座在形式、数量、规模以及知识的覆盖面等方面仍存在较大的改善提高空间。

5.传统文化教育应体现因材施教，实行分类教学

根据文、理、工、农、医、艺、体等不同学科专业特点在教学内容、教学方法、教学考核上应有所侧重。

（三）重视编写高水平教材

近年来，在国家的大力倡导和专家学者的共同努力下，教育界出版了一大批有关传统文化教育方面的教材和普及读物，如《中国传统文化通论》《国学天空》《中国传统文化精神》《中国传统文化概论》《中国传统文化读本》《生活中的儒家伦理》等书籍和教材，而且其中部分已经作为大学生优秀传统文化教育的教材进入课堂实践环节。但是，在使用过程中，许多教材暴露出一些明显的缺陷和问题，比如教材内容大而空、说教为主、难度掌握不到位、不贴实际等，很难以引起学生的兴趣等。另外，教材编写工作和相关资源建设一直没有得到各高校足够的重视和必要的支持，教材的编写和使用存在协同创新性不足等问题，也是各高校教育效果不佳的重要原因之一。

从省相关部门到各高校，应建立教材建设统筹协调委员会，组建省级层面的由多方面专家组成的传统文化系列教材编审委员会，在对现有教材分析研究的基础上，积极创新，组织编写出高水平、高质量，学生喜爱、教师满意的大学通用教材。各高校也可根据自身优势和特点编写各自的校本课程教材，如山东理工大学的“齐文化特色教材”、曲阜师范大学和济宁学院的“孔子与儒家文化教材”等。在教材的编写中，应注意以下几个方面：一是教材的编写应以

“提升大学生优秀传统文化素养和传播中华民族优秀传统文化”为主要指导思想，突出指导性和思想性，注重实用性和实效性；二是教材内容的选取应符合《完善中华优秀传统文化教育指导纲要》所提出的基本内涵，结合当前高等教育的目标和大学生的知识基础和文化需求，对提高学生文化素养帮助性强的内容丰富的优秀教材；三是在编写思路上，遵循思想、经典、通俗、适用的理念和风格，实现知识性、趣味性、可读性于一体的教材编写思路；四是教材的形式应多样化，印刷版、视频音频版、网络版等应按需要提供；五是出版传统文化教学配套的教学资料，如相关的实践活动资料、主题讲坛、演讲资料等，为传统文化教育提供丰厚的教学资源支撑。

（四）重视科研教育平台建设，发挥学术带动作用

加强传统文化研究机构的建设，强化高校中与中华优秀传统文化相关的重点学科、博士点和硕士点、人文社科研究基地、专门的研究所和研究团队、非物质文化遗产单位等与大学生传统文化教学的联系，依托科研平台协同创新大学生优秀传统文化教学。新世纪以来，山东大学、曲阜师范大学、山东理工大学、滨州学院分别成立了儒学高等研究院和中华传统文化研究与体验基地、孔子文化研究院和儒学研究中心、齐文化研究所、孙子研究院等。2014 年 5 月，曲阜师范大学国学院正式揭牌，山东省首家国学院正式成立，这无论是对本校学生系统进行传统文化的教育，还是将面向社会积极进行国学普及都具有重要意义。2015 年 3 月，儒家文明协同创新中心理事会 2015 年度会议暨中心主任联席会在山东大学召开，会议举行了儒家文明协同创新中心揭牌仪式，审议通过了《儒家文明协同创新中心章程》，北京师范大学、清华大学、浙江大学、华东师范大学、四川大学、曲阜师范大学六个协同创新分中心也同时揭牌。这些科研教育平台工作的建立和工作开展为优秀传统文化教育提供了有力支撑。2015 年，山东大学制定文史复兴计划，首先要做的三件大事就是大力推动儒家文明协同创新中心建设、继续办好科研学术活动平台尼山论坛、积极推进汉籍合璧工程和国际汉学联盟建设。曲阜师范大学以传统文化科学研究反哺教育教学，鼓励大学生参与到孔子研究、孔府档案整理、孔府（祭孔）乐舞复原研究、民俗学、地方志、齐鲁方言研究、传统文化动漫设计和众多非物质文化遗产抢救工作中，提升大学生的优秀传统文化自主学习能力和科研创新能力，增强文化传承的责任感和使命感，效果明显。通过对已有经验的总结，我们认为：

第一，通过科研教育平台，开展多方位、多层次的传统文化教学研究活动，可以较快促进传统文化教育教学水平。

第二，通过平台，可以解决传统文化教学改革中遇到的疑难问题，逐步缩小不同学校、不同专业之间的差距，使其均衡发展，共同提高。

第三，通过平台，可以深化提升学校优秀传统文化教育教学科研氛围。

第四，充分发挥各平台协同创新的力量，整合优质资源，可以实现传统文化教育资源共建共享的目标。

(五)大学生传统文化活动载体的常态化建设

1. 重视大学生传统文化学术活动

经验表明，大学生参加传统文化学术活动是提升其传统文化综合素质的重要手段。学生层面：参加高校教师主持的各级各类传统文化项目；个人组建科研团队，申报针对大学生的各级各类创新计划项目；参加各类学术报告、讲座等传统文化学术活动。学校和学院层面：成立大学生优秀传统文化研究会和各学院分会，设立大学生传统文化研究项目，制定各项政策营造浓厚的大学生传统文化研究氛围。

2. 通过社会实践，践行传统文化

大学生的传统文化实践活动应注重从下几个方面开展。一是加强大学生传统文化教育过程中的实践研究，鼓励学生参与传统文化特色的学生社团和社会实践活动的组织管理与课题研究；二是把传统文化社会实践纳入学校教育教学总体规划和教学大纲，提供必要经费，建立长效机制；三是组织大学生通过志愿服务、公益活动、社会调查、学术活动等积极参加传统文化社会实践，让大学生在现实和社会中体悟中华优秀传统文化的同时，更好地继承和发扬中华优秀传统文化；四是充分利用文化遗址、博物馆、展览馆、名胜古迹、非物质文化遗产体验中心和现有各级各类传统文化教育基地等社会资源，开展主题实践活动和文化体验活动，增强大学生的文化自信和社会认同。

2014 年 7 月，山东理工大学“传承文化，圆梦中国”文化之旅实践团到“三孔”参观学习，体验儒家文化。2014 年 8 月，山东青年政治学院文化传播学院暑期社会实践队伍组织参加了“相约三孔 · 感悟中华传统文化”活动。2015 年 7 月，山东理工大学实践团在论语大厅门前进行了问卷调查和万人签名，向过往游客宣传中国传统文化精神。曲阜师范大学“儒家文化齐鲁行”大学生社会实践团队在省内高校乃至全国高校都有相当大的影响，已持续开展活动 5 年，2014 年被评为国家级优秀社会实践团队。2015 年，济宁学院学生广泛参加济宁电视台《论语大会》系列节目，大学生兴起《论语》热。《论语大会》的参赛经历，不仅让参赛学生自身的思想有了变化提升，同时他们也在潜移默化地影响着身边的同学们。

3. 重视高校共青团和学生会、各类社团等群团组织在加强对优秀传统文化教育中的作用

高校共青团是高校重要的群团组织，是高校学生会的具体指导者，是和学生最贴近的校园组织机构，是校园文化建设的重要力量，是学校开展第二课堂强有力的承担者、组织者和实践者。学校团委要努力为大学生优秀传统文化教育相关活动和文化社团组织争取经费支持，提请学校提供开展传统文化教育的各类资源，来充分满足大学生接受传统文化教育的需要，激发大学生学习传统文化的热情和积极性。

高校应充分发挥社团组织的教育功能，指导成立以传统文化为主要活动内容的社团，以社团活动为载体，积极开展与传统文化相关的教育活动。加强对传统文化社团及其开展传统文化教育活动的管理和指导，从社团名称、社团宗旨、社团社训、活动方式、活动内容等方面进行规范和引导，保证社团传统文化教育活动的顺利开展。加强对社团的监督，制定完善活动评价指标体系，保证活动的数量和质量，表彰和奖励在传统文化教育活动中表现突出的社团个人和组织。同时，注重社团经典活动和特色活动的传承和创新，在营造浓厚的学习和传播中国优秀传统文化的氛围中提升大学生整体的文化素养。

据调研，目前山东大学学生社团达 274 个，其中传统文化类社团 29 个，包括山东大学学生国学社、山东大学学生京剧协会等，基本覆盖了传统文化的主要方面。曲阜师范大学社团 120 个，其中传统文化类社团 26 个，其中的“洙泗学社”先后获评省级、国家级多项荣誉。山东职业学院有社团 46 个，已经成为学院校园文化建设的重要阵地。学生社团在传统文化的交流与学习中起着桥梁和纽带作用。

4. 抓好传统文化主题教育活动

抓好主题教育活动，通过征文、演讲、文艺汇演、专题讲座、党团活动、经典诵读等多种形式，在广大青年学生中深入开展传统文化教育实践活动；利用新生入学教育、开学典礼、毕业典礼等环节，对青年学生加强学校办学历史、办学传统和社会主义核心价值观教育；充分利用春节、元宵节、端午节、中秋节、国庆节等重要节庆日，传播中华优秀文化的独特优势，展示传统文化的魅力，挖掘丰富文化内涵和文化教育资源，加强对青年学生的文化素质养成教育。

2014 年，曲阜师范大学下发文件，鼓励大学生开展经典篇章朗诵比赛、书

画大赛、传统文化经典话剧、小剧场话剧表演等，开展大学生“经典·青春”读书月主题活动，鼓励大学生每学期自主学习一本传统文化经典著作，鼓励大学生以班级、社团或宿舍为团体，定期开展传统文化学习沙龙或读书会活动，在大学生“挑战杯”创业计划竞赛评选中，增加传统文化创意创业项目比重等，效果显著。

5.注重大学校园文化建设

校园文化是以校园文明、校园精神为主要特征的一种群体文化，是学校本身长期形成和发展的物质文化和精神文化的总和。作为一种环境教育力量，我们应注重发挥校园文化在传统文化教育中的有效作用。高校学生长期处在一定的校园文化的熏陶下，这种氛围会润物细无声地内化为大学生的具体行为，久而久之就成为一种行为习惯与行为定势，这种方式对大学生的成长与成才起着非常重要的作用。高校应在校训、校风、校园建设等方面适当地彰显传统文化的色调，打造良好的人文素质培养环境。学校要积极推进校报、校刊、广播站、电视台、宣传栏等传统媒体和校园网络、微博、微信等新兴媒体的有机融合，从第一课堂到第二第三课堂，立体化、多层次地开展优秀传统文化教育与宣传，营造浓厚的校园文化氛围，达到优良的教育效果。同时，大力开展中华优秀传统文化为主题的各类校园文化活动，将其融入大学生学习生活的方方面面，让他们在校园文化活动中体验、感悟和接受中华优秀传统文化，传承和践行中华优秀传统美德。

6.利用文化数字平台，全力打造传统文化新媒体支撑体系

当代高校工作和生活进入了网络环境，重视网络教育平台建设和新兴媒体传播的作用。注重网络社团、传统文化学习网站、在线教学考试等网络的功用，实现资源共享；因势利导，注重利用为大学生所喜闻乐见，容易接受的微博、微信、QQ 等新媒体手段推送优秀传统文化知识和信息，创造和扩大传统文化的影响范围；有针对性地提供“虚拟课堂”，实现传统文化学习的线上线下互动等。

高校可重点推动一批传统文化教育课程的数字多媒体技术化制作，可以将令学生望而却步的文言文和古文字转变成通俗易懂的现代表达，对传统经典进行重新解释，并利用学生喜欢的现代动漫、3D 等技术做出图文并茂的讲解等，增加传统文化的亲和力、时代性和趣味性。此外，随着新媒体时代的到来，每个客户端都可以形成文化的辐射效应。因此，高校应该重视学校的公众微信、辅导员微博、QQ 空间和朋友圈、大学生文化社团等大众化传播平台的

作用，可以专门开发手机APP，传播和弘扬传统文化中关于处己处人处事的经典智慧，从日常和小处着眼，影响大学生的接受习惯和价值观参照系，从而达到在潜移默化中提升传统文化素养。

2015年3月，山东科技大学"山东科技大学文化网"正式上线开通。据了解，此网站立足校园传统文化教育，设有"科大标识""科大历史""校歌校训""印象科大""艺苑撷萃""网上展馆""文化活动"等7个板块，为推进立德树人各项工作提供阵地，为展示交流师生文艺成果搭建舞台，开创了传统文化教育工作新局面，是一个较为成功的举措。

（六）加强优秀传统文化教育基础理论研究

近年来，随着传统文化的回归，相关传统文化的研究成果较多，但从理论层面和实践提升层面的研究却缺乏系统性和针对性。高校应成立专门的研究机构，建立专门的研究团队，依托国家社科基金项目、教育部人文社科基金项目和山东省各级各类项目，通过整合骨干研究力量，策划重大理论与实践问题研究项目，就继承和发扬中华优秀传统文化，弘扬中华传统美德，有针对性地开展优秀传统文化教育的系统性理论研究，力争推出有深度、有分量的研究成果。同时，通过举办高端学术研讨会，将成果应用到实际工作中，使传统文化研究真正起到引领风尚、服务社会、推动发展的作用。

主要参考文献

一、著作

[1]马克思:《1844年经济学哲学手稿》,人民出版社1985年版。

[2]马克思:《资本论》第1卷,人民出版社1975年版。

[3]《马克思恩格斯全集》第3卷,人民出版社1965年版。

[4]《马克思恩格斯全集》第11卷,人民出版社1965年版。

[5]《马克思恩格斯选集》第4卷,人民出版社1995年版。

[6]列宁:《论马克思恩格斯及马克思主义》,人民出版社1973年版。

[7]《邓小平文选》第3卷,人民出版社1993年版。

[8]习近平:《提高国家文化软实力》,外文出版社2014年版。

[9]习近平:《习近平谈治国理政》,外文出版社2014年版。

[10](汉)班固:《汉书》,中华书局1975年版。

[11](汉)马融撰:《忠经》,上海古籍出版社1988年版。

[12](唐)姚思廉撰:《梁书》,中华书局1974年版。

[13](宋)《朱熹集注》,金良年导读,胡真集评,上海古籍出版社2007年版。

[14](宋)朱熹:《四书集注》,岳麓书社1985年版。

[15](宋)朱熹:《四书章句集注》,中华书局1983年版。

[16](宋)朱熹:《朱子语类》卷六,《文渊阁四库全书》,上海人民出版社1999年版。

[17](明)王守仁:《王阳明全集》,上海古籍出版社1992年版。

[18](明)王阳明:《王阳明全集》,吴光等编校,上海古籍出版社1992年版。

[19]《辞海》,上海辞书出版社1989年版。

[20]《墨子引得》,上海古籍出版社1986年版。

[21]《十三经注疏》整理委员会整理,李学勤主编:《礼记正义·礼记注疏》卷六十,北京大学出版社1999年版。

[22]《十三经注疏》整理委员会整理,李学勤主编:《礼记正义·礼记注疏》卷五十三,北京大学出版社1999年版。

[23]《孙中山选集》,人民出版社1981年版。

[24]《武经七书·六韬》,解放军出版社1986年版。

[25]曾仕强:《胡雪岩的启示》,陕西师范大学出版社2008年版。

[26]陈荣捷:《王阳明传习录详注集评》,台湾学生书局1983年版。

[27]冯友兰:《中国哲学史》,华东师范大学出版社2001年版。

[28]顾炎武:《日知录》,上海古籍出版社1985年版。

[29]胡德海:《教育理念的沉思与言说》,人民教育出版社2005年版。

[30]胡适:《说儒》,漓江出版社上海出版中心2013年版。

[31]黄河选编:《儒家十二讲》,华夏出版社2008年版。

[32]李德顺:《价值论》,中国人民大学出版社2007年版。

[33]梁启超:《韩子浅解》,中华书局1960年版。

[34]刘琳主编:《全宋文:13册》,巴蜀书社1990年版。

[35]牟宗三:《政道与治道》,广西师范大学出版社2006年版。

[36]钱穆:《论语新解》,生活·读书·新知三联书店2005年版。

[37]钱穆:《四书释义》,九州出版社2010年版。

[38]阮元校刻:《十三经注疏》,中华书局1980年版。

[39]徐复观:《中国人性论史》,华东师范大学出版社2005年版。

[40]许维遹:《吕氏春秋集释》,中国书店1985年版。

[41]杨金海:《人的存在论》,广西人民出版社1995年版。

[42]余潇枫:《哲学人格》,吉林教育出版社1998年版。

[43]章炳麟:《国故论衡》,商务印书馆2010年版。

[44]《费尔巴哈哲学著作选集》上卷，生活·读书·新知三联书店 1959 年版。

[45][美]罗伯特·贝拉等:《美国透视—个人主义的困境》，社会科学文献出版社 1992 年版。

[46][瑞士]荣格:《现代灵魂的自我拯救》，黄奇铭译，工人出版社 1987 年版。

[47][苏]苏霍姆林斯基:《给教师的建议》，杜殿坤编译，天津人民出版社 1981 年版。

[48][英]史蒂文·卢克斯:《个人主义:分析与批判》，中国广播电视出版社 1993 年版。

二、论文

[1]陈东平:《我国纺织企业员工组织承诺的实证研究》，《求索》2007 年第 7 期。

[2]陈四光:《孔孟思想中"仁"的认知内涵》，《国学研究》2011 年第 7 期。

[3]杜颖:《论先秦儒家修身观对当代大学生人格教育的影响》，《辽宁行政学院学报》2009 年第 1 期。

[4]方尔加:《王阳明的"知行合一说"》，《浙江学刊》1989 年第 4 期。

[5]高琼、刘茹:《我国高校传统文化教育的现状及对策分析》，《教育研究》2008 年第 5 期。

[6]郭凤志:《德育的现代困境、归因分析及其超越》，《吉林师范大学学报(人文社会科学版)》2009 年第 37 期。

[7]海兰:《〈论语〉中孔子德育思想极其现代价值》，《语文学刊》2011 年第 11 期。

[8]韩东屏:《构建道德领域的"赏罚"机制》，2012 年 9 月 21 日《新华每日电讯》。

[9]胡激:《浅谈儒家"仁爱"思想对大学生德育的意义》，《管理科学文摘》2008 年第 3 期。

[10]胡卫鹏、时勘:《组织承诺研究的进与展望》，《心理科学进展》2004 年第 12 期。

[11]胡宇飞:《大学"三纲八目"对现代德育的启示》，《魅力中国》2008 年第 12 期。

[12]黄洪基、邓蕾、陈宁、陆烨:《关于“80后”的研究文献综》,《中国青年研究》2009年第7期。

[13]李大健:《将社会主义核心价值体系融入大学校园文化建设》,《高校理论战线》2011年第2期。

[14]凌文铨、张治灿、方俐洛:《中国职工组织承诺的结构模型研究》,《管理科学学报》2000年第2期。

[15]凌文铨、张治灿、方俐洛:《中国职工组织承诺研究》,《中国社会科学》2001年第2期。

[16]刘浩:《浅析80后知识员工离职原因及对策》,《管理观察》2009年第7期。

[17]刘文嘉:《“文化热时代”当显中国自身魅力》,2014年1月16日《光明日报》。

[18]刘晓丽:《弘扬优秀传统文化与提升文化软实力研究》,湖南科技大学硕士论文,2012。

[19]倪梁康:《道德本能与道德判断》,《哲学研究》2007年第12期。

[20]任爱红:《大学生德育实践活动研究及其完善对策》,《教育与职业》2010年第18期。

[21]汤一介:《儒学的特质和基本精神》,《淮阴师范学院学报(哲学社会科学版)》2002年第1期。

[22]肖必恒:《孔子“仁爱”思想对大学德育的启示》,《黑龙江高教研究》2011年第3期。

[23]肖川:《道德教育的目标》,《青年教师》2008年第3期。

[24]杨利民:《论社会道德调控与赏罚机制》,《理论导刊》2003年第2期。

[25]杨莉:《儒家思想内涵在当代大学生信仰重塑中的价值》,《阜阳师范学院学报(社会科学版)》2013年第4期。

[26]叶智辉:《儒家道德主体性意识及大学生道德能力培养》,《集美大学学报(哲学社会科学版)》2005年第8期。

[27]于睿、江晓莺:《高校学生德育中知行背离现象的原因及对策》,《教育与职业》2008年第29期。

[28]袁凌、王烨、陈俊:《组织承诺对员工离职行为影响的实证研究》,《湖南大学学报(自然科学版)》2007年第6期。

[29]云彬:《文化自觉,文化自信,文化自强——对繁荣发展中国特色社会

主义文化的思考》,《红旗文稿》2010 年第 15 期。

[30]张鹏、黄俊官:《浅论提高大学德育课堂教学效果的策略》,《教育与职业》2007 年第 21 期。

[31]张昭、张宗刚:《浅谈“80 后”员工的有效管理》,《价值工程》2009 年第 2 期。

[32]杜维明:《北大学生哪怕念一遍〈大学〉》,http://news.ifeng.com/opinion/lecture/special/duweiming/,2011,12,31.

[33]Becker, H. S.. Notes on the Concept of Commitment. *American Journal of Sociology*, 1960(66).

[34]Meyer, J. P., Allen, N. J.. Links between work experiences and organizational commitment during the first year of employment: a longitudinal analysis. *Journal of occupational psychology*, 1988, 61 (2).

[35]Rhoades, L., Eisenberger, R., Armeli, S.. Affective commitment to the organization: The contribution of perceived organizational support. *Journal of applied Psychology*, 2001, 86 (5).

后 记

历经两年多的努力，终于完成了《儒家优秀文化与当代大学生主体意识养成研究》一书的写作，我们课题组成员都倍感欣慰。

五千多年的中华文明，绵延不断，形成了独特的价值体系，已经成为中华民族共有的精神家园，传统文化的基因已经深深植根于中国人的内心，深刻地影响着历代中国人的思维方式、行为方式和情感动态。“己所不欲，勿施于人”和“己欲立而立人，己欲达而达人”在人类新千年之际被联合国列为人类生存应该遵循的永恒法则之一。当代大学生群体是整个社会细胞当中的一个重要连接点。这一群体的主体意识养成如何，关系到将来是否能够承担起当今社会经济、政治、文化、社会、生态“五位一体”发展的责任。运用儒家优秀文化指导解决当代大学生主体意识养成中存在的问题，有助于拓宽高校思想政治教育工作者引导当代大学生培育和践行社会主义核心价值观的视野。

在本书编写过程中，曲阜师范大学儒家优秀文化与当代大学生主体意识养成研究辅导员科研团队辛苦劳作。其中，冀玉珍撰写了书稿第一章，张金丹撰写了第二章，丁凯强撰写了第三章，第四章由王慕东完成。陈敏贤、刘军、王颂歌等人参加了书稿的前期材料收集整理工作，在此一并感谢。

编 者

2016 年 11 月 18 日